Das Pandora Prinzip

Dieses Buch wurde durch eine Themenwoche „Große Fragen", die unterstützt von der Alexander von Humboldt Stiftung im Rahmen der Alumniarbeit des Bernhard-Nocht-Instituts für Tropenmedizin in Hamburg im Sommer 2018 stattfand inspiriert. Herzlichen Dank an Hagen Frickmann für die kritische Durchsicht des Manuskripts und fruchtbare Diskussionen. Dieses Werk spiegelt allein die Ansichten des Autors wieder, die sich nicht zwingend mit offiziellen Haltungen des Bernhard-Nocht-Instituts für Tropenmedizin oder der Alexander von Humboldt Siftung decken.

Norbert Georg Schwarz

Das Pandora Prinzip

Die zerstörerische Kraft der Schöpfung

Bibliografische Information der Deutschen Nationalbibliothek:
Die Deutsche Nationalbibliothek verzeichnet diese Publikation in der
Deutschen Nationalbibliografie; detaillierte bibliografische Daten sind
im Internet über http://dnb.dnb.de abrufbar.

© 2019 Norbert Georg Schwarz

Herstellung und Verlag:
BoD-Books on Demand, Norderstedt
ISBN: 978-3-7481-5811-0

Inhaltsübersicht

Inhaltsverzeichnis

Tabellenverzeichnis

Prolog: Intelligenz einer Art und Überleben

In einer Diskussion mit dem Astrophysiker Carl Sagan bezeichnete der Biologe Ernst Mayr Intelligenz als eine letale Mutation. In der Tat sind Arten, die schon lange auf der Erde bestehen und sich weit verbreitet haben, solche, die schnell mutieren und ansonsten eher keine besondere Komplexität aufweisen (z.B. Bakterien). Mit seinem Argument wollte Mayr den Optimismus von Carl Sagan hinsichtlich der Existenz intelligenten Lebens auf anderen Planeten dämpfen. Denn Sagan hatte argumentiert, dass es im Universum aufgrund der unvorstellbar großen Zahl genug Planeten geben müsse, die gute Voraussetzungen für intelligentes Leben böten [1]. Mayrs Argumentation ist sinngemäß, dass Intelligente Wesen, die in der Lage wären, mit uns in Kontakt zu treten, wohl kaum existierten, da dies einen Technologie- und Zivilisationsstand vorraussetzen würde, der schon zur Selbstzerstörung geführt haben müsste, sei es durch Umweltzerstörung, Ressourcenverbrauch oder Massenvernichtungswaffen.

Vielleicht geht Komplexität einer intelligenten Art mit einer höheren Fragilität einher, die ihr Langzeitüberleben einschränkt. Wenn Intelligenz die Voraussetzung wäre, um die Fähigkeit zur Selbstzerstörung (zum Beispiel durch einen Atomkrieg) zu erlangen, dann wäre gar ein direkter kausaler Zusammenhang zwischen Intelligenz und einer möglichen Verkürzung der Artbestandsdauer gegeben. Natürlich enthalten diese Aussagen ein paar Vereinfachungen. In einem Gedankenexperiment können wir uns ja mal die Langzeitüberlebensperspektive intelligenter vermehrungs- und mutationsfreudiger Bakterienarten gegenüber gleich großen normal nichtintelligenten Bakterien vorstellen.

Dennoch hat Intelligenz neben ihrem zweifellos vorhandenen destruktiven selbstzerstörerischen Potenzial auch das Potenzial, Probleme zu lösen. Wenn potenziell lebensbedrohliche Probleme intelligent gelöst werden, könnte das Überleben der Art *Homo sapiens* verlängert und der Exitus verzögert werden. Für ein Individuum der Art *Homo sapiens* scheint Intelligenz ein Vorteil zu sein. Auch als Art hat es *Homo sapiens* im direkten Bestehen in der Welt und im Wettbewerb um Nahrung und Ressourcen mit anderen Arten in den etwa 300.000 Jahren seiner Existenz recht weit gebracht. Ohne Intelligenz und die damit einhergehenden Anpassungsmöglichkeiten wären unsere Vorfahren vielleicht schon vor Zehntausenden von Jahren von anderen Arten oder durch widrige Umstände vom Planeten gefegt worden.

1 Nichtexistenzielle und existenzielle Bedrohungen

Bei Sicherheitsüberlegungen für die ganze Menschheit ist zu unterscheiden, ob eine Bedrohung existenziell ist, also das Ende der Menschheit bedeuten könnte, oder nicht. Existenzielle Bedrohungen können zum Aussterben der Menschheit führen. Die meisten Bedrohungen sind nicht existenziell, können aber von katastrophalem Ausmaß sein; man denke an die Pestzüge des Mittelalters. Ein solches Massensterben von Menschen ist nicht automatisch eine existenzielle Bedrohung für die Menschheit. Dennoch gilt es so etwas zu verhindern.

Die Unterscheidung zwischen existenziellen und nichtexistenziellen Bedrohungen wird in diesem Buch nicht konsequent durchgehalten. Denn es ist nicht möglich, eine Bedrohung als eindeutig existenziell oder nichtexistenziell zu identifizieren. Dies hängt letztendlich vom Endeffekt ab, den die Bedrohung auf die Menschheit gehabt haben würde: Eine nichtexistenzielle Bedrohung könnte in Zukunft zu einer existenziellen Bedrohung werden. Und nach einer manifest gewordenen existenziellen Bedrohung gäbe es keinen Menschen mehr, der die Bedrohung abschließend als solche einordnen könnte.

Die Beschäftigung mit Bedrohungen – ob existenziell oder nicht – kann niemals allumfassend sein. Wir können im Vorhinein nicht wissen, ob eine wahrgenommene Bedrohung eine existenzielle Bedrohung für die Menschheit ist. Dieses Unwissen ist uns bekannt.

Über die Unsicherheit des Sicherheitswissens

Der ehemalige Verteidigungsminister der Vereinigten Staaten Donald Rumsfeld ist nicht nur für die Vorbereitung völkerrechtswidriger Angriffskriege gegen Afghanistan und den Irak bekannt, sondern hat durch seine Aussage auf einer Pressekonferenz vom 12.12.2002 eine rege erkenntnisphilosophische Debatte ausgelöst.

Rumsfeld wurde damit konfrontiert, dass es keine Anhaltspunkte für Massenvernichtungswaffen auf Seiten des ehemaligen US-Verbündeten, jedoch inzwischen verfeindeten irakischen Präsidenten Saddam Hussein gab. Mit seiner Erwiderung wich Rumsfeld der Frage aus. Daher ist der Vorwurf, er habe mit einer verwirrenden Antwort davon ablenken wollen, dass die Kriegsgründe für den vorherigen Angriffskrieg vorgeschoben waren, durchaus berechtigt. Dafür wurde seine Aussage als kondensierte Verdichtung einer philosophischen Debatte anerkannt [2]. Hier zunächst das Rumsfeld-Zitat im Original:

> "[…] there are known knowns; there are things we know we know. We also know there are known unknowns; that is to say we know there are some things we do not know. But there are also unknown unknowns – the ones we don't know we don't know." (Donald Rumsfeld)

Hier die wörtliche Übersetzung:

> „Es gibt bekannte **Bekannte**, es gibt Dinge, von denen wir wissen, dass wir sie wissen. Wir wissen auch, dass es bekannte **Unbekannte** gibt; das heißt, wir wissen, es gibt einige Dinge, die wir nicht wissen. Aber es gibt auch unbekannte **Unbekannte** – es gibt Dinge, von denen wir nicht wissen, dass wir sie nicht wissen."

Oder als leicht modifizierte Übersetzung:

> „Es gibt bekanntes **Wissen**, es gibt Dinge, von denen wir wissen, dass wir sie wissen. Wir wissen auch, dass es bekanntes **Nicht-Wissen** gibt; das heißt, wir wissen, es gibt einige Dinge, die wir nicht wissen. Aber es gibt auch unbekanntes **Nicht-Wissen** – es gibt Dinge, von denen wir nicht wissen, dass wir sie nicht wissen."

In Rumsfeld Aussage sind drei Dimensionen enthalten:

- bekannte Bekannte (bekanntes Wissen)
- bekannte Unbekannte (bekanntes Nicht-Wissen); gewissermaßen bekannte Fragen mit unbekannter Antwort)
- unbekannte Unbekannte (unbekanntes Nicht-Wissen; unbekannte Fragen; Existenz der Frage nicht bekannt)

Eine weitere Dimension, die *known-unknown*-Konstellationen wurde von dem slowenischen Philosophen Slavoj Žižek nachgeliefert [3, 4]. Žižek verbreitete seine Aussage auf der Internetplattform Youtube:

> "I think he [Rumsfeld] should have gone on. Making the next step to the fourth category, which is missing, which is not the known unknowns but the **unknown knowns**. Things we don't know we know them. We know them they are part of your identity, they determine our activity, but we don't know that we know them [...] The tragedy of today's American politics is that they are not aware of theses unknown knowns, which is why [...] Americans don't even control themselves." (Slavoj Žižek)

Demnach besteht die vierte Konstellation aus den unbekannten Bekannten (unbekanntem Wissen), also aus Dingen, von denen wir nicht wissen (wollen), dass wir sie wissen, die also eigentlich bekannt sind, aber nicht eingestanden werden. Žižek verweist ausdrücklich auf das psychoanalytische Konzept des Unterbewussten.

Die vier Dimensionen des Wissens lassen sich wie folgt in einer Vierfeldertafel kreuztabellieren (Tabelle 1).

Tabelle 1: Vierfeldertafel zur Darstellung von Bekanntheit vs. Nicht-Bekanntheit von Bekanntem vs. Unbekanntem

		Wissen	
		Wissen (Bekanntes)	Unwissen (Unbekanntes)
Metawissen	*bekanntes*	*bekanntes* Wissen	*bekanntes* Unwissen
	unbekanntes	*unbekanntes* Wissen	*unbekanntes* Unwissen

Gerade die nicht vorhergesagten Ereignisse sind es, die oftmals den Lauf der Dinge beeinflussen und die Weltgeschichte prägen, wie Nassim Taleb in seinem Buch der Schwarze Schwan ausführlich dargelegt hat [5].

Während ein Oxymoron den Widerspruch unabhängig von der Einstellung des Betrachters in sich trägt, können Widersprüche auch erst in Abhängigkeit von der Interpretation des Betrachters entstehen. Solche „Pseudooxymorons" werden häufig mit propagandistischen Effekten in Nachrichten verwendet. Beispiel hierfür sind „humanitärer Kriegseinsatz" oder „freundlicher Beschuss". Derartige im Auge des Betrachters entstehende Widersprüche laden zu ironisch-humoristischen Überspitzungen ein, wie z.B. in den Pseudooxymorons *„military intelligence"* oder „schöpferische Zerstörung". Oder „nachhaltiges Wachstum" und *„Homo sapiens"* (weiser/vernünftiger Mensch); Pseudooxymorons, deren Absurdität in diesem Buch aufgezeigt werden soll.

2 Die Nichtnachhaltigkeit Nachhaltigen Wachstums

Al Bartlett war ein Physiker an der Universität Colorado in Boulder, der am 7. September 2013 im Alter von 90 Jahren starb. Bekannt geworden war er vor allem durch eine einstündige Vorlesung „Arithmetik, Bevölkerung und Energie", die er seit 1969 bis zu seinem Tod insgesamt 1742 Mal gehalten hat. Jede dieser Vorlesungen begann er mit dem Satz: „Die größte Schwäche der Menschheit ist das Unvermögen, die Exponentialfunktion zu verstehen" [6].

Stabiles Wachstum oder nachhaltiges Wachstum – das klingt erst mal gut und unproblematisch. Bartlett legt dann aber beeindruckend verständlich dar, was das überhaupt bedeutet. Um zu illustrieren, was ein stabiles prozentuales Wachstum von zum Beispiel 5 % bedeutet, gibt er dem Zuhörer eine einfache Faustformel zur Berechnung der Verdoppelungszeit der Ausgangsgröße an die Hand:

Verdoppelungszeit = 70 / Wachstum in Prozent

Für unser Beispiel (Wachstum 5 % pro Jahr) beträgt die Verdoppelungszeit demnach 70 / 5 = 14 Jahre (70 ist in etwa der ln 2 x 100).

Stellen wir uns eine Kleinstadt mit 60.000 Einwohnern vor – das war die Größe von Boulder / Colorado im Jahr 1969, als Bartlett zum ersten Mal seine Vorlesung zum Unvermögen der Menschheit, die Exponentialfunktion zu verstehen, hielt. Das Bevölkerungswachstum der Stadt liege stabil bei 5 % pro Jahr. Mit obiger Faustformel haben wir die Verdoppelungszeit auf 14 Jahre berechnet. Hätte das jährliche Wachstum Boulders zu Lebzeiten Bartletts stabil bei 5 % gelegen, hätte sich die Bevölkerungszahl im Jahr 1983 auf 120.000 verdoppelt, wiederum 14 Jahre später, im Jahr 1997 auf 240.000 vervierfacht und schließlich im Jahr 2011 auf 480.000 verachtfacht. Dieses einfache Beispiel zeigt ein-

drucksvoll, dass sich hinter „stabilem prozentualem Wachstum"
die Exponentialfunktion verbirgt. (In Wirklichkeit hatte Boulders
im Jahr 2011 nur etwa 100.000 Einwohner.)

Die Erdbevölkerung lag im Jahr 1986 bei 5 Milliarden Menschen
mit einer Wachstumsrate von 1,7 % (Verdoppelungszeit 70/1,7 =
41 Jahre); im Jahr 1999 bei 6 Milliarden Menschen mit einer
Wachstumsrate von 1,3 % (Verdoppelungszeit 70/1,3 = 53 Jahre)
und im Jahr 2017 bei 7,5 Milliarden Menschen mit einer Wachstumsrate von 1,1 % (Verdoppelungszeit 70/1,1 = 64 Jahre). Das
Wachstum der Weltbevölkerung nimmt also seit einem Höhe-
punkt im Jahr 1970 ab, die Weltbevölkerung nimmt aber weiterhin zu (Abbildung 1).

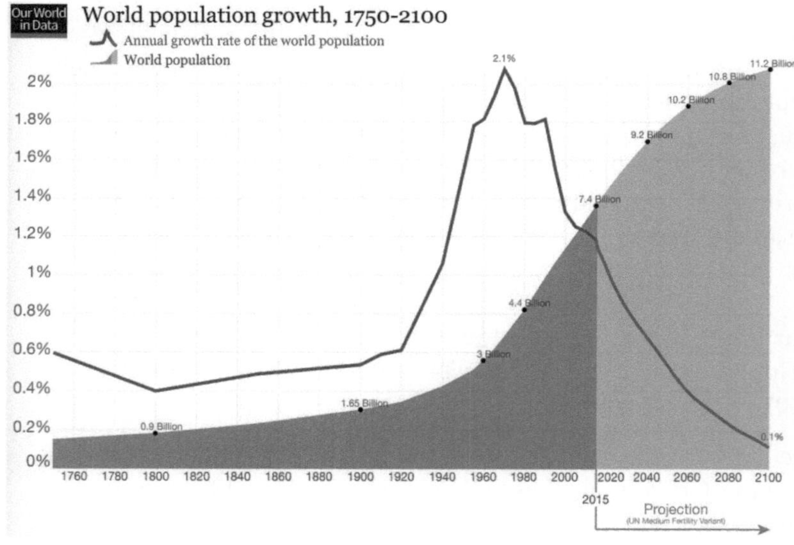

Abbildung 1: **Weltbevölkerung und Weltbevölkerungswachstum zwischen
1750 und 2015 und Weltbevölkerungsprojektion bis 2100 (Die
US-amerikanischen Angabe Billion entspricht im Deutschen einer Milliarde) [7] Quelle: Roser & Ortiz-Ospina (CC BY-SA 3.0
AU), Our World in Data.**

Die Erde hat eine Landfläche von 150 Mio. km². Die derzeit weltweite landwirtschaftlich genutzte Fläche wird auf etwas weniger

als etwa 50 Mio km^2 geschätzt [8]. Dies entspricht also einem Drittel der weltweiten Landfläche. Bei einer Weltbevölkerung von derzeit 7,5 Mrd müssen sich durchschnittlich 150 Menschen einen Quadratkilometer landwirtschaftlicher Nutzfläche teilen, somit stehen für die Ernährung jedes einzelnen Menschen im Durchschnitt 6666 m^2, also ein Quadrat mit einer Seitenlänge von etwa 80 m x 80 m zur Verfügung. Sollte die Weltbevölkerung stabil mit 1,1% weiterwachsen, wären nach 2080, in 64 Jahren 15 Milliarden Menschen auf der Welt, was 100 Menschen pro km^2 (1000 m x 1000 m) Landfläche und 300 Menschen pro km^2 landwirtschaftlicher Nutzfläche entspräche. Für den einzelnen Menschen bliebe ein Quadrat von 100 m x 100 m Landfläche – de facto noch deutlich weniger, da ja nicht alle Landflächen der Erde bewohnbar sind, bzw. für die landwirtschaftliche Nahrungsmittelproduktion gebraucht werden.

Ein auf Wachstum ausgerichtetes Weltwirtschaftssystem gibt Machthabern Anreize, wachsende Bevölkerungszahlen zu propagieren. Wachsende Bevölkerung ist oft mit wachsendem Bruttoinlandsprodukt assoziiert und ein Land mit einer großen Einwohnerzahl hat mehr Macht auf dem internationalen Parkett.

Maßnahmen zur Reduktion der Bevölkerung

Die Bevölkerungsentwicklung in einer Region der Erde wird beeinflusst durch die Geburten- und Sterberate (natürliche Bevölkerungsentwicklung) sowie durch die Zu- und Abwanderung. Die Weltbevölkerung hingegen wird nur durch die Geburten- und Sterberate beeinflusst. Al Bartlett stellte in seiner berühmten Vorlesung in einer tabellarischen Auflistung auch Maßnahmen, die die Bevölkerungszahl erhöhen, und Maßnahmen, die die Bevölkerungszahl reduzieren, mit nüchterner Brutalität und ohne ethische Wertung gegenüber. Diese Tabelle wird hier auf Deutsch übersetzt wiedergegeben (Tabelle 2).

Tabelle 2: **Al Bartletts Gegenüberstellung von Maßnahmen, die die Bevölkerungszahl erhöhen, und Maßnahmen, die die Bevölkerungszahl reduzieren**

Erhöhung der Bevölkerungszahl	Reduktion der Bevölkerungszahl
Zeugung von Nachwuchs	Enthaltsamkeit
Mutterschaft	Verhütung
Große Familien	Abtreibung
Einwanderung	Kleine Familien
Medizinische Versorgung	Einwanderung stoppen
Öffentliches Gesundheitswesen	Krankheiten
Hygiene und Gesundheitspflege	Krieg
Frieden	Gewalt mit Mord und Totschlag
Recht und Gesetz	Hungersnöte
Wissenschaftliche Landwirtschaft	Unfälle
Unfallverhütung	Luftverschmutzung (Rauchen)
Saubere Luft	
Ignoranz des Exponentialphänomens	

Einige dieser „Maßnahmen" (zum Beispiel Krieg oder Krankheiten) sind sicherlich nicht wünschenswert und es wäre ethisch-moralisch verwerflich, sie zu implementieren. Dennoch sollte man sie nicht ignorieren. Einige der Maßnahmen zur Bevölkerungsreduktion könnten durch Ressourcenknappheit (zum Beispiel Hunger) bzw. durch Kriege um Ressourcen (und gegen konkurrierende Menschen) von selbst eintreten . Denkbar wäre deren aktive Implementierung aber auch in einem bestialisch brutalen, totalitären System, wie es der Nationalsozialismus im 20. Jahrhundert darstellte, oder aber durch Eliten, die sich gegenüber der Masse der Menschen derart überlegen fühlen (zum Beispiel genetisch optimierte Menschen), dass sie sich berechtigt fühlen, die unterlegenen Menschen auszurotten (ähnlich wie wir heute ganze Tierpopulationen keulen, wenn wir dies für sinnvoll halten, z.B, um eine Tierseuche einzudämmen).

Viele der das Bevölkerungswachstum begünstigenden „Maßnahmen" sind positiv besetzt. Hygiene, medizinische Versorgung und Frieden sind Maßnahmen, deren Umsetzung ich mich als Arzt und Epidemiologe selbst verpflichtet fühle und von denen ich überzeugt bin, dass sie das menschliche Leben auf der Erde verbessern.

Das Bevölkerungswachstum ist in den meisten Teilen der Welt ein recht neues Phänomen, das erst mit Einsetzen der Industrialisierung im 19. Jahrhundert als Problem wahrnehmbar wurde. Vorher war Bevölkerungswachstum ein Zeichen von Prosperität und Wohlstand, und im Grunde wurde es das auch so in aufstrebenden Ökonomien der Industrialisierung wahrgenommen. Die Wahrnehmung eines normalen Menschen, der mit anderen normalen Menschen um Ressourcen, Wohnraum und Arbeit konkurriert, mag jedoch weniger optimistisch sein.

Real stattgehabte Bevölkerungsreduktionen

Die Weltbevölkerung wächst, jedoch ist dieses Wachstum keineswegs ausgeglichen. Während das natürliche Bevölkerungswachstum in Afrika mit durchschnittlich 4,7 Kindern pro Frau sehr hoch ist, liegt es in Europa und Japan bereits deutlich unter der für die Erhaltung der bestehenden Bevölkerung (ohne Zu- und Abwanderung) erforderlichen Quote von 2,1 Kindern pro Frau [9]. Dies stellt diese Länder vor neue Herausforderungen, nämlich die einer überalternden Bevölkerung mit Belastung der Generationenausgleichs- und Sozialsysteme. Auch könnten von Arbeitgeberseite Bedenken bestehen, dass Arbeitskräfte auf Lange Sicht teurer werden, da bei einem geringeren Arbeitskräfteangebot die Löhne steigen sollten. Interessanterweise reduziert sich die Zahl der Kinder insbesondere in den Mittelschichten, die besonders ins Arbeitsleben eingespannt sind, während arme und reiche Familien nach wie vor überdurchschnittlich viele Kinder haben [10, 11]. Durch das Fehlen kreativer junger Leute wird

wird zudem eine Abnahme der Innovationsfähigkeit und ein Rückgang des Wirtschaftswachstums der Gesellschaft befürchtet.

Da nachhaltiges Wachstum de facto exponentiell wird, erscheint ewiges globales Wachstum (auch der Wirtschaft) nicht erstrebenswert. Das Problem ist, dass bei weltweiter Konkurrenz die Größe der Volkswirtschaft ein bedeutender Machtfaktor im internationalen Wettbewerb ist, was wiederum Anreizsysteme für Wachstum schafft (zumindest für die Eliten einer Gesellschaft).

Betrachten wir, was in Ländern passiert ist, deren natürliches Bevölkerungswachstum sich normalisiert hat bzw. unter die Bevölkerungsreproduktionsziffer von 2,1 Kindern pro Frau gefallen ist. Dies sind die eurasischen Länder zwischen Lissabon und Wladiwostock und Japan (sowie China dank seiner bis vor Kurzem verordneten Ein-Kind-Politik). Ganz platt kann man sagen, dass materieller Wohlstand und Reichtum mit einem Rückgang des natürlichen Bevölkerungswachstums assoziiert zu sein scheinen. Auch höhere Bildung, insbesondere von Frauen, und eine Gleichberechtigung der Geschlechter sind mit einem Rückgang der Geburtenzahl assoziiert.

Gesellschaftszerfall als schmerzliche Seite der sanften Bevölkerungsreduktion

Allerdings hat in den Ländern mit rückläufiger Bevölkerungsentwicklung auch eine Verschiebung des Wertekanons stattgefunden. So hat Familie enorm an Wert verloren. Waren für frühere Generationen Familie und eigene Kinder das zentrale sinnstiftende Moment im Leben, ist dies heute nicht mehr der Fall. Dies gilt insbesondere für Frauen: Früher stand die Familie im Mittelpunkt der weiblichen Selbstverwirklichung, und in deren Mittelpunkt stand meist die Frau als Mutter. In den letzten 50 Jahren wurden Mädchen jedoch immer mehr dahingehend erzogen, dass die rein familiäre Lebensgestaltung zunehmend gering geschätzt wird und der Beruf ins Zentrum der Selbstverwirklichung gerückt ist. Für die Wirtschaft ist dadurch das Angebot an Arbeitskräften gestiegen, was sicherlich die Lohnkosten reduziert und ein beträchtliches Wirtschaftswachstum ermöglicht hat. Der ursprüngliche Akt der Befreiung durch Erwerbsarbeit ist für viele Frauen inzwischen von einer Möglichkeit zur Lebensgestaltung zu einem ökonomischen Sachzwang geworden.

Die Tatsache, dass die Bevölkerungsexplosion in vielen Ländern aufgehalten wurde, ist im Ganzen zu begrüßen. Für den Einzelnen können sich jedoch Einsamkeit durch die zunehmende Auflösung traditioneller Familienstrukturen und Entfremdung einstellen.

Während der Industrialisierung hat sich der Arbeitsplatz vom heimischen Umfeld abgekoppelt. Bauern, Handwerker und Kleingewerbetreibende bestritten früher meist ihren Lebensunterhalt im familiären Umfeld. Auch wenn der Mann einen Großteil der Arbeit, die wir heute als Berufsarbeit sehen würden, bestritt, fassten alle anderen Haushaltsmitglieder mit an und beteiligten sich im Rahmen ihrer Möglichkeiten am Unterhalt der Familie. Für alleinstehende Frauen oder Frauen, die ihren Mann verloren hatten, war es jedoch wesentlich schwerer, ihren Lebensunterhalt zu bestreiten. Außereheliche Geburten waren für die Frau katastrophal, da sie dann nicht nur ein weiteres Kind durchzufüttern hatte, sondern hierfür noch gesellschaftlich geächtet wurde. Die Überlebenschancen außerehelich geborener Kinder waren entsprechend reduziert.

In der Zeit der Industrialisierung koppelte sich der Arbeitsplatz zunehmend vom heimischen Umfeld ab. Dabei war der Anstieg des materiellen Wohlstands mit einem enormen Bevölkerungsanstieg assoziiert. Für den Einzelnen löste sich auch allmählich der direkte Zusammenhang zwischen Arbeit und Ernährung der Familien auf, der in der bäuerlichen Subsistenzwirtschaftshaushalt bestand. Früher wurden Nahrungsmittel selbst hergestellt und zur Ernährung der Familie verwendet. In der industriellen, arbeitsteiligen Gesellschaft wurde der Lohn in abstrakter Form als Geld ausgezahlt, für das Güter und Nahrungsmittel eingekauft werden konnten.

Neben den Gleichberechtigungsbestrebungen wurden schon früh kapitalistisch orientierte Narrative in den Forderungen der Frauenbewegung laut. Gleiche Teilhabe am Erwerbs- und Arbeitsleben ist inzwischen die zentrale Forderung des Feminismus geworden. Dies ist nicht selbstverständlich, da es in der unmittelbaren Lebenswelt von Frauen viele andere Formen von Benachteiligung gegeben hat. Statt die weibliche Lebenswelt aufzuwerten, zum Beispiel durch finanzielle Anerkennung der Familienarbeit und bessere soziale Absicherung für alleinstehende Frauen, wurde die weibliche Lebenswelt des familiären Umfelds demontiert.

Dies ist wohl eine logische Konsequenz des kapitalistischen Wirtschaftens: Eine finanzielle Anerkennung (Lohn) für Familienarbeit verursacht nur Kosten und könnte nicht direkt gegenfinanziert werden, da sich die Familienarbeit nicht verkaufen und zu Geld machen lässt. Durch die Implementierung der Forderung nach beruflicher Teilhabe der Frauen wurde das Arbeitskräfteangebot vergrößert, dadurch der Preis der einzelnen Arbeitskraft (Lohn) reduziert wurde, was die Unternehmensgewinne steigerte. Im kapitalistischen Wettbewerb der Nationen wurde somit die Mobilisierung der weiblichen Arbeitskraft für die privatwirtschaftliche lohnabhängige Arbeit zu einem Wettbewerbsvorteil.

Der hiermit einhergehende Geburtenrückgang ist angesichts der weltweiten Bevölkerungsexplosion zu begrüßen, hat allerdings auch zu den bereits genannten gesellschaftlichen Zerfallserscheinungen geführt. Wer Schwierigkeiten mit dem Alleinsein hat und dies schnell als schmerzliche Einsamkeit empfindet, hat es in modernen westlichen Gesellschaften trotz materieller Absicherung schwer, glücklich zu werden.

In ganz Europa ist das natürliche Bevölkerungswachstum unter dem Reproduktionsniveau von 2,1 Kindern pro Frau. Die daraus entstehenden Probleme (Überalterung der Gesellschaft, Vereinsamung und Entfremdung) erscheinen jedoch angesichts endlicher Ressourcen besser zu bewältigen zu sein als die aus einer stark wachsenden Bevölkerung entstehenden Probleme. Für den afrikanischen Kontinent wird eine Bevölkerungsverdoppelung von 1,2 Mrd. Menschen im Jahr 2015 auf 2,5 Mrd. Menschen im Jahr 2050 erwartet (Verdoppelungszeit 35 Jahre → Bevölkerungswachstum 2 % pro Jahr).

Wachstum: lokal erwünscht, global katastrophal

Ein dauerhaft stabiles globales Wachstum, zum Beispiel ein Bevölkerungs- oder Wirtschaftswachstum, führt irgendwann durch Ressourcenverbrauch oder Konkurrenzkämpfe zur Beeinträchtigung der Lebensqualität auf der Erde. Gleichzeitig wird Wachstum auf den meisten Organisationsebenen unterhalb der Organisationseinheit „Menschheit" (zum Beispiel auf der Ebene Staat, Region, Stadt oder Firma) als positiv betrachtet und belohnt.

Erinnern wir uns an Al Bartletts einfache Faustformel zur Berechnung der Verdoppelungszeit:

Verdoppelungszeit = 70 / Wachstum in Prozent.

Bei einem Wirtschaftswachstum von 2 % verdoppelt sich die Wirtschaftsleistung in 35 Jahren. So sehen Erfolgsgeschichten aus!

Wenn die Bevölkerung einer dieser subglobalen Einheiten (zum Beispiel eines Staates oder einer Stadt) wächst, geht dieses Wachstum mit einem Zugewinn an Macht und Wirtschaftskraft einher. Staatslenker großer bevölkerungsreicher Staaten beanspruchen mehr Macht – genauso wie Staatslenker großer Volkswirtschaften. Wirtschaftswachstum führt zu Wohlstand und einem guten Leben. Der Wohlstand nimmt zu, je leichter und billiger Energie verfügbar ist. Staaten, die billige Rohstoffe nicht für sich nutzen oder verkaufen, sondern aus Rücksicht auf knappe Ressourcen Verzicht üben, gewinnen hierdurch keinen Vorteil [12].

Als Menschheit ist unser Lebensraum auf globaler Ebene jedoch begrenzt. Wie soll die Menschheit auf Erden Bestand haben, wenn alle Belohnungssysteme Wachstumsvorgänge begünstigen, die unweigerlich zu einem Ressourcenverbrauch und einer Überschreitung der sprichwörtlichen Grenzen des Wachstums führen?

Aber ist ein Überschreiten der Grenzen des Wachstums eine existenzielle Bedrohung für den Fortbestand der Art *Homo sapiens* oder könnte man davon ausgehen, dass trotz Massensterben und Zivilisationszusammenbruch genug Menschen überlebten, um den Fortbestand des Menschen zu sichern? Dies würde wohl davon abhängen, wie stark das Überschreiten der Grenzen des Wachstums mit einer Zerstörung der Biosphäre des Planeten einhergeht und ob die zu erwartenden Kriege um Ressourcen mit Massenvernichtungswaffen geführt werden, die das Potential haben, die Menschheit restlos auszurotten.

Wann spüren wir die Grenzen des Wachstums?

Wann spüren wir als Menschheit, ob die Grenzen des Wachstums nahe sind? Wahrscheinlich erst kurz bevor sie überschritten werden.

Al Bartlett zieht in seiner legendären Vorlesung zu stabilem Wachstum den Vergleich zu einer Bakterienkultur: Man stelle sich eine Bakterienkultur vor, die sich jede Minute verdoppelt. Die Kulturflasche, in der sich die Bakterien befinden, stellt einen begrenzten Lebensraum dar. Wenn die Flasche um zwölf Uhr Mitternacht voll ist, zu welchem Zeitpunkt war die Flasche halb voll? Die Antwort ist: eine Minute vor zwölf, da der letzte Verdoppelungsschritt von halb voll zu voll nur eine Minute beansprucht!

Wann würde ein Bakterium spüren, dass der Platz in der Kulturflasche ausgeht? Schauen wir uns die Bakterienflasche in den fünf Minuten vor Mittenacht an. Eine Minute vor Mitternacht ist sie halb voll, zwei Minuten vor Mitternacht ein Viertel voll, drei Minuten vor Mitternacht ein Achtel voll, vier Minuten vor Mitternacht ein Sechzehntel voll und fünf Minuten vor Mitternacht ein Zweiunddreißigstel voll. Fünf Minuten vor Mitternacht wird also nur 3 % des insgesamt vorhandenen Platzes von Bakterien beansprucht. Als einzelnes Bakterium habe ich also fünf Minuten vor zwölf noch viel Platz und Entfaltungsraum und ahne nicht im Geringsten, dass sich das schon in wenigen Minuten ändern wird. (In diesem Gedankenexperiment wurde ignoriert, dass Bakterien, ab einer bestimmten Dichte, in einen stationären Zustand übergehen, also das Wachstum einstellen).

Stellen wir uns einen homogen besiedelten Inselstaat vor, in dem das Bevölkerungswachstum bei 3,5% liege (Verdoppelungszeit 70/3,5 = 20 Jahre). Zwanzig Jahre sind auch ein realistischer Generationenabstand in einem Land mit einer hohen Fertilität. Wenn vor 60 Jahren noch 15/16 (94%) der Insel unbesiedelt waren, blieben bei stabilem Wachstum von 3,5% in der nächsten Generation vor 40 Jahren noch 7/8 (88%) der Insel unbesiedelt. Vor 20 Jahren waren immerhin noch ¾ (75%) der Insel unbesiedelt. Inzwischen wird die Zersiedelung langsam spürbar, da nur noch die Hälfte der Insel unbesiedelt ist. Die landwirtschaftlich nutzbaren Flächen reichen schon lange nicht mehr aus und viele Nahrungsmittel müssen importiert werden. In den nächsten 20 Jahren gibt es auf der Insel ohnehin keine Freiflächen mehr. Wenn diese Insel unser Planet ist gibt es keine Möglichkeiten, diesen von außen zu versorgen.

3 Öl

Bartlett hatte im zweiten Teil seiner Vorlesung den Schwerpunkt auf den ständig steigenden Ressourcenverbrauch gesetzt. Hierbei hat er sich insbesondere dem Erdöl zugewendet.

Die weltweite Abhängigkeit vom Öl ist ein recht junges Phänomen und besteht erst seit rund 250 Jahren. Zuvor haben Menschen auf ihre eigene Muskelkraft und die von Tieren gesetzt. Präindustrielle Anlagen (zum Beispiel Mühlen) wurden durch Wasser- oder Windkraft angetrieben. Über Jahrtausende war Holz der wichtigste energieliefernde Brennstoff und in der Frühzeit der Industrialisierung waren Braun-, Stein- und Holzkohle die wichtigsten fossilen Brennstoffe. Erdöl war auch seit Jahrtausenden bekannt, erlangte aber erst Mitte des 19. Jahrhunderts die Bedeutung, die es heute hat.

Erdöl zählt wie Erdgas, Torf, Braun- und Steinkohle zu den fossilen Brennstoffen. All diese stark kohlenstoffhaltigen Stoffe sind durch das Absterben von Pflanzen, Tieren und Kleinstlebewesen in grauer Vorzeit entstanden. Kohle entstand durch Verrottung von Pflanzen am Grunde von Mooren unter Luftabschluss. Durch die folgende Absenkung des verrotteten Materials in tiefere Erdschichten oder Überlagerung durch neue Erdschichten erhöhten sich Kompressionsdruck und Temperatur. So entstanden stark verdichtete kohlenstoffreiche Verbindungen. Durch Verbrennung kann diese Energie freigesetzt werden und dank der Verdichtung kann der Energieträger in begrenztem Raum (Tender der Dampflokomotive, Tank eines Autos) transportiert werden. Steinkohle ist sehr dicht und rein, Braunkohle weniger verdichtet, unreiner und schwefelhaltiger, weshalb deren Verbrennung die kohlendioxidintensivste Art der Energieerzeugung darstellt.

Das meiste Erdöl, das wir heute fördern „lebte" vor etwa 150 Millionen Jahren als die Dinosaurier die Erde beherrschten. Erdöl und Erdgas entstanden aus zu Schlamm verrotteten Algen und treten entsprechend oft gemeinsam auf. Durch Überlagerung und Absenkung gelangte dieser kohlenstoffreiche Algenrückstand in tiefere Schichten, wo Druck und Temperatur einwirkten und für eine Umwandlung in flüssige (Erdöl) und gasförmige Aggregatzustände (Erdgas) sorgten. Erdgas hat einen hohen Methananteil. Methan ist unverbrannt ein potentes Treibhausgas. Glücklicherweise verbrennt Erdgas sehr effizient mit wenig Freisetzung des Treibhausgases Methan. Daher ist es sauberer als andere fossile Brennstoffe.

Durch seine geringe Dichte gelangt Erdöl von selbst an die Erdoberfläche, wenn es die Porosität des Gesteins zulässt. Als Rohstoff für Salben und Schmierstoffe und zur Herstellung teeriger Massen (zum Beispiel zur Abdichtung von Schiffen) wurde es schon lange verwendet. In Regionen, in denen Erdöl an die Oberfläche trat, konnte man mehr Erdöl finden, wenn man in der Nähe grub oder bohrte.

Heute verbinden wir die größten Erdölreserven mit Ländern im Mittleren Osten, allen voran Saudi-Arabien. Die erste Ölnation waren jedoch die USA. Im äußersten Nordosten des US-Bundesstaats Pennsylvania befindet sich Oil City, eine Kleinstadt mit etwa 10.000 Einwohnern. Hier fließt der Oil Creek River in den Allegheny River. Als besondere Attraktion gibt es hier das Drake Well Museum. Edwin L. Drake leitete 1859 eine Bohrung, mit der die industrielle Erdölförderung und damit das Erdölzeitalter begann. Die besondere Innovation an Drakes Bohrverfahren war die Verwendung von Bohrrohren, die das Bohrloch stabilisierten und dadurch sichere Bohrungen in die Tiefe erlaubten. Bei der Bohrung im Jahr 1859 bohrten die Männer um Drake 21 Meter tief, bevor sie auf Öl stießen.

Erdöl war der ideale Brennstoff – scheinbar in rauen Mengen überall verfügbar, recht leicht zu transportieren (Pipelines) und als Brennstoff für mobile Maschinen (Autos, Schiffe, Flugzeuge) wesentlich besser geeignet als feste Brennstoffe wie Kohle: Während der Brennstoff für kohlegetriebene Dampflokomotiven mit Muskelkraft oder Kränen in den Kohletender geschaufelt werden musste, konnte man Öl einfach in einen anderen Tank pumpen oder fließen lassen [13].

Die industrielle Nutzung von Erdöl als Brennstoff kam zur richtigen Zeit. Seit Ende der 1840er Jahre wurde Lampenöl, mit dem europäische Städte beleuchtet wurden, immer teurer. Die Gier nach diesem auf Waltran basierenden Brennstoff hatte die Pottwalbestände kollabieren lassen, sodass der Markt hungrig nach Alternativrohstoffen war.

Ölbarone

Man könnte vermuten, dass Drake durch seine Erfindung des neuen Verfahrens zur Erdölbohrung unermesslich reich geworden ist. Dem war aber nicht so. Drake war gesundheitlich angeschlagen und immer mehr auf einen Rollstuhl angewiesen. Seine Frau versuchte durch Gelegenheitstätigkeiten wie Näharbeiten Geld zu verdienen. Schließlich wurde die wirtschaftliche Lage der Familie so prekär, dass die Bürger der Stadt Titusville 1873 durch eine Petition an das Parlament von Pennsylvania eine Pension für die Familie einforderten, von der die Familie auch nach dem Tod Edwin Drakes im Jahre 1880 leben konnte. Obwohl der Name Drake im Zusammenhang mit dem in Amerika des 19. und 20. Jahrhundert entstehenden Ölreichtum steht, gehörte er selbst nicht zu den Ölbaronen.

Auftrag- und Kapitalgeber der Drake'schen Ölbohrung war die Seneca Oil Company, benannt nach dem Irokesenstamm der Seneca. Die Seneca hatten das am Oil Creek hervorquellende Rohöl schon lange vor Ankunft der europäischen Siedler als Medizinrohstoff verwendet. Doch auch die Seneca wurden durch das auf ihrem (ehemaligen) Land geförderte Öl nicht reich.

Echte Ölbarone waren hingegen John D. Rockefeller, H. L. Hunt und J. Paul Getty. Mit dem Namen Rockefeller ist die Firma Standard Oil verbunden, die im Jahr 1870 aus der Firma Rockefeller, Andrews & Flagler hervorging. Henry M. Flagler brachte Kapital ein, das er in der Montanindustrie gewonnen hatte, und war später als Eisenbahngesellschafter maßgeblich am Bau des Florida East Coast Railway beteiligt. Samuel Andrews war Chemiker und machte durch Verbesserung der Rohölraffinierung den Aufstieg des Unternehmens erst möglich. In den 36 Jahren nach 1870 entwickelte sich Standard Oil zu einem Industrieimperium von zuvor nie gesehener Größe und Macht – bis die Regierung unter Theodore Roosevel die Standard Oil Company durch den Sherman Antitrust Act, die erste wettbewerbsrechtliche Regelung der Vereinigten Staaten, in 34 Gesellschaften zerschlug. In der Folge stürzte der Aktienwert ab. Hiervon profitierte erneut J. D. Rockefeller, indem er die einmalig günstigen Aktien aufkaufte und enorme Gewinne machte, als deren Kurs wieder stieg. (Auch Rossevelt war Spross einer amerikanischen Familiendynastie. Im Grunde ließe sich sich wohl die Geschichte der USA als Geschichte von Familienstreitigkeiten zwischen verschiedenen Machtdynastien erzählen.).

Das Aufkommen des Automobils führte zu einem stets steigenden Ölbedarf. Die aus Standard Oil hervorgehenden Firmen gehören zum Rückgrat der heutigen weltweit mächtigen US-Ölfirmen und sind mächtige Komponenten im militärisch industriellen Komplex der Vereinigten Staaten.

Haroldson Lafayette (H. L.) Hunt wurde durch das East Texas Oil Field steinreich. Der Name Hunt reicht zwar nicht an den Bekanntheitsgrad der Rockefellers heran, was möglicherweise an Rockefellers philanthropischen Aktivitäten (Rockefeller Stiftung) liegt. Jedoch spielte der Hunt-Clan im Umfeld von Macht und Reichtum in den USA des 20. Jahrhunderts eine große Rolle. H. L. Hunt steht im Verdacht, am Plot zur Ermordung des demokratischen Präsidenten J. F. Kennedy 1963 beteiligt gewesen zu sein. Ein Motiv hatte er wohl: Kennedy plante den Abbau von Steuerprivilegien für Ölfirmen, welche die Einnahmen der texanischen Ölbarone um mehrere hundert Millionen US-Dollar im Jahr reduziert hätten (was diese nicht ruiniert hätte) [14, 15]. Hunt muss eine schillernde Persönlichkeit gewesen sein. Er stand Pate für den fiktionalen Charakter J. R. Ewing, der zur zentralen Figur der US-Seifenoper *Dallas* wurde, die Ende der 1970er bis Anfang der 1990er Jahre international erfolgreich war.

Ein Erbe der Getty-Dynastie hat sich mit der Gründung der Bildagentur Getty Images eine feste Position in der Mediengesellschaft des 21. Jahrhunderts gesichert. Auch diese Macht geht auf Ölgeld zurück, das von Jean Paul Getty über Paul Getty II zu Marc Getty über Generationen hinweg geflossen ist. Auch Jean Paul Getty versuchte schon zu Lebzeiten, seinen Reichtum mit Bedeutung zu füllen, wurde Kunstsammler, Stifter und Mäzen.

Auch der Bush Clan, der bislang zwei amerikanische Präsidenten (George H.W. Bush, 1989-1993 und George W. Bush, 2001-2009) hervorgebracht hat, ist gewissermassen eine Industrie- und Öldynastie. Prescott Bush, der Vater des späteren Präsidenten George H.W. Bush und Großvater des noch späteren Präsidenten George W. Bush baute das Vermögen der Yankee-Industriellenfamilie (Stahlindustrie in Ohio) aus, indem er Besitzungen deutscher Stahlindustrieller in den USA verwaltete und auch vor Beteiligungen an Industriebetrieben, die in der Nazizeit Zwangsarbeiter einsetzten nicht zurückschreckte. Der Sohn Prescott Bushs, der spätere President George H.W zog nach seinem Yale-Abschluss im Jahr 1948 nach Texas, um dort zu einem Ölbaron aufzusteigen, was ihm durch die Vernetzung des Bush Clans mit der internationalen Hochfinanz ermöglicht wurde. Später führte ihn seine politische Karriere über UN-Botschafterposten, CIA Direktorposten, Direktor des „Council on Foreign Relations" und Vizepräsidentenamt auf den Präsidentensessel im Weißen Haus. Die Bush Familie mischte also in den fünf Schlüsselbereichen amerikanischer Macht mit, nämlich i) dem US-Investmentbanking, ii) dem militärisch-industriellen Komplex, iii) der CIA, iv) der Kontrolle über internationale Ölvorräte und v) der engen Kooperation mit der Vorgänger-Imperialmacht Großbritannien [16], (sowie in den informellen Machtmechanismen der Think Tanks wie dem Council on Foreign Relations). Auch dem Sohn Georg H.W. Bushs, George W. Bush, wurde durch die Einbettung des Bush Clans in die globalen Machtsrukturen der Weg ins Weiße Haus geebnet. 1977 gründete

George W. Bush mit Geldern des Clans eine Ölgesellschaft in Texas, Arbusto Energy. Allerdings nahmen die konventionell förderbaren Ölreserven in Amerika bereits ab (siehe folgendes Kapitel) und die Ölbohrungen in texanischer Erde blieben erfolglos. Sein Vater, Georg H.W. Bush half, indem er 1982 die Kontakte des Bush Clans mit der Familie Saud vertiefte, die im Besitz des Landes mit den größten Ölreserven, (Saudi Arabien) waren (sind). Georg W. Bush's Arbusto ging 1984 in die Ölfirma „Spectrum 7" über, die 1986 von Harken Energy aufgekauft wurde. Nach Georg Soros, einem der Hauptanteilseigner von Harken Energy galt dieser Kauf eher den guten Kontakten des Bush Clans in die Golf Region und zum Saud Clan als dem eigentlichen Unternehmen und tatsächlich wurde Harken Energy plötzlich unheimlich attraktiv für Saudische Investoren und bekam die Exklusivrechte für Bohrungen vor der Küste Bahreins. 1989 wurde Georg H.W. Bush Präsident der Vereinigten Staaten. Die im Rahmen des Harken Energy Deals auszuführenden Finanztransaktionen wurden von einer Luxemburger Bank (Bank of Credit and Commerce International, BCCI) abgewickelt, die 1991 auf Veranlassung der Bank of England zwangsgeschlossen wurde, wobei 20 Mrd US-Dollar spurlos verschwanden. Der Untergang der BCCI ist der bislang größte Finanzskandal der Geschichte [17]. Neben den guten Beziehungen zur Familie Saud hat die Bush Familie enge Geschäftsbeziehungen zur Saudischen Bauindustriellenfamilie Bin Laden (deren wohl berühmtester Spross Osama Bin Laden ist) [18, 19]. Die engen Beziehungen des Haus Saud zu den amerikanischen Oligarchenclans sind heute fest wie eh und je. Saudi Arabien hat dem derzeitigen amerikanischen Präsidenten Donald Trump zugesagt, Waffen im Wert von hunderten Mrd Dollar zu kaufen [20] und Trumps Schwiegersohn Jared Kuchner ist aufgrund privater Schulden unmittelbar von den Sauds abhängig [17]. Blut ist dicker als Wasser, aber Öl ist dicker als Blut.

„Peak Oil"

Rockefeller, Hunt und Getty – allein an diesen Namen lässt sich erahnen, wie stark die US-Ölindustrie die Geschichte der global-imperialen Supermacht USA geprägt hat. Bush, und Trump – allein an diesen Namen lässt sich erahnen, wie stark die Saudisch-Amerikanische Ölindustrie die Gegenwart der global-imperialen Supermacht USA prägt.

Nachdem die US-Ölförderung seit den Siebziger Jahren zurückging richteten sich die ölgierigen Augen der Industrienationen auf andere Regionen der Welt, vor allem den Mittleren Osten. Was ist aber aus den amerikanischen Erdölfeldern geworden?

Nun, was das einigermaßen leicht zugängliche Öl angeht, das nicht durch Fracking oder aus Hunderten oder Tausenden Meter Tiefe hervorgeholt werden muss, gilt: Es ist schlicht aufgebraucht. Im Jahr 1956 meldete sich Marion King Hubbert, Chefgeologe der Shell Laboratories in Houston/Texas, mit einer beunruhigenden Feststellung zu Wort. Er beschäftigte sich mit der Kapazität von Öl- und Gasfeldern und sagte im Jahr 1956 voraus, dass das Ölfördermaximum („Peak Oil") in den USA um 1970 erreicht sein werde; danach werde die jährliche Erdölfördermenge von Jahr zu Jahr sinken. So war es auch: Nach 1970 ging die Menge des mit konventionellen Technologien geförderten Öls von Jahrzehnt zu Jahrzehnt zurück (Abbildung 2 und 3).

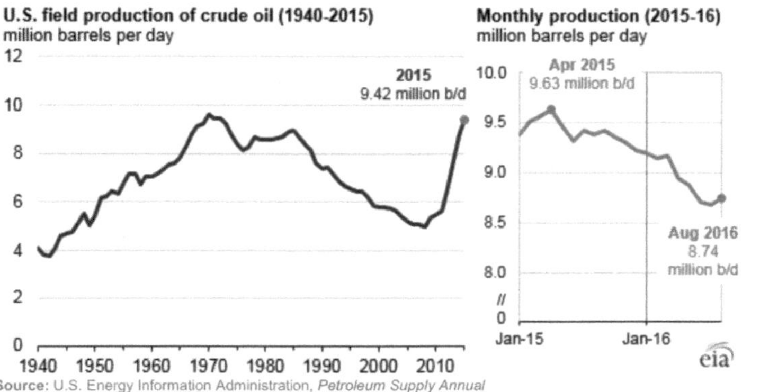

Abbildung 2: Rohölfördermenge auf dem Gebiet der Vereinigten Staaten zwischen 1940 und 2015 in Millionen Barrel pro Tag [21] Quelle: U.S. Energy Information Administration, Public Domain.

Erst durch die Frackingtechnologie, die in den USA im Jahr 2008 eine Trendwende einleitete, war es möglich, wieder an die US-Fördermengen der 1970er Jahre anzuschließen. Während ich diese Zeilen schreibe (im Februar 2018), liegt die tägliche US-Ölfördermenge bei 10,27 Mio. Barrels pro Tag und damit knapp über dem Peak-Oil-Wert von 1970. Bei Fertigstellung dieses Buches im Dezember 2018 wurde eine neue Peak-Oil-Marke von 11,6 Mio Barrels pro Tag erreicht.

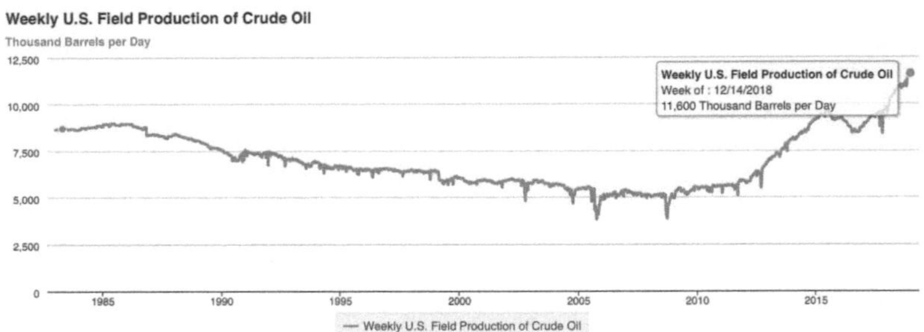

Abbildung 3: Wöchentliche Rohölfördermenge auf dem Gebiet der Vereinigten Staaten zwischen 1983 und Juli 2018 in Tausend Barrel pro Tag mit Angabe der aktuellen Fördermenge im Juli 2018 [22] Quelle: U.S. Energy Information Administration, Public Domain.

Auch für die Weltölförderung sagte Hubbert 1956 ein Fördermaximum in etwa einem halben Jahrhundert voraus; dies wäre somit um 2006 gewesen. Seitdem ist die jährliche Fördermenge sogar noch gestiegen, und durch die Frackingtechnologie sind die Vereinigten Staaten wieder eine der wichtigsten Erdölfördernationen der Welt geworden, die mit Saudi-Arabien um den Spitzenplatz der jährlichen Ölfördermenge konkurriert. Derzeit gibt es also keinerlei Anzeichen von Ölmangel. Stattdessen ist der Ölpreis so niedrig, dass die Ölförderstaaten große Probleme haben – Venezuela, das Land mit den größten Ölreserven auf dem amerikanischen Kontinent (möglicherweise sogar weltweit), steht kurz vor dem wirtschaftlichen Zusammenbruch.

Wie kam es zu diesem Ölpreisabfall? Der Ölpreis unterliegt nicht nur Marktgesetzen, sondern ist politischen Interessen unterworfen. Tonangebend sind dabei die OPEC-Länder und die Vereinigten Staaten, an deren Währung („Petrodollar") alle Erdöltransaktionen gekoppelt sind. (Möglicherweise war die Absicht, Erdöl auch gegen andere Währungen als den Dollar zu verkaufen, ein wichtiger Grund für den Angriff westlicher Militärmächte auf den Irak und Libyen). Die USA, die mächtigste Militärmacht der Welt, hält also das Privileg, dass der wichtigste

Rohstoff der Welt (Erdöl) nur gegen die eigene Währung – die zugleich die Weltleit- und somit Hauptreservewährung ist – gehandelt werden darf.

Zudem hat die Frackingtechnologie die USA seit 2008 wieder zu einem der größten Erdölförderer der Welt gemacht. Allerdings ist die Förderung von Frackingöl wesentlich teurer, weshalb einige Konkurrenzländer (zum Beispiel Saudi-Arabien) nicht davon ausgingen, dass die amerikanischen Förderfirmen einen derart niedrigen Ölpreis überleben würden. Die USA fördern derzeit jedoch mehr Erdöl als jede andere Nation (auch mehr als Saudi-Arabien). Aus geostrategischen Erwägungen heraus gehe ich auch nicht davon aus, dass die USA die Erdölförderung durch Fracking aufgeben würden, selbst wenn die Firmen staatlicher Unterstützung bedürften. Als aus US-Sicht durchaus erwünschter Nebeneffekt leiden rivalisierende Erdölfördernationen, deren Wirtschaft stark vom Ölpreis abhängig ist (zum Beispiel Russland, aber vor allem Venezuela).

Wenden wir uns einem Parameter zu, der paradoxerweise kaum mit dem Ölpreis zusammenhängt: der Nachfrageseite, dem Weltölverbrauch. Dieser lag im Jahr 2008 bei etwa 86 Mio. Barrels pro Tag und nach neun Jahren stetigem Wachstum bei 97 Barrel pro Tag im Jahr 2017 [23]. Der jährliche Verbrauchszuwachs liegt somit im Schnitt bei etwa 1,22 %.

Mit Al Bartletts Faustformel, die wir zu Beginn eingeführt haben, lässt sich leicht die Verdoppelungszeit berechnen:

$$\text{Verdoppelungszeit} = 70\,/\,\text{Wachstum in Prozent} = 70\,/\,1{,}22 = 57{,}4$$
$$\text{Jahre}$$

Demnach würde sich der Weltölverbrauch bei gleichbleibendem Verbrauchszuwachs bis etwa 2065 verdoppeln. In dieser Zeit wird die Weltbevölkerung von 6,8 Mrd. im Jahr 2008 über 7,6 Mrd. im Jahr 2017 auf etwa 10,4 Mrd. im Jahr 2065 angestiegen sein. Diese 10,4 Mrd. entsprechen der mittleren UN-Bevölkerungsprojektion für 2065; die niedrige liegt bei 8,6 und die hohe bei 12,4 Mrd. Menschen [24]. Allen diesen Projektionen (auch der hohen) liegt die Annahme eines abnehmenden Bevölkerungswachstums zugrunde. Wenn die Bevölkerung jedoch genauso weiterwächst wie zwischen 2008 und 2017, werden im Jahr 2065 etwa 13,5 Mrd. Menschen auf der Erde leben.

Der niedrige Ölpreis ist also trügerisch. Wer denkt, die Furcht, uns könnte das Öl ausgehen, sei allein auf Panikmache zurückzuführen, dem sei gesagt: Die Nachfrage nach Öl kennt derzeit nur eine Richtung: nach oben! [23]. Natürlich ist es essenziell, durch neue sparsamere Technologien oder alternative Energien in den industrialisierten Ländern den Erdölverbrauch zu verringern. Während der Pro-Kopf-Verbrauch in fast allen afrikanischen Ländern südlich der Sahara unter einem Barrel pro Jahr liegt, in einigen sogar unter einem Drittel Barrel pro Jahr, verbraucht der Deutsche durchschnittlich etwa 12 Barrel und der Amerikaner sogar 25 Barrel pro Jahr [25].

Gleichzeitig befinden sich aber die zwei ehemaligen Entwicklungs- bzw. Schwellenländer mit den größten Bevölkerungen der Welt im Industrialisierungsprozess: China und Indien! China und Indien (beide je etwa 1,3 Mrd. Einwohner) haben im Moment noch einen vergleichsweise geringen jährlichen Pro-Kopf-Erdölverbrauch von 2,14 (China) bzw. 0,94 (Indien) Barrel pro Jahr. Diese Zahlen werden in den kommenden Jahren steigen [25].

Der Kontinent mit dem stärksten Bevölkerungswachstum ist auch der mit dem größten industriellen Entwicklungsrückstand: Afrika. Im Jahr 2015 hatte Afrika 1,2 Mrd. Einwohner. Für 2050 wird nach der mittleren UN-Bevölkerungsprojektion eine Einwohnerzahl von 2,5 Mrd. vorausgesagt. Damit würde sich die Bevölkerungszahl in 35 Jahren verdoppeln! Die Bevölkerungszahl Afrikas im Jahr 2065 aus derselben Projektion liegt bei etwa 3,2 Mrd. [24].

Bislang ist der durchschnittliche Ölverbrauch der meisten Afrikaner gering. Oft werden in Afrika jedoch veraltete Technologien verwendet (zum Beispiel Gebrauchtautos aus Europa), die in der Regel mit fossilen Brennstoffen betrieben werden. Auch kommen meist veraltete Technologien zum Einsatz, die nicht die hohen

Umweltstandards erfüllen, die in Europa die „Energiewende" bringen sollen. Sollte der Erdölverbrauch der afrikanischen Länder also steigen, wird er schon bald nicht mehr befriedigt werden können, da davon auszugehen ist, dass militärisch, wirtschaftlich und politisch mächtigere Länder die Ölreserven für sich beanspruchen werden.

Ölkolonialismus

Nach dem Zweiten Weltkrieg neigte sich die Ära der Kolonialreiche ihrem Ende zu. Auch wenn Frankreich heute noch Überseedepartements und Kolonien hat, wird doch der verlorene Algerienkrieg im Jahr 1962 als Ende des direkten französischen Kolonialismus gesehen. Beim direkten Kolonialismus gehört die Kolonie dem Mutterland und dieses übt politische und militärische Macht vor Ort aus. Auf Dauer ist ein direkter Kolonialismus kaum durchzuhalten: Das Aufrechterhalten der Verwaltungsstrukturen und der Militärpräsenz vor Ort ist kostspielig, und ständig ist damit zu rechnen, dass die Einheimischen die Legitimität der Fremdbestimmung in Frage stellen.

Ethisch und moralisch ist die Fremdbestimmung durch eine Kolonialmacht eigentlich nur zu rechtfertigen durch eine angebliche genetische Überlegenheit der Kolonialisten (Rassismus) oder durch eine metaphysisch-religiöse Argumentation (Missionierung der Einheimischen zu deren Seelenrettung). Beide Argumentationslinien waren in der Vergangenheit zwar sehr erfolgreich, können aber einer Verwirklichung aufklärerischen Gedankenguts kaum standhalten. Wie kann man also weiterhin vom Rohstoffreichtum anderer Länder profitieren, ohne kostspielige Verwaltungs- und Militärapparate vor Ort unterhalten zu müssen? Durch vom Rohstoffgeschäft profitierende lokale Eliten und mächtige international agierende Privatunternehmen vor Ort!

Über die letzten hundert Jahre hat die französische Erdölindustrie mehrere Wandlungen durchgemacht. Nach dem Ersten Weltkrieg beutete Frankreich insbesondere die Ölfelder des Irak aus, die von der im Ersten Weltkrieg geschlagenen Deutsch-Osmanischen

Allianz übernommen worden waren. Die Hoffnung auf Erdölfunde in den französischen Kolonien Nord- und Westafrikas blieb lange unerfüllt. Erst nach dem Zweiten Weltkrieg stieß man in Afrika auf ergiebige Erdölquellen, für deren Ausbeutung französische Ölfirmen in einer hervorragenden Position waren. Hierbei erwies sich das postkoloniale Modell der Rohstoffförderung in anderen Ländern durch Privatunternehmen als sehr leistungsfähig. Aus der Entwicklung der französischen Ölindustrie sind die bis heute international agierenden Erdölkonzerne Elf Aquitaine und Total entstanden.

Noch aufschlussreicher dafür, welch große Macht die postkolonialen internationalen Konzerne hatten und wie hoch ihre Fähigkeit zur Ausbeutung von Rohstoffen war, ist die Geschichte des Irans im 20. Jahrhundert [26]. Der Iran war nie eine britische Kolonie. Dennoch wurde die Ölförderung und Raffinierung dominiert von der Anglo-Iranian Oil Company (AIOC), die 1935 aus der 1908 gegründeten Anglo-Persian Oil Company hervorgegangen war. Mitte der 1950er Jahre war der Iran zwar ein Land mit jahrtausendealter Geschichte und bedeutsamer Kultur, jedoch im 20. Jahrhundert auf dem internationalen Parkett etwas ins Hintertreffen geraten. Dennoch entwickelte sich das Land in der ersten Hälfte des 20. Jahrhunderts einigermaßen kontinuierlich: Rechts-, Wirtschafts- und Finanzsystem wurden modernisiert, die Bildung aufgewertet und mit deutscher Hilfe wurde die transiranische Eisenbahn gebaut. Dennoch lebten die meisten Iraner nach dem Zweiten Weltkrieg, den sie als neutrale Macht begonnen und auf der siegreichen Seite der Alliierten beendet hatten, in Armut. Die Zivilgesellschaft war trotzdem in der Lage, die eigene Lage zu reflektieren. So blieb den Iranern Ende 1950 nicht verborgen, dass die Arabian-American Oil Company den Saudi-Arabern eine 50%ige Gewinnbeteiligung an der Erdölförderung zugesagt hatte.

Aus heutiger Sicht ist klar, dass der Großteil der Gewinne aus der Ölförderung in Saudi-Arabien in die Kassen der Saud-Dynastie wanderte. Das Herrscherhaus erkaufte sich das Stillhalten der Bevölkerung unter Beibehaltung eines unterdrückerischen Regimes, sicherte aber zugleich den Amerikanern zu, deren Erdölhunger nach Bedarf (und gegen Petrodollar) zu stillen. Auf den ersten Blick könnte man annehmen, dass die 50%ige Gewinnabgabe der Amerikaner an die Saudis einen enormen Verlust für die Amerikaner darstellen musste. Aus heutiger Sicht muss man jedoch zugeben, dass dies ein machtpolitisch äußerst geschickter Schachzug war, da die amerikanische Ölabhängigkeit schon damals zu erkennen war. Für die langfristig gesicherte Ölversorgung Amerikas war die Halbierung der ohnehin üppigen Gewinne der amerikanischen Ölfirmen hinnehmbar.

Durch das Abkommen mit dem Haus Saud bereiteten die Amerikaner die Grundlage für das Petrodollarsystem, eine zentrale Säule der amerikanischen Imperialmacht in der Welt. Zudem waren loyale, gut bezahlte Herrscher vor Ort für Amerika wesentlich preiswerter als die Präsenz amerikanischer Truppen, die auch noch den Widerstand der Bevölkerung ob der Fremdherrschaft ausgelöst hätten.

Dieses Arrangement hat 40 Jahre lang gut funktioniert. Dennoch war es für amerikanische Geostrategen nur eine Frage der Zeit, bis eine amerikanische Militärpräsenz in der Golfregion etabliert werden würde. Im Jahr 1990 lieferte Saddam Hussein dann durch den Überfall auf das Ölemirat Kuwait den Vorwand, amerikanische Truppen in die ölstrategisch wichtige Golfregion zu verlegen, die sie seitdem auch nicht mehr verlassen haben.

Die Briten zeigten im Iran nicht dasselbe geostrategische Geschick, das man 1950 den Amerikanern zugestehen musste. Die iranischen Forderungen an die AIOC nach einer faireren Aufteilung der Ölgewinne wurden von den britischen Besitzern ignoriert oder brüsk zurückgewiesen. Die iranischen Eliten ließen jedoch nicht locker, und zu Beginn der 1950er Jahre wurde die Forderung nach einer Verstaatlichung der iranischen Ölfelder mit deren Infrastruktur laut, die man der AIOC entreißen wollte.

Im Jahr 1951 stimmte das iranische Parlament für eine Verstaatlichung der AIOC, und kurze Zeit später wurde Mohammed Mossadegh durch demokratische Wahlen vom iranischen Volk zum Ministerpräsidenten gewählt. Mossadegh war gewillt, den Parlamentsbeschluss zur Verstaatlichung der AIOC umzusetzen. Hierbei war er durchaus zu Zugeständnissen bereit, wie zum Beispiel der Verstaatlichung unter Einbeziehung eines internationalen amerikanisch-britischen Ölförderkonzerns. Während die Amerikaner lange Zeit eine solche Kompromisslösung verfolgten, gingen die Briten immer mehr auf Konfrontationskurs mit dem Ziel, Mossadegh zu stürzen. Schließlich gelang es den Briten, die Amerikaner für einen geheimdienstlich eingefädelten Putsch im Jahr 1953 zu gewinnen. Obwohl die Briten diesen Putsch initiiert hatten, wurde er im Wesentlichen durch den amerikanischen CIA inszeniert (‚Operation Ajax‘), da die Briten inzwischen keine diplomatische Vertretung im Iran mehr hatten und somit auf die amerikanische Botschaft angewiesen waren. Gezielt wurden Politiker, Polizisten und Presseleute sowie Straßendemonstranten in breiter Masse für den Putsch bestochen, und der im Exil lebende Schah von Persien Mohammad Reza Pahlavi folgte auf die Interimsregierung nach dem Sturz Mossadeghs. Der Putsch war absolut antidemokratisch und diente dazu, die Verstaatlichung der iranischen Ölfelder zu verhindern [27].

Nach dem Putsch wurde die Verstaatlichung zwar pro forma in einem internationalen Konsortium weitergeführt. De facto waren jedoch die amerikanische Ölfirma Standard Oil, die holländische Firma Shell und die britische AIOC (später British Petrol, BP) tonangebend, und das operative Geschäft wurde von zwei in Holland registrierten iranischen Marionettenfirmen geführt [26, 28].

Die Carter-Doktrin: Anspruch auf Öl, egal wo

Die westliche Führungsmacht USA beansprucht den Zugriff auf fossile Rohstoffreserven weltweit. Dieser Anspruch ist – für jeden einsehbar – in der Carter-Doktrin von 1980 offen formuliert worden. Darin verkünden die Vereinigten Staaten unmissverständlich ihren Anspruch auf Zugriff auf die fossilen Brennstoffe am Persischen Golf. Ausdrücklich wird hier betont, dass dieser Anspruch auch durch kriegerische Mittel durchgesetzt werden kann.

Anlass für die Carter-Doktrin war der Einmarsch der Sowjetunion in Afghanistan sowie der Sturz des US-treuen Schahs Mohammad Reza Pahlavi im Iran durch die Islamische Revolution im Jahr 1979. Bislang hatten sich die USA darauf verlassen, dass der US-freundliche Diktator Reza Pahlavi die Ölzufuhr aus der Golfregion für die Vereinigten Staaten sichern würde. Die auf die Islamische Revolution folgende Regierung unter Ruhollah Chomeini erklärte die USA nun aber zum Feind. Der auf diese geopolitischen Ereignisse folgende Rückgang der Ölförderung veranlasste die USA, nun unmissverständlich ihren Anspruch auf das Erdöl der Region zu proklamieren.

Ein wichtiger Kopf hinter der Carter-Doktrin ist wohl der damalige Sicherheitsberater Carters, der 2017 verstorbene Geostratege Zbigniew Brzezinski. Ähnlich wie für seinen konservativen Rivalen Henry Kissinger galt es für Brzezinski den unilateralen Interessen der USA alles andere unterzuordnen. In seinem 1997 erschienenen Buch *The Grand Chessboard* legte Brzezinski seine geostrategischen Ansichten für das beginnende 21. Jahrhundert dar. Als Schlüsselregion einer globalen Wirtschaft sieht er Eurasien an, auch weil hier die bedeutendsten Öl- und Gasreserven liegen [29]. Interessanterweise wurde der nach außen hin US-feindliche Chomeini zum Unterstützer des Carter Konkurrenten Reagan im Wahlkampf 1980, da er in Absprache mit der künftigen Reagan Regierung sicherstellte, dass die 52 amerikanischen Geiseln in der amerikanischen Botschaft in Teheran nicht vor den amerikanischen Wahlen frei kommen würden, da dies zugunsten des Demokraten Carter gewesen wäre.

Ölkriege

Neben der Sabotage des Eurasischen Wirtschaftsraums spielt der Anspruch der USA auf ungehinderten Zugang zu den Öl- und Gasreserven der Welt eine entscheidende Rolle bei der Entstehung aktueller und vergangener Kriege und Konflikte darunter derzeit die Machtkämpfe im Eurasischen Becken (z.B. Ukrainekrise) [30] und im Nahen Osten (z.B. Syrienkrieg), sowie die Golfkriege seit den 1980er Jahren: Der erste Golfkrieg war der Irak-Iran-Krieg im Jahr 1980, der zweite Golfkrieg der Kuwaitkrieg im Jahr 1990 und der dritte Golfkrieg die Eroberung des Irak durch die USA und weiterer westlicher Vasallenstaaten und arabischer Ölrivalen („Koalition der Willigen") im Jahr 2003. Auch der seit 2001 andauernde Besatzungskrieg in Afghanistan ist hier zu nennen.

Der von westlichen Mächten unterstützte Angriff des Irak unter Führung des damaligen Präsidenten Saddam Hussein auf den Iran im Jahr 1980 (erster Golfkrieg) zielte auf die an den Irak grenzende rohstoffreiche Provinz Chuzestan im äußersten Südwesten des Iran am Persischen Golf ab. Ideologisch wurde dieser Angriff über den Gegensatz Araber–Perser gestützt, da die Provinz Chuzestan mehrheitlich von arabischstämmigen Menschen bewohnt wird. Durch diesen ideologischen Klimmzug konnte die prinzipiell laizistische, aber eher von Sunniten geprägte Bath-Partei die Tatsache überspielen, dass es sich bei beiden Ländern (Iran und Irak) um mehrheitlich schiitisch geprägte Länder handelte.

Dem Krieg vorausgegangen war auf iranischer Seite die Islamische Revolution 1979, durch die im Iran Ayatollah Chomeini an die Macht gekommen war, um den sich eine republikanisch-islamisch-theokratisch geprägte Regierung formierte. International war der postrevolutionäre Iran isoliert. Auch zeigte die iranische Armee nach der Revolution Zerfallserscheinungen, während der Irak erhebliche militärische und wirtschaftliche Unterstützung durch andere arabische Staaten, Frankreich, die USA und die Sowjetunion erhielt. Nachdem im Frühjahr 1980 bei einem Anschlag militanter Schiiten elf Studenten und beinahe auch der irakische Vizepremierminister Tariq Aziz ums Leben gekommen waren, machte Saddam Hussein keinen Hehl mehr aus seiner antipersischen Haltung: Am 2. April 1980 zog er in einer viel beachteten Rede Parallelen zur Schlacht von Kadesia im Jahr 638, bei der die Niederlage der sassanidischen Perser einen entscheidenden Schritt in der arabisch-islamischen Expansion darstellte. (Unter den Sassaniden war Persien noch nicht islamisch, sondern beherbergte mehrere Religionen, wobei der Zoroastrismus dominierte). Sechs Tage später antwortete Chomeini mit einem Aufruf zum Sturz der „unislamischen" irakischen Regierung.

Durch den Zerfall der iranischen Arme nach der Revolution wegen der Erschießung „revolutionsfeindlicher" Offiziere, Flucht und Desertation, sah sich der Irak in einer Position der Stärke. Nach zahlreichen kleineren Scharmützeln in der Grenzregion beider Länder begann der Irak am 22. September 1980 eine großangelegte Invasion. In den folgenden acht Jahren entwickelte sich ein verfahrener Stellungs- und Grabenkrieg, der Ähnlichkeiten mit den Schlachten des Ersten Weltkriegs hatte, nur dass durch die inzwischen stärkere Bedeutung von Luftangriffen die Zivilbevölkerung noch stärker in Mitleidenschaft gezogen wurde [26].

Als der Krieg 1988 zu Ende ging, hatte beide Seiten Hunderttausende von Toten zu beklagen, während Rüstungshersteller aus aller Welt den Großteil des iranischen und irakischen Volksvermögens in ihre Kassen umgeleitet hatten.

Neben dem menschlichen Schaden war der Krieg somit für beide Länder ein finanzielles Fiasko. Auf irakischer Seite war der Krieg ja in der Absicht begonnen worden, die ölreiche iranische Region Chuzestan zu erobern, deren zusätzliche Ölgewinne auch für die Bewältigung der Kriegskosten verwendet worden wären. Ein beträchtlicher Teil der irakischen Kriegsschulden bestand gegenüber Kuwait. Zudem bezichtigte der Irak Kuwait, seine Ölförderquote auf Kosten des Irak zu überschreiten und damit für den niedrigen Ölpreis verantwortlich zu sein, der es den Irakern erschwerte, die Kriegsschulden zu begleichen. Geostrategisch hätte der Irak durch eine Eroberung Kuwaits seinen Zugang zum Persischen Golf deutlich verbessert und sich die Erdöl- und Erdgasressourcen Kuwaits einverleiben können.

Der irakische Präsident Saddam Hussein war sich sicherlich bewusst, dass dies keine völkerrechtlich rechtfertigbaren Kriegsgründe für einen Angriff auf Kuwait waren. Wichtig war ihm deshalb, sich bei der bisher den Irak unterstützenden Weltmacht Amerika zu versichern, dass er bei einem Angriff auf Kuwait nicht mit einem Eingreifen der USA rechnen müsste. Die Formulierung der US-Botschafterin April Glaspie „… but we have no opinion on the Arab-Arab conflict" hatte Saddam Hussein wohl als Zusage der USA, bei einem Angriff des Irak auf Kuwait nicht einzugreifen, missverstanden. Zusätzlich gab es eine Äußerung des US-Außenministeriums, die USA habe „no special defense or security commitments to Kuwait" [31].

Als der Irak am 2. August 1990 völkerrechtswidrig in Kuwait einfiel, nutzten die USA die Gelegenheit, eine US-militärische Präsenz in der geostrategischen Schlüsselregion am Persischen Golf zu etablieren. Vorher gab es keine militärischen Großeinsätze der USA und keine dauerhafte Präsenz in der Region. Der Angriff Saddam Husseins auf Kuwait war also eine Gelegenheit für die USA, die Carter-Doktrin auch militärisch umzusetzen: der perfekte Vorwand, mit Hunderttausenden Soldaten in die Region zu kommen und dauerhafte Militärbasen zu errichten.

Da die angegriffenen Kuwaiter offiziell die Internationale Koalition unter Führung der USA um Hilfe gebeten hatten und das Eingreifen zudem durch eine Resolution des UN-Sicherheitsrats gedeckt war, stand die US-Truppenverlegung in den persischen Golf im Einklang mit dem Völkerrecht. Die irakische Armee war gegenüber der US-geführten und dominierten internationalen Übermacht unter Beteiligung zahlreicher arabischer Staaten chancenlos. Zu den Opferzahlen auf Seiten des Irak gibt es keine genauen Angaben; sie schwanken zwischen mehreren Zehn- und Hunderttausend Toten, während auf Seiten der internationalen US-geführten Koalition etwas mehr als 300 Menschen ums Leben kamen, viele durch Unfälle oder „andere Ursachen". Der irakische Präsident Saddam Hussein blieb nach der Niederlage an der Macht.

Der irakischen Zivilbevölkerung standen nun aber fürchterliche Jahre des wirtschaftlichen und gesellschaftlichen Niedergangs bevor. Kurz nach dem Angriff des Irak auf Kuwait hatte der UN-

Sicherheitsrat ein nahezu vollständiges Finanz- und Handelsembargo verhängt, dass bis 2003 in Kraft blieb. Die Kontroverse um die embargobedingte Kindersterblichkeit im Irak ist bis heute im Gange: Während ältere Publikationen eine embargobedingte Kindersterblichkeit [32, 33] mit mehreren Hunderttausend Opfern aufzeigen, widerspricht eine Publikation der Londons School of Economics aus dem Jahr 2017 dem vehement und bezichtigt die Regierung Saddam Husseins, ältere Studien unter anderem von UNICEF [34] manipuliert und zu Propagandazwecken missbraucht zu haben [35]. Auch diesem Artikel wurde energisch widersprochen und der Vorwurf erhoben, die Autoren hätten sich für westlich-imperiale Propagandainteressen einspannen lassen [36].

Mir fällt es als Außenstehendem schwer, mir ein Urteil darüber zu bilden. Tatsächlich werden Opfer unter Kindern gerne propagandistisch ausgeschlachtet. Gleichzeitig haben die Sanktionen eine einigermaßen funktionierende Wirtschaft und Gesellschaft ruiniert und die Entwicklung des Irak von einer wirtschaftlich soliden laizistischen Diktatur mit Bildungs- und Entwicklungsmöglichkeiten für Männer und Frauen zu einem gescheiterten Staat, in dem religiöse Fanatiker um die Macht kämpfen, vorangetrieben [26].

Der dritte Golfkrieg 2003 war ein völkerrechtswidriger Angriffskrieg der USA und Großbritanniens, der zum Sturz und der Tötung des irakischen Präsidenten Saddam Hussein führte und die Initialzündung zum Zerfall des irakischen Staates war [37]. In den USA führten die hohen Kriegskosten zu einer langfristigen potenziell ruinösen Last für Staat und Gesellschaft, die möglicherweise die sozialen Gegensätze in den USA weiter verschärft haben [38].

Im zweiten Golfkrieg (1990, Rückeroberung Kuwaits) hatten die USA den Rückhalt des UN-Sicherheitsrates und eine Einladung der in Bedrängnis geratenen Kuwaiter Regierung. Sie hatten somit im Einklang mit dem Völkerrecht Krieg geführt. Gleichzeitig konnten die USA ihren geostrategischen Traum einer langfristig legitimierten militärischen Präsenz in der Golfregion verwirklichen. Die Motivlage der USA im Kuwaitkrieg war vielleicht etwas zynisch-machiavellistisch, aber rational nachvollziehbar und geostrategisch durchdacht.

Welchen Vorteil der Angriffskrieg auf den Irak im Jahr 2003 den USA gebracht hat, ist mir allerdings rätselhaft. Möglicherweise war das Hauptmotiv die Absicherung des Petrodollarprivilegs, also des Handelsbrauchs, Öl und Gas nur gegen US-Dollar zu handeln. Saddam Hussein wollte das irakische Öl in Euro handeln [39, 40]. Dies könnte ihm zum Verhängnis geworden sein.

Die Zerschlagung Libyens

In diesem Kontext möchte ich noch kurz die militärische Zerschlagung Libyens durch eine französisch-amerikanisch geführte NATO-Allianz im Jahr 2011 anreißen. Auch hier könnte das Vorhaben der libyschen Regierung, sich vom Petrodollar zu lösen, ein wichtiges Kriegsmotiv, zumindest für die Amerikaner, gewesen sein [41]. Die finanzpolitischen Kriegsmotive der USA wurden auch durch die an die Öffentlichkeit gelangten E-Mails der damaligen Außenministerin Hillary Clinton offengelegt: Demnach hatte die libysche Regierung Goldreserven angehäuft, die zur Deckung einer Währung für Afrika, den afrikanischen Golddinar, dienen sollten. Dies war eine Herausforderung für die USA in ihrer Rolle als Weltwährungshegemon und für die währungspolitischen Interessen Frankreichs. Die postkoloniale zentral- und westafrikanische Währung CFA (Franc de la Communauté Financière d'Afrique) ist an den Franc und später an den Euro gekoppelt worden. Währungspolitische Entscheidungen über den CFA-Franc fällt allein Frankreich, auch ohne die Zustimmung der Zentralbanken der betroffenen Länder oder der Europäischen Zentralbank. Rein machtpolitisch betrachtet hatten also sowohl Frankreich als auch die Vereinigten Staaten ein großes Interesse am Sturz der libyschen Regierung und der Verhinderung des afrikanischen Golddinars. Die an die Öffentlichkeit gelangten E-Mails von Hillary Clinton bestätigen dieses Kriegsmotiv der USA und Frankreichs [42].

Die Gelegenheit zum Sturz Muammar al-Gaddafis bot Anfang 2011 der sogenannte Arabische Frühling, wobei sich bewaffnete Oppositionsgruppen bildeten und die Proteste schon bald sehr gewalttätig wurden. Der nun aufflammende Bürgerkrieg wurde vom westlichen Propagandaapparat recht einseitig dargestellt und mit einer klaren Gut-Böse-Rollenverteilung versehen: Die Regierungsseite war in diesem Narrativ die böse Seite, welche die für eine edle Sache kämpfenden Rebellen und die Zivilbevölkerung brutal massakriere. Mit dem Argument, die Luftwaffe des Machthabers Gaddafi bombardiere zivile Ziele, gelang es der NATO, vom UN-Sicherheitsrat die Zustimmung für die Einrichtung einer Flugverbotszone über Libyen zu bekommen (Resolution 1973). Die NATO brachte daraufhin unter amerikanischer Anstiftung und französischer Führung die libysche Regierung zu Fall und zerstörte den libyschen Staatsapparat. Dieser „Regime Change" war mit der Resolution 1973 des UN-Sicherheitsrats nicht abgedeckt, weshalb die ständigen Mitglieder des Sicherheitsrats China und Russland, ohne deren Zustimmung die Resolution nicht hätte verabschiedet werden können, verärgert waren.

Ähnlich wie der Irak vor der Staatszerschlagung war Libyen bis 2011 eine wirtschaftlich solide, laizistische Diktatur mit Bildungs- und Entwicklungsmöglichkeiten für Männer und Frauen und sogar sozialstaatlichen Strukturen. Nach der NATO-„Intervention" versank das Land im Bürgerkrieg und wurde ebenfalls zum gescheiterten Staat, in dem teilweise islamistisch-extremistische Gruppen um die Macht kämpfen [37].

Als Randnotiz möchte ich anmerken, dass im März 2018 die französische Justiz gegen den für den Libyen-Krieg verantwortlichen ehemaligen französischen Präsidenten Nicolas Sarkozy Ermittlungen aufgenommen hat – nicht wegen des völkerrechtswidrigen Angriffskriegs, sondern wegen des Verdachts auf unerlaubte Annahme von Parteispenden: Sarkozy wird vorgeworfen, für seine Wahlkampfkampagne 2007 eine Einzelspende aus dem Ausland angenommen zu haben, welche die erlaubte Summe von 4500 Euro deutlich überstieg [43]. Konkret soll es sich um eine

Spende von über 50 Millionen Euro einer einzelnen Person gehandelt haben: Muammar al-Gaddafi [44].

Wenn man sich die Arabische Halbinsel auf einer Landkarte anschaut kann man sehen, dass Saudi Arabien Küstenlinien zum Persischen Golf und zum Roten Meer hat. Damit die Saudischen Öltanker ins Offene Meer gelangen können, müssen sie ausgehend vom Ölhafen Ra's Tanura am Perischen Golf die Strasse von Hormuz passieren, die vom Iran kontrolliert wird. Alternativ kann das Öl in Yanbu verladen werden und durch den 27 Kilometer breiten Bab al-Mandab aus dem Roten Meer in den Golf von Aden und somit den Indischen Ozean transportiert werden. Der Bab al-Mandab liegt somit zwischen dem Jemen und dem Horn von Afrika. Die Ausfahrt aus dem persischen Golf wird somit vom Iran und die aus dem Roten Meer vom Jemen kontrolliert. Saudi Arabien führt seit 2015 unterstützt von sämtlichen Anrainerstaaten des Roten Meers und den Ölstaaten der Arabischen Halbinsel und nicht zuletzt Frankreich, den USA und ganz besonders Großbrittanien einen mörderischen Krieg gegen den Jemen. Neben rücksichtslosen Bombardierungen trägt auch die Blockade des Jemens durch „Aushungern" zur hohen Sterblichkeit im Jemen bei. Diese Blockade wurde mit der UN-Resolution 2216 vom UN-Sicherheitsrat (bei Enthaltung Russlands) gestützt. Diese Resolution legitimiert keineswegs den Angriffskrieg auf den Jemen. Dieser ist völkerrechtswidrig. Eher muss man diese Resolution als Totalversagen der Vereinten Nationen sehen. Deutschland hat bereits 15 Patrouillenboote an Saudi Arabien ausgeliefert, die beim Aushungern der Jemeniten nützlich sind. Die letzten 4 Boote sollen nun jedoch nicht mehr an Saudi Arabien geliefert werden. Eine Fregatte an Ägypten, das ebenfalls am Jemenkrieg beteiligt ist wird jedoch ausgeliefert.

Jimmy Carter hat nach seiner Präsidentschaft eine Stiftung gegründet, die sich um die Bekämpfung von Armut und Krankheit verdient gemacht hat und der es im Grunde zu verdanken ist, dass der Medinawurm, ein in den Tropen vorkommender, parasitisch lebender und auch den Menschen befallender Wurm, nahezu ausgerottet wurde. Wenn man sich Reden von ihm anschaut, macht er den Eindruck eines freundlichen, dem Menschen wohlgesinnten Mannes. Im Jahr 2015 äußerte sich Carter sehr kritisch über den Zustand der USA, die er als „Oligarchie mit unbegrenzter politischer Korruption" bezeichnete [45].

Vielleicht wäre die Carter-Doktrin eine Gelegenheit gewesen, neben dem Anspruch der USA auf das Öl vom Golf auch ein energiepolitisches Umdenken einzuleiten. Die Zeit hierfür wäre günstig gewesen, da sich die Menschheit in den 1960er und 1970er Jahren zunehmend der Endlichkeit der Ressourcen bewusst wurde. Der Club of Rome, der sich für eine nachhaltige Zukunft der Menschheit einsetzt, wurde 1968 gegründet und in allen westlichen Ländern hatten sich starke Umweltbewegungen gebildet. Auch wäre es im geopolitischen Interesse der Amerikaner, Bedingungen zu erhalten, die menschenwürdiges Leben auf dem Planeten erlauben, da dies die Voraussetzung menschlicher Existenz auch in den USA ist.

Wir müssen aber wohl davon ausgehen, dass das von Eisenhower in seiner Abschiedsrede als Präsident der USA 1961 als militärisch-industrieller Komplex bezeichnete Machtgebilde tatsächlich tonangebend in der amerikanischen Politik ist. Der Soziologe C. Wright Mills hatte zuvor in einem Buch die Machtverstrickungen zwischen kapitalstarken Industrien und der Politik analysiert und wie daraus in den USA eine kriegsabhängige Wirtschaft entstanden ist. Von dieser Analyse hatte sich wohl Eisenhower für seine Abschiedsrede inspirieren lassen. Die reichsten Akteure im militärisch-industriellen Komplex Amerikas sind Öl- und Rüstungsfirmen [46].

Die ausführliche Analyse des Verhältnisses zwischen Politik und Großkonzernen im amerikanischen Machtapparat durch den Soziologen Mills wurde durch den Musiker Frank Zappa allgemeinverständlich zusammengefasst: „Government is the Entertainment division of the military industrial complex" (Die Regierung ist die Unterhaltungsabteilung des militärisch-industriellen Komplexes). Nachfolger Carters als US-Präsident wurde der Filmschauspieler Ronald Reagan.

„Peak Gas"

Auch die Erdgasreserven der Welt sind endlich. Erdgas wird schon jetzt in großem Maßstab zur Energieerzeugung verwendet. Für Erdgas hatte Hubbert drei Maxima postuliert: Zuerst werde die Häufigkeit der Entdeckung neuer Gasfelder ein Maximum erreichen, danach das Volumen der bekannten Gasreserven und schließlich wird es auch beim Erdgas zu einem Fördermaximum kommen. Hinsichtlich der Zahl der neu entdeckten Gasfelder ist das Maximum bereits Anfang der 1970er Jahren überschritten worden [47]. Das bislang größte bekannte Gasfeld, South Pars, liegt unter dem Persischen Golf. Anlieger- und somit Nutzerstaaten sind Katar und Iran. South Pars ist nicht nur das größte Gasfeld der Erde, sondern eine eigene Größenordnung für sich: Es ist etwa fünfmal größer als das zweitgrößte Gasfeld, das russische Urengoi-Gasfeld [48].

Obwohl die Zahl der Neuentdeckungen von Gasfeldern pro Jahr abgenommen hat, ist das Volumen bekannter Gasreserven und auch die Gasfördermenge in den letzten Jahrzehnten ständig gestiegen. Somit muss der Zuwachs an förderbarem Erdgasvolumen im Wesentlichen auf die Entdeckung weiterer Gasvorräte innerhalb bekannter Gasfeldern zurückzuführen sein.

Wann ist also das Erdgasfördermaximum zu erwarten? Die Vorhersagen vor Einführung der Frackingtechnologie, durch die sich auch Schiefergasvorräte erschließen lassen, prognostizierten das „Peak Gas" um das Jahr 2020 [49]. Auch wenn durch neue Technologien mehr Erdgas förderbar wird, haben wir nur Zeit gewonnen, alternative Energiequellen auszubauen. Doch auch die Gasvorräte sind endlich.

Geostrategische Motive hinsichtlich der Ausbeutung des größten existierenden Erdgasfeldes South Pars könnten der tatsächliche Grund für den Syrienkrieg sein. Unruhen zum Arabischen Frühling 2011 waren nur der Anlass, den syrischen Präsidenten stürzen zu wollen, und die Demokratie nach Syrien zu bringen nur der Vorwand für den Einsatz kriegerischer Mittel zur Durchsetzung von Rohstoffinteressen [50]. Ähnlich wie Libyen und Irak war Syrien zwar auch eine Diktatur, aber eine wirtschaftlich solide, laizistische Diktatur mit Bildungs- und Entwicklungsmöglichkeiten für Männer und Frauen. Menschen verschiedener Religionen und Stämme lebten einigermassen friedlich miteinander und verstanden sich als ein Volk [51]. Leider läßt sich eine solche Vielfalt an Religionen und Stämmen auch zur Destabilisierung eines Landes instrumentalisieren.

In Wirklichkeit ist der Syrienkrieg daher wohl die blutige Austragung eines Pipelinestreits. Um South Pars ausbeuten zu können, ist der Abtransport des Erdgases entscheidend. Direkt stehen sich hier katarische und iranische Interessen gegenüber. Katar hatte im Jahr 2000 den Plan bekannt gegeben, eine Gaspipeline durch Saudi-Arabien, Jordanien und Syrien in die Türkei bauen zu wollen. Die Westmächte (Europa und USA) unterstützten dieses Projekt. Durch die Gaspipeline müsste das katarische Gas nicht mehr verflüssigt und per Schiff nach Europa geliefert werden, sondern könnte wie das russische Gas einfach per Pipeline zum Großverbraucher in Europa geliefert werden. Russland war ob dieser Konkurrenz nicht erfreut, was die USA zusätzlich motivierte, das Projekt zu unterstützen.

Russland unterstützte den Alternativplan der Iraner, die eine Gaspipeline über den Irak und Syrien in den Libanon bauen wollten. Diese Pläne wurden von Katar, Saudi-Arabien, der Türkei, der EU und den USA abgelehnt. Da Syrien das Land war, das von beiden Gaspipelinerouten durchquert würde, lag die Entscheidung bei der syrischen Regierung, welches Projekt die Genehmigung bekäme, eine Pipeline durch Syrien zu bauen. Diese gab 2009 bekannt, die Iran-Libanon-Gaspipeline zu unterstützen, woraufhin die Unterstützerstaaten der hiermit gescheiterten Pläne einer Katar-Türkei-Pipeline den Sturz Assads anvisierten. Freiheit und Menschenrechte spielen im Syrienkrieg somit offensichtlich eine untergeordnete Rolle [50]. Inzwischen hat wohl die Russisch-Iranisch-Syrische Allianz zur Stützung Assads den Syrienkrieg für sich entscheiden können. Die Türkei hat rechtzeitig die Seiten gewechselt, bzw. sich auf Ihr ganz eigenes Spiel konzentriert und die Kurdengebiete Nordsyriens besetzt, wohl mit dem langfristigen Ziel, die kurdischen Syrer zu vertreiben und durch arabische Syrer zu ersetzen. Derzeit schützen jedoch noch Amerikanische Soldaten die verbündeten Kurden. Allerdings scheinen diese jetzt (Ende 2018) abzuziehen [52, 53]. Fritz Edlinger, der Herausgeber der Zeitschrift „International" hat in einem Interview mit Ken Jebsen darauf hingewiesen, dass unter dem Mittelmeer riesiege Gasvorräte identifiziert wurden. Die Anlieger sind Ägypten, Palästina, Israel, Syrien, Libanon und das zwischen Griechenland und der Türkei umstrittene und gespaltene Zypern. Dieses Gasfeld könnte den Treibstoff für kommende Kriege liefern. Auf dem syrischen Golan gibt es Öl- und Gasvorkommen, für deren Ausbeutung sich die amerikanische Firma Genie Oil in Position gebracht hat. In deren Aufsichtsrat sitzen der ehemalige US-Vizepräsident Cheney, der US-Medienmogul Murdoch, der ehemalige CIA Chef Woolsey und Jakob Rothschild. Obwohl der Golan völkerrechtlich zu Syrien gehört hat Genie Oil Die Bohr-Konzessionen zur Ausbeutung von der israelischen Firma Afek Oil bekommen.

Fossile Brennstoffe sind endlich

Der Syrienkrieg, bei dem es nicht um fossile Brennstoffe geht sondern darum, wer von einer Lagerstätte profitieren kann, lässt erahnen wie abhängig unsere Gesellschaften von Öl und Gas sind. Wenn es irgendwann einmal um die Verteilung der letzten Reserven geht, dann können wir davon ausgehen, dass diese nicht nach Fairnesskriterien erfolgen wird, sondern nach der politischen, wirtschaftlichen und militärischen Stärke der beteiligten Länder und deren Zugang zu den Reserven.

Auch bei der Erdgasförderung deutet sich eine Verlängerung der Gasverfügbarkeit für die Menschheit an, da Schiefergasfelder durch neue Technologien erschlossen werden können (Referenzbeispiel hierfür ist das Marcellus-Schiefergasfeld in den USA).

Dennoch scheint die leichte Verfügbarkeit fossiler Brennstoffe bald vorbei zu sein. Arme Länder ohne große geopolitische und militärische Macht sollten ihre Entwicklung daher besser nicht von fossilen Brennstoffen abhängig machen, da sie Ansprüche auf die knapper werdenden fossilen Ressourcen nicht werden durchsetzen können. Die einzige Chance für afrikanische Länder, sich zu industrialisieren, wäre der konsequente Einsatz alternativer Energien. Sie müssten also die Periode der von fossilen Energieträgern abhängigen Industrialisierung überspringen.

Die Erde ist rund 4,5 Mrd. Jahre alt. Den Menschen bzw. menschliche Affen gibt es seit etwa 4 Millionen Jahren, den modernen *Homo sapiens* seit etwa 300.000 Jahren und die industrielle Nutzung von Erdöl seit etwa 160 Jahren. Wenn nun debattiert wird, ob unsere Erdölreserven noch Jahre oder Jahrzehnte (oder gar Jahrhunderte) reichen, mag das für mich als Individuum ausreichen (langt's noch, bis ich weg bin?). Aber schon wenn man Kinder hat, wird es beunruhigend. Gemessen an der kurzen Zeit, die es den modernen Menschen gibt, ist das Erdölzeitalter sehr kurz.

Diese 300.000 Jahre sind übrigens eine recht neue Angabe, die auf Neudatierung von Knochenfunden aus dem Jahr 1968 in Marokko zurückzuführen ist. Vorher schätzte man das Alter des *Homo sapiens* auf etwa 200.000 Jahre. Da die Menschwerdung aber ein Prozess über Zehntausende von Jahren ist, spielt das hier kaum eine Rolle.

Nehmen wir an, es gäbe den *Homo sapiens* seit etwa 240.000 Jahren, und stellen wir uns diese Zeit als einen Tag mit 24 Stunden vor, dann entspricht eine Stunde 10.000 Jahren. Etwa eine Stunde vor Mitternacht sind die ersten Menschen sesshaft geworden und begannen Feldbau zu betreiben, und etwa eine Minute vor Ende des Tages begann die industrielle Großnutzung des Erdöls. Bei der Diskussion um die Ausweitbarkeit der förderbaren Erdölreserven diskutieren wir also um ein paar Sekunden unseres fiktiven Tages.

Wie können sich die Menschen individuell an die Herausforderungen der zu Ende gehenden Ära der fossilen Brennstoffe anpassen?

Wir alle haben inzwischen gelernt, dass wir als Individuum Energie sparen und Müll recyceln sollen. Wir machen das in den Bereichen, in denen es in unser Leben passt – und verbrauchen Ressourcen, wenn es nicht in unser Leben passt. Für mich selbst kann ich mit einigem Stolz sagen, dass ich kein Auto habe und immer mit dem Fahrrad und öffentlichen Verkehrsmitteln unterwegs bin. Wenn ich mich dafür gut fühlen will, höre ich hier auf und erwähne nicht, dass ich in einem gut versorgten und ausgebauten, schönen, lebendigen urbanen Stadtteil lebe, es nicht weit zur Arbeit habe und deshalb gar kein Auto brauche. Darf ich mich jetzt gegenüber dem Fernpendler moralisch überlegen fühlen, der auf dem Land oder aufgrund hoher Mieten in nahverkehrstechnisch schlecht angebundenen städtischen Randgebieten wohnt und deswegen auf sein Auto nicht verzichten kann? Beruflich fliege ich ein paar Mal im Jahr in ferne Länder. Muss ich deshalb ein schlechtes Gewissen haben und Buße tun?

Wenn ich über mein „Ökoverhalten" spreche, könnte man den Eindruck gewinnen, es resultiere aus Planungen, die am Ressourcenverbrauch ausgerichtet sind. Demnach hätte ich nur deshalb nie ein Auto gekauft, um Ressourcen zu schonen. In Wirklichkeit ziehe ich aber nur die Ökobilanz meines Verhaltens, das eigentlich nur durch Anpassung an meine Lebensumstände, Bedürfnisse, Wünsche und Begierden entstanden ist.

Wenn wir als Menschheit Ressourcen sparen und unseren Planeten schonen wollen, genügt es nicht, in pseudoreligiöser Manier moralische Ökostandards zu predigen. Möglicherweise ist das sogar kontraproduktiv, da wir dazu neigen, bei bevormundender Rhetorik eine Abwehrhaltung einzunehmen. Die Religionisierung der Klimaproblematik hat ein paar Heilige und ein paar Häretiker hervorgebracht. Die meisten Menschen leben irgendwo dazwischen ihr Leben und gleichen es ab und zu mit den Standards der Ökomoral ab, wobei ökologisch korrekte Verhaltensweisen betont werden, um sich ein bisschen im Glanze der ethisch-moralischen Überlegenheit zu sonnen.

Doch dies wird die Problematik des steigenden Ressourcenverbrauchs und der zunehmenden CO_2-Belastung der Atmosphäre angesichts der stetig wachsenden Weltbevölkerung und zunehmenden Industrialisierung in Schwellenländern nicht lösen. Der prozentuale Anteil der Europäer an der Weltbevölkerung lag 2010 bei etwa 7 Prozent und sinkt. Globale Probleme, wie die Schadstoffbelastung der Atmosphäre oder die Verschmutzung der Meere gehen somit immer stärker von anderen Kontinenten aus.

Um die durchschnittliche Klimabilanz jedes Individuums zu verbessern, müssen die Lebensumstände so gestaltet sein, dass ressourcenschonendes Verhalten dem Einzelnen möglichst wenig Opfer abverlangt, sondern vielmehr durch die Lebensumstände induziert ist.

Weltweit leben immer mehr Menschen in Ballungszentren. Die Herausforderungen, denen sich Europäische Städte ausgesetzt sehen, sind nicht mit den Herausforderungen rasch wachsender Städte in Ländern mit zu hohem Bevölkerungswachstum zu vergleichen. Wenn der städtische Raum so gestaltet ist, dass jeder Einzelne im Alltag nicht ständig auf ein Auto angewiesen ist, können Luftverschmutzung, Lärm- und Stressbelastung für jeden Stadtbewohner sinken. Hierfür muss die räumliche Trennung der verschiedenen Lebensbereiche (wie Wohnen, Freizeit, Einkauf, Gastronomie, Arbeit und Wirtschaft) aufgehoben werden. Wenn ich alles, was ich zum Leben brauche, in Fußnähe habe und auch den täglichen Weg zur Arbeit gut ohne Auto bewältigen kann, reduziert sich mein ökologischer Fingerabdruck, ohne dass ich dafür Opfer bringen muss oder persönliche Nachteile habe.

Können sich solche Lebensräume entwickeln, wenn man einfach den Gesetzen des Marktes freien Lauf lässt? Vielleicht. Wahrscheinlich sind aber eher Gesellschaftsmodelle gefragt, die rational durchdachtes Planen und aktive Bürgerbeteiligung mit Marktmechanismen kombinieren. Märkte, die nicht nur durch die

Macht des Geldes bestimmt werden, sondern die tatsächliche Interessenausgleiche ermöglichen. Im Grunde müße man wohl wieder mehr Demokratie wagen.

GM-Suburbia: Der Siegeszug des Individualverkehrs

Die starke Trennung der Lebensbereiche hat in einigen amerikanischen Großstädten zur Entstehung leblos wirkender Vorstädte (Suburbias) geführt, die ohne Auto kaum bewohnbar sind. Diese städteplanerische Zurückhaltung hat bewirkt, dass sich die Städte eher zum Vorteil wirtschaftlich mächtiger Interessengruppen und zum Nachteil der Bewohner entwickelt haben.

In den 1930er Jahren hatte viele amerikanischen Städte ein gut funktionierendes öffentliches Nahverkehrssystem mit Straßenbahnnetzen. Der Automobilkonzern General Motors (GM) war zu Beginn des 20. Jahrhunderts bereits eine der größten und mächtigsten Firmen der Geschichte. Um die eigenen Autoverkaufszahlen zu erhöhen, nutzte die Firma in Allianz mit Ölfirmen (zum Beispiel Standard Oil) ihre Monopolstellung und Wirtschaftsmacht, um die Straßenbahnsysteme zu zerstören und durch Autos, Lastwagen und Busse zu ersetzen. GM kaufte über Subunternehmen Straßenbahnbetreibergesellschaften auf, demontierte die Bahnen und ersetzte sie durch Busse aus eigener Produktion. Mit „Greyhound" wurde eine mit GM-Bussen ausgestattete Überlandbuslinie gegründet. Ansonsten trieb GM durch politische Einflussnahme den Ausbau amerikanischer Städte zu Autostädten voran. Durch die Verbreitung der Individualmobilität kam es zur zunehmenden Trennung der Bereiche Wohnen, Freizeit, Einkauf, Gastronomie, Arbeit und Wirtschaft. Um in diesen städtischen Räumen wohnen zu können, brauchten Neuzuziehende ebenfalls ein Auto. Dadurch nahm der Verkehr immer mehr zu und die Straßen wurden auf Kosten vorher anderweitig genutzter Flächen ausgebaut [54].

Auch in Deutschland und Frankreich sind die Autoindustrien und deren Lobby sehr stark, und auch hier ist die Infrastruktur stark an das Auto angepasst worden. Dennoch ist es gelungen,

ein einigermaßen funktionierendes öffentliches Nah- und Fern-
verkehrssystem aufzubauen, zu erhalten und zu entwickeln. Beide Länder habe eine Tradition regulierter Marktwirtschaften mit
Steuerung und Planung von Belangen, die das Gemeinwesen
betreffen, zum Beispiel im Städtebau.

Auch Russland, das als größtes Land der Sowjetunion lange sozi-
alistisch-planwirtschaftlich regiert wurde, verfügt über eine gute
öffentliche Nahverkehrsinfrastruktur (die U-Bahnen in Moskau
und St. Petersburg sind nicht nur funktionell, sondern voller
Schönheit). Gemessen an der fast unendlichen Weite des Landes
hat Russland auch ein respektables Eisenbahnnetz.

Es wäre einseitig und stark vereinfacht, zu behaupten, dass
Planwirtschaft etwas Wunderbares ist. Marktmechanismen sind
ein essenzieller Bestandteil menschlicher Handelsbeziehungen,
die ein faires Zusammenleben und Handeln erst möglich machen.
Ohne Regulierung und Planung können sich jedoch übermächti-
ge Monopolisten herausbilden und gesellschaftliche Entscheidungen so stark beeinflussen, dass sich diese fast ausschließlich
an den Profitinteressen des Monopolisten orientieren und das
Allgemeinwohl, das sich eben nicht nur durch monetäre Werte
ausdrücken lässt, auf der Strecke bleibt. Oft müssen Kosten, die
einer Gesellschaft entstehen von der Gesellschaft getragen werden und nicht von dem Akteur, der unter Verursachung der Kosten einen Profit gemacht hat. Solche Kosten, die vom Verursacher
auf die Gesellschaft abgewälzt werden, nennt man externalisierte
Kosten.

Alternativen zu fossilen Energieträgern

Energiesparmaßnahmen sind wichtig. Angesichts der Tatsache,
dass die fossilen Brennstoffe endlich sind, und angesichts des
zunehmenden Energiehungers der wachsenden Weltbevölkerung
können aber solche Energiesparmaßnahmen das Schwinden der
fossilen Brennstoffe bestenfalls verzögern. Natürlich haben wir
durch Fracking Zeit gewonnen – ein paar Jahrzehnte, bestenfalls
wenige Jahrhunderte. Die menschliche Zivilisation wird aber nur

überleben können, wenn alternative Energiequellen gefunden und nutzbar gemacht werden.

Die wichtigste Energiequelle auf der Erde, die die Energie für die Entwicklung des Lebens geliefert hat, müssen wir nicht mehr finden, wir kennen sie schon: die Sonne. Hier geht es also (nur) darum, die Sonnenenergie nutzbar zu machen. Im Grunde machen wir das schon mit dem Verbrennen fossiler Brennstoffe, deren gespeicherte vor und über Jahrmillionen absorbierte Sonnenenergie wir freisetzen (zusammen mit Unmengen von CO_2). Da fossile Brennstoffe endlich sind und gleichzeitig CO_2 zum Treibhauseffekt führt, müssen wir Wege finden, die heutige Sonnenenergie direkt zu nutzen.

Als Laie fallen mir hierbei Solarzellen ein, durch die es tatsächlich möglich ist, Sonnenenergie für den Energiebedarf in unserer Zivilisation (für Mobilität, Heizung, Kühlung, Produktionsprozesse, Wasserentsalzung) nutzbar zu machen. Ich versuche im Folgenden einmal auch für Laien (wie mich) verständlich zu erklären, wie Solarzellen funktionieren. Aus dem Physikunterricht habe ich eine dunkle Erinnerung daran, dass Strom, Spannung und Widerstand irgendwie zusammengehören. Kurz: Ohne Spannung kein Strom – keine Strom**energie**.

Solarzellen

In Solarzellen wird Silizium verwendet. Wenn man Silizium mit Sonnenlicht bestrahlt, werden Elektronen frei. So weit, so gut. Um aber ordentlich Spannung aufzubauen und Strom zu produzieren, bedarf es dann doch etwas mehr. Wir erinnern uns, dass Spannungsquellen immer einen Plus- und einen Minuspol haben, wobei der Minuspol durch einen Überschuss an negativ geladenen Elektronen zustande gekommen ist (negative Ladung), die am Pluspol fehlen (positive Ladung).

Wenn man eine Siliziumschicht mit Phosphor versetzt, entsteht in dieser Schicht gemessen an den vorhandenen Elektronenschalen ein Elektronenüberschuss. Eine darunterliegende Siliziumschicht wird mit Bor versetzt, wodurch eine Schicht mit einem Elektronendefizit entsteht. Die überschüssigen freien Elektronen wandern zum Ausgleich dieses Elektronendefizits von der oberen Schicht nach unten, wo sie zu gebundenen Elektronen werden. Bei Sonneneinstrahlung werden die Elektronen wieder frei und wandern zurück zur positiven Schicht nach oben. Dieser Elektronenfluss kann über eine Elektrode am Rand der oberen positiven Schicht abgeleitet werden, die über ein Kabel mit einer Elektrode am unteren Rand der unteren negativen Schicht verbunden ist. Hierdurch entsteht ein geschlossener Stromkreis, in den man einen Energieverbraucher wie zum Beispiel eine Glühbirne schalten kann.

Das klingt bestechend einfach. Warum hat sich diese Technologie aber noch nicht breiter durchgesetzt? Ist die fossile Konkurrenz energieeffizienter?

Als die Solartechnologie noch in den Kinderschuhen steckte, konnte man tatsächlich kritisieren, dass die Solarzellen nur einen geringen Prozentsatz der tatsächlich aufscheinenden Sonnenenergie in verwertbare Energie umwandelten. Konventionelle Solarzellen erreichen etwa eine Effizienz von 15 %. Doch die Technologie macht Fortschritte. Inzwischen gibt es Solarzellsysteme, die das Sonnenlicht in verschiedenen Wellenlängen sammeln und durch Verteilung auf Unterzellen eine Energieeffizienz von 46 % erreichen. Doch geht immer noch etwa die Hälfte der Sonnenaufstrahlenergie verloren. Das ist jedoch keine schlechte Leistung, wie ein Vergleich zeigt: In Kohlekraftwerken wird Wasser zu Dampf erhitzt, der dann Turbinen antreibt. Die Energieausbeute solcher Kraftwerke liegt bei etwa 33 %, maximal 45 %. Moderne Solarzellen sind also hinsichtlich der Energieausbeute schon effizienter als fossil betriebene Kraftwerke! [55]

Aber ist die Effizienz bei Solarzellen überhaupt das wichtigste Kriterium für die Nützlichkeitsbeurteilung? Weniger effiziente Solarzellen brauchen nur etwas mehr Fläche, CO_2 stoßen sie nicht aus (außer dem zur Herstellung benötigten CO_2). Derzeit liegt ein praktisches Problem eher in den tageszeitlichen Schwankungen der Sonnenstrahlung: An sonnigen Tagen entsteht in den Solarzellen viel mehr Energie, als gerade gebraucht wird, und nachts scheint die Sonne nicht. Der entscheidende Faktor sind daher Technologien zur Energiespeicherung. Solche Technologien spielen auch bei Windenergie eine Rolle, die ebenfalls nur unregelmäßig erzeugt wird.

Ein weiteres Problem ist der hohe Preis der Solarzellen, durch den Solarstrom bislang nicht mit fossilen Brennstoffen konkurrieren konnte. Hier gibt es jedoch Anlass zu Optimismus: Je mehr sich die Solartechnologie verbreitet und zur Normalität wird, desto preiswerter werden die Solarzellen und desto konkurrenzfähiger wird die Solartechnologie. Um die Solartechnologie zu fördern, hatte Deutschland sie bis vor wenigen Jahren massiv subventioniert. Das brachte zwar die Marktschreier des Neoliberalismus auf die Palme, half der Technologie und deren Implementierung aber auf die Sprünge [56]. Die Subventionen kamen aber auch ausländischen Anbietern zugute. Das führte dazu, dass die zwar innovative, aber auch teure deutsche Solarindustrie gegenüber Anbietern aus anderen Ländern, insbesondere China, nicht mehr konkurrenzfähig war [57]. Das ist aus deutscher Sicht unerfreulich. Doch für die Menschheit ist es begrüßenswert, wenn die weltweite Verbreitung der Solartechnologie beschleunigt wird, um die Abhängigkeit von fossilen Brennstoffen zu reduzieren.

Energiespeichertechnologien

Energie wird immer gebraucht, auch wenn mal nicht die Sonne scheint. Wir brauchen also Batterien – aufladbare Batterien mit enormer Speicherkapazität. Auch hier gilt: Batterien sind immer noch zu teuer, um eine Konkurrenz zu fossilen Brennstoffen darzustellen. Das Grundprinzip von Batterien besteht darin, dass sie chemische Energie speichern und durch Redoxreaktionen in elektrische Energie umwandeln können. Bei einer Redoxreaktion gibt ein Reaktionspartner Elektronen ab (Oxidation), die der andere Reaktionspartner aufnimmt (Reduktion). Hierbei wird Energie frei. In Einwegbatterien läuft die Redoxreaktion nur in eine Richtung ab. Der Elektronengradient nimmt also beständig ab, bis die Batterie leer ist. Bei aufladbaren Batterien kann Ladeenergie zugeführt werden (zum Beispiel Sonnenenergie). Dadurch verläuft die Redoxreaktion in die andere Richtung und die Elektronen werden zum Elektronengeber „zurückgepumpt". Der beim Aufladen entstehende Elektronengradient kann dann wieder als Energie abgerufen werden.

Bislang haben aufladbare Batterien eine niedrigere Energiedichte (Energie pro Volumen, gemessen in Wattstunden pro Liter) als Einwegbatterien. Bestenfalls moderne Lithium-Ionen-Batterien erreichen mit etwa 300 Wattstunden pro Liter die Energiedichte von Einwegbatterien. Benzin hat eine 30-mal höhere Energiedichte von etwa 9000 Wattstunden pro Liter. Entsprechend größer müsste die Batterie im Vergleich zum Tank sein, um dieselbe Energie zu liefern, die eine Benzintankfüllung liefert [58]. Für Mobilitätsenergie (Auto) ist dies ein entscheidender Nachteil. Für den stationären Energiebedarf ist die niedrigere Energiedichte aufladbarer Energiespeicher jedoch ein kleineres Problem: Der Energiespeicher eines Hauses kann ja tagsüber über Solarzellen immer wieder aufgeladen werden. Der Öltank im Keller wird vielleicht einmal im Jahr aufgefüllt.

Ein häufig ins Feld geführtes Argument gegen Solarzellen ist der zu ihrer Herstellung benötigte relativ hohe Energieaufwand. Um diesen zu berücksichtigen, wurde das Konzept der Energierücklaufzeit oder energetischen Amortisationszeit entwickelt. Dies ist die Betriebszeit, die notwendig ist, bis die für die Herstellung aufgewendete Energie von der Solarzelle produziert worden ist. Bei älteren Solartechnologien war diese bis zu drei Jahre lang; dank Fortschritten in den Herstellungsverfahren hat sie sich inzwischen auf weniger als anderthalb Jahre verkürzt [59]. Wem das immer noch zu lang ist, der möge bedenken, dass fossile Energieträger sich gar nicht amortisieren können, da ihr Betrieb ja immer neue Rohstoffe verbraucht.

Gibt es bei Solarzellen Angst vor Rohstoffknappheit?

Grundsätzlich nicht. Silizium, der wichtigste Rohstoff, ist ein Hauptbestandteil der Erdkruste (also der obersten Schicht unseres Planeten). Voraussetzungdafür, dass in Zukunft Rohstoffe für Solarzellen unbegrenzt zur Verfügung stehen ist, dass Photovoltaik-Module aus kristallinem Silizium ihre Marktführerschaft behaupten. Sollte diese irgendwann gefährdet werden durch weniger nachhaltige Solartechnologien, die auf knappe endliche Rohstoffe (zum Beispiel Indium oder Selen) angewiesen sind, müsste sich die Politik den Gesetzen des Marktes entgegenstellen.

Inzwischen hat sich die Aufmerksamkeit auf die weltweiten Lithiumvorräte gelenkt, da Lithium für die Herstellung von Lithium Ionen Batterien gebraucht wird. Wirklich Klarheit, ob Lithium auf Dauer als reichhaltig vorhanden angesehen werden kann oder schon in Kürze auch zum endlichen Rohstoff werden wird besteht noch nicht. Dies wird davon abhängen wieviel weitere Lithiumvorkommen entdeckt werden, wenn dieser Rohstoff wirtschaftlich wichtiger wird und wie gut Recycling Systeme für Lithium etabliert werden können [60]. Derzeit gibt gibt es keine Nachschubsorgen [61].

Als informierter Laie frage ich mich, warum Solartechnologie heute nicht schon wesentlich weiter verbreitet ist. Oder noch schärfer:

Warum ersetzen Solarzellen nicht in kurzer Zeit alle fossilen Brennstoffe?

Nun, Sie ahnen es: Es liegt am Preis und der mit den Ölreichtümern assoziierten Macht. Ölgeld spielt eine große Rolle im militärisch-industriellen Komplex der USA und bestimmt Geo- und Wirtschaftspolitik, wie ich schon im Kapitel über die Ölkriege anhand einiger Beispiele beschrieben habe. In Deutschland ist die Bedeutung der Autoindustrie so groß, dass Richtlinien zur Verringerung des Benzinverbrauchs oder Abgasausstoßes auf EU-Ebene regelmäßig von deutscher Seite unterwandert werden, zumal die deutsche Autoindustrie auch kaum Anstalten macht, kleine und damit sparsamere Autos zu bauen [62].

Daneben spielt natürlich auch der Fortbestand bestehender Strukturen eine Rolle. Wer sich ein Auto kauft, möchte dies ein paar Jahre bis Jahrzehnte fahren. Eine Heizung in einem Haus wird auch nicht kurzfristig eingebaut, sondern soll gern ein Leben lang halten. Dies bedeutet aber gleichzeitig, dass Entscheidungen zu Energieträgerwechseln mit einer Latenzzeit von Jahren und Jahrzehnten wirksam werden. Gleichzeitig sind die Selbsterhaltungskräfte von Organisationen nicht zu unterschätzen. Eine Organisation, deren Wirken schädlich ist oder nicht mehr gebraucht wird, löst sich deshalb noch lange nicht selbst auf. Menschen, die ihr Leben einer Aufgabe, z.B. der Energiegewinnung in einer Ölfirma gewidmet haben und denen wir warme Heizungen, gefüllte Benzintanks und eine florierende Wirtschaft verdanken, werden ihr Lebenswerk weiterführen und nachfolgende Generationen ausbilden, auf dass sie ebenfalls ihr Leben und Ingenieruskunst dem Wohlstand durch leicht verfügbare fossile Energie widmen. Die ökonomische Selbsterhaltungskraft fossiler Brennstofffirmen kommt aus einem Geschäft, das gewinnbringend läuft, und unmittelbaren Nutzen für die Gesellschaft und Wettbewerbsvorteile für die Wirtschaft bringt. Warum sollte man dieses Geschäft einstellen, solange es so gut läuft?

4 Die unendliche Endlichkeit von Wasser und Sand

Vom Mond aus betrachtet sieht die Erde aus wie eine blau-grün-braune Murmel mit weißen Schlieren. Die weißen Schlieren rühren von den Wolken und dem Eis der Polkappen. Grünbraun sind die Landmassen. Zum blauen Planeten aber wird die Erde durch die Wassermassen der Ozeane. Etwas mehr als zwei Drittel der Erdoberfläche werden von Wasser eingenommen. Dabei handelt es sich zu 97,5 % um Salzwasser, das weder trinkbar noch für die Landwirtschaft geeignet ist. Von den verbleibenden 2,5 % Süßwasser sind auch noch vier Fünftel im Polareis des Nord- und Südpols gebunden. Somit sind de facto nur 0,5 % des weltweiten Wassers als Trink- und Bewässerungswasser brauchbar.

Wassermangel

Im Januar 2019 bewegte das Schicksal eines 2-jährige Jungen der in Spanien in ein illegales Wasserbohrloch gefallen war und dort nach 2 –wöchigen Bergungsarbeiten tot in 71 Meter Tiefe geborgen wurde. Das Bohrloch war 107 Meter tief. Auf Wassser ist es nicht gestoßen. Angeblich gibt es in ganz Spanien immer mehr solche Wassserbohrlöcher, die nach erfolglosen Bohrungen nur nur notdürftig zugedeckt werden. Spanien ist inzwischen ein Wassermangelland.

Südamerika und Südostasien sind sehr wasserreich. Dies bedeutet jedoch nicht, dass Wassermangel hier keine Rollen spielt. Die Wasserversorgung der brasilianischen Mega Großstadt Sao Paolo ist äußerst kritisch und wäre 2014 beinahe zusammengebrochen. Australien ist ein absoluter Wassermangelkontinent, hat jedoch nur 24 Millionen Einwohner. Als dramatischer ist die Wasserarmut in Nordafrika und dem Nahen Osten zu sehen. In Nordafrika (Ägypten, Algerien, Sudan, Marokko, Tunesien, Libyen, Westsahara) leben etwa 237 Millionen Menschen. Die Bevölkerungsdichte liegt bei nur etwa 31 Einwohnern pro km², allerdings bestehen im Gegensatz zum dichter besiedelten Europa große Teile Nordafrikas aus Wüsten [63]. Die Bevölkerungswachstumsrate liegt derzeit bei 1,8 %, die Verdoppelungszeit bei stabilem Wachstum beträgt somit 70/1,8 = 39 Jahre. Die Region des Nahen Ostens ist auf derselben Datenplattform (www.worldometers.info) mit der Region „Westasien" am besten abgedeckt. Zu dieser Region gehören die Länder Türkei, Irak, Saudi-Arabien, Jemen, Syrien, Aserbaidschan, Jordanien, Vereinigte Arabische Emirate, Israel, Libanon, Palästina, Oman, Kuwait, Georgien, Armenien, Katar und Bahrain (der Iran wird zu Südasien gezählt). Hier leben insgesamt etwa 271 Millionen Menschen. Die Verdoppelungszeit bei einem stabilen Bevölkerungswachstum von 1,8 % liegt – ähnlich wie in Nordafrika – bei etwa 39 Jahren.

Kann ich denn Wasser in nennenswerten Mengen sparen, wenn ich mich seltener wasche und weniger trinke? Lokal betrachtet vielleicht schon; insbesondere in Mangelregionen spielt der sparsame Umgang mit Wasser eine Rolle. Global betrachtet ist jedoch der direkte Wasserverbrauch (Waschen, Trinken, Spülen) eines Menschen vernachlässigbar im Vergleich zum Verbrauch durch Landwirtschaft und Industrieproduktion. Schätzungsweise 70 % des weltweiten Wasserverbrauchs sind auf landwirtschaftliche Nutzung (Bewässerung, Viehhaltung) und etwa 20 % auf industrielle Wassernutzung zurückzuführen. Nur 10 % des Wassers wird direkt von Personen in privaten Haushalten oder im öffentlichen Raum verbraucht.

Auf den Wasserverbrauch von Industrie und Landwirtschaft kann der einzelne Verbraucher nur indirekt Einfluss nehmen. Der individuelle indirekte Wasserverbrauch lässt sich durch vegetarische oder vegane Ernährung mit saisonalen Produkten aus der Region senken. Allerdings ist dies wohl der sprichwörtliche Tropfen auf den heißen Stein. Um den Wasserverbrauch der Welt oder einer Gesellschaft zu senken, wären tiefgreifendere Änderungen notwendig. Angesichts steigender Bevölkerungszahlen und der Aufnahme eines wasserintensiven reichen Lebensstils in aufstrebenden Schwellenländern wird der Wasserverbrauch auf der Erde eher steigen als abnehmen.

Im Gegensatz zu Öl wird Wasser nicht in großen Tankschiffen oder durch Pipelines über weite Strecken gehandelt. Wasserversorgung ist in der Regel eine lokale, kommunale Angelegenheit, was auch sinnvoll erscheint. Dennoch gibt es inzwischen eine lobbyistengetriebene Bewegung zur Privatisierung der Wasserversorgung. So wird dem Direktor des global operierenden Lebensmittelkonzerns Nestlé folgendes Zitat nachgesagt: „Wasser ist kein Menschenrecht, sondern Lebensmittel und sollte Marktwert haben." Diese Aussage führte zu weltweiten Protesten gegen die Kommerzialisierung des Wassers [64].

Die Grundidee – dass Wasser einen Preis haben soll – ist aber schon verwirklicht, nämlich in Form der Wasserrechnung. Da der Wasserverbrauch durch Industrie und noch mehr durch Landwirtschaft und Viehzucht bestimmt wird, spielt ein niedriger Wasserpreis eine große Rolle für die Ansiedlung landwirtschaftlicher Großbetriebe. Wie in vielen andere gewinnorientierten Produktionsformen führt der Unterbietungswettbewerb dazu, dass gerade Großverbraucher nicht die tatsächlichen Kosten (inklusive der Umweltkosten durch absinkende Grundwasserspiegel und Wasserknappheit) für ein Gut – in diesem Fall Wasser – bezahlen. Diese Kosten werden externalisiert, also nicht vom Verursacher, sondern von der Gesellschaft getragen.

Das Phänomen der Externalisierung ist aber nicht auf privatwirtschaftlich-kapitalistische Wirtschaftsformen beschränkt. Die in der Sowjetunion im großen Maßstab betriebene Wasserentnahme aus dem in Kasachstan und Usbekistan liegenden Aralsee und den beiden Zuflüssen für die Landwirtschaft, insbesondere zum Anbau von Baumwolle, hat den ehemals viertgrößten See der Erde (Fläche 1960: 68.000 km^2) von einem runden großflächigen Binnenmeer zu einer schmalen Sichel mit nördlichen Satellitenseen (Fläche 2009: 13.500 km^2) schrumpfen lassen [65]. Die Dramatik dieser Entwicklung wird noch deutlicher, wenn man den Rückgang des Wasservolumens betrachtet: Dieses wurde 1960 auf 1093 km^3 geschätzt und lag 2009 etwa bei 105 km^3 (rund 9,5 %

des Ausgangsvolumens). Mit abnehmendem Wasservolumen verzehnfachte sich der für ein Binnengewässer ohnehin hohe Salzgehalt von 0,9 % im Jahr 1960 auf 10,2 % im Jahr 2009 [65]. (Süßwasser hat einen Salzgehalt von unter 0,1 %; ab 1 % spricht man von Salzwasser, dazwischen von Brackwasser. Die Weltmeere haben einen durchschnittlichen Salzgehalt von 3,5 %).

Durch kasachische Staudammprojekte (Kokaral-Damm) werden seit den 1990er-Jahren Versuche unternommen, den nördlichen Rest des Aralsees zu retten. Tatsächlich hat sich der nördliche Teil des Aralsees vergrößert und die Wasserqualität verbessert, jedoch gehen diese Rettungsmaßnahmen auf Kosten des südlichen Restsees. Dieser liegt gänzlich in Usbekistan, was zu Spannungen zwischen Kasachstan und Usbekistan geführt hat. Kasachstan argumentierte, dass der südliche Aralsee nicht mehr zu retten sei, auch aufgrund der anhaltend starken Wasserentnahme durch Usbekistan aus dem Amudarja-Fluss, der inzwischen den Aralsee nicht mehr erreicht. Trotz der Kontroversen versuchen die beiden Länder die Wasserversorgung der Region in gegenseitiger Abstimmung zu managen. Der Zufluss des Syrdarja-Flusses, der in den Nördlichen Aralsee mündet, ist auf kasachischer Seite stark durch Staustufen reguliert. Da der Fluss aus dem Zusammenfluss zweier kirgisischer Bergflüsse entsteht, unterliegt die Wasserführung starken jährlichen Schwankungen. Als entlastendes Überflutungsbecken ist (ungeplant) der Aydarsee entstanden, der wiederum auf usbekischer Seite liegt. Ein abgestimmtes Wassermanagement zwischen Kasachstan und Usbekistan ist somit fast unumgänglich.

Inzwischen ist die Umgebung des ehemaligen Aralsees zu einer der lebensfeindlichsten Regionen der Erde geworden. Ehemalige Fischerdörfer finden sich in einer Salzwüste wieder. Aufgrund jahrzehntelanger Verwendung toxischer Schadstoffe als Herbizide oder Pestizide sind die verbliebenen Menschen ständig giftigen Aerosolen ausgesetzt. Die ehemalige Insel Vozrozhdeniya, auf der bis 1990 Biowaffenfreilandversuche durchgeführt wurden, ist inzwischen mit dem Festland verschmolzen, was befürchten läßt, dass sich Biowaffenrückstände wie Anthraxsporen oder Beulenpesterreger über Land ausbreiten könnten [66].

In den Vereinigten Staaten ist die Dürre der 1930er Jahre in den „Great Plains, den Präriegebieten, deren Gras gerodet wurde, um Weizen anzubauen, unter dem Begriff „Dust Bowl" in die kollektive Erinnerung eingegangen. Die Menschen, die die betroffenen Gebiete verliesen siedelten sich in Kalifornien an, das damals fruchtbar und wasserreich erschien, aber inzwischen mit Wassermangel und fallenden Grundwasserspiegeln zu kämpfen hat. Fallende Grundwasserspiegel werden auch in den großen Anbaugebieten des Weizengürtels (Wheat belt) beobachtet.

Karatschi liegt in Pakistan im Mündungsdelta des Indus und hat gemäß der Zahl, die mir GOOGLE auf die Eingabe „Karachi inhabitants" entgegenschleudert etwa 21 Millionen Einwohner. Im (deutschsprachigen) Wikipedia-Artikel über Karatschi ist von etwa 16 Millionen Einwohnern die Rede (Stand März 2018) und in einem Artikel aus der Neuen Züricher Zeitung über die Wassernot in Karatschi von etwa 25 Millionen Einwohnern bei einem jährlichen Bevölkerungswachstum von 6 % [67]. Vielleicht stimmen ja alle drei Einwohnerzahlen. Bei einem Bevölkerungswachstum von 6 % und einer Einwohnerzahl von 16 Millionen im Jahr 2010 wird im Jahr 2015 eine Einwohnerzahl von 21 Millionen und 2018 von 25 Millionen erreicht. Die Verdoppelungszeit bei einem konstanten Wachstum von 6 % beträgt nach Al Bartlett nur 70/6 = 12 Jahre.

Neben dem durch die wasserintensive Textilindustrie und die hohe Einwohnerzahl bedingten Wasserbedarf führen auch die hohen Wasserverluste aufgrund maroder Leitungssysteme zu Wassermangel in der Megastadt. Allerdings sind viele Verluste nicht zufällig, sondern kommen durch mafiöse Netzwerke zustande, die Wasser abzweigen und dann teuer weiterverkaufen. Die ebenfalls durch mafiöse Netzwerke gebohrten illegalen Brunnen lassen den Grundwasserspiegel Karatschis immer mehr absinken.

Wohlhabende Einwohner Karatschis lassen sich das Wasser über eine eigene Leitung ins Haus liefern, die meisten einfachen Leute jedoch müssen es sich in Wasserkanistern liefern lassen oder Wasserkanister kaufen und selbst nach Hause tragen. Wer es sich leisten kann, bohrt seinen eigenen (illegalen) Brunnen oder installiert einen Wassertank, um insbesondere in den heißen Sommermonaten einen sicheren Zugang zu Wasser zu haben, aber auch um Wasser in größeren Mengen liefern lassen zu können, was den Liter Wasser billiger macht. Die Tankwagen, die das Wasser liefern, werden in der Regel an (illegalen) Zapfstellen gefüllt, die am städtischen Rohrleitungsnetz angebracht wurden. Sie sind daher mit ein Grund dafür, dass in einigen Teilen Karatschis kein Leitungswasser mehr ankommt, weshalb die betroffenen Haushalte auf (eben dieselben) Tanklaster angewiesen sind.

Ganz Pakistan ist vom Wasser des Indus abhängig. Dieses wird nicht nur direkt aus dem Fluss entnommen, sondern sorgt auch dafür, dass die Grundwasserspeicher Nachschub bekommen. Pakistan bezieht sein Wasser aus dem Karakorum-, Himalaya- und Hindukuschgebirge und kann somit auf die größten Schmelzwasservorkommen außerhalb der Polkappen zurückgreifen. Dennoch sinkt der Grundwasserspiegel in ganz Pakistan über die letzten Jahre, wodurch die Grundwasserstöcke zusammenbrechen. Auch die Wasserqualität nimmt ab. Etwa 50 Millionen Menschen in Pakistan sind arsenverseuchtem Grundwasser ausgesetzt [68]. Zudem schmelzen auch die Himalayagletscher ab, wodurch sich die Wasserreserven für den ganzen indischen Subkontinent reduzieren werden.

Die Lebensader Pakistans, der Indus, entspringt im zur Volksrepublik China gehörenden Tibet und fließt dann, bevor er nach Pakistan kommt, durch Indien. Damit tut sich eine geopolitische Dimension von globalem Ausmaß auf: In beiden atomar bewaffneten und eher einander feindlich gesinnten Ländern wird das Induswasser in großen Mengen für die Landwirtschaft genutzt. Indien plant den Bau von Staudämmen und Wasserkraftwerken, was die flussabwärts lebenden Pakistaner äußerst misstrauisch beobachten. Die völkerrechtliche Grundlage der Verhandlungen bildet der Indus Water Treaty, der als ein solides Werk internationaler Diplomatie gilt und in Wasserangelegenheiten den verfeindeten Ländern immer wieder Kompromisse zu beidseitiger Zufriedenheit ermöglichte. Pakistan sieht in den indischen Wasserkontrollmaßnahmen am Indus eine existenzielle Bedrohung und hat angekündigt, dass es eine Aufkündigung des bilateralen Vertrags als Kriegsgrund werten würde [69].

Die Kehrseite des Wassermangels in Indien und Pakistan sind wiederkehrende großflächige Überflutungen in der Monsunzeit (die auch Bangladesch betreffen). Diese treten jedes Jahr in der Monsunzeit auf, waren aber 2010 und 2017 besonders schlimm.

Der Wasserausgleich in weltregionalen Dimensionen, zum Beispiel zwischen Flussanliegerländern, kann zum zentralen Thema internationaler Beziehungen werden. Äthiopien steht kurz vor Fertigstellung des Grand-Renaissance-Staudamms, der den Blauen Nil, der etwa 85 % zum Nilwasser beiträgt, stauen soll. Hierdurch fühlen sich die flussabwärts liegenden Länder Sudan und Ägypten bedroht. Äthiopien erhofft sich eine zuverlässige Stromversorgung durch den Staudamm und eine bessere Nutzung der umliegenden landwirtschaftlichen Nutzflächen. Der Sudan wird durch Zugeständnisse von Stromlieferungen beruhigt, aber insbesondere Ägypten fürchtet, dass eine Verringerung des in Ägypten ankommenden Nilwassers Millionen von Bauern die Existenzgrundlage entzieht [70]. Insbesondere die Füllgeschwindigkeit des Stausees ist Gegenstand der Debatte, da durch die Füllung die in Ägypten ankommende Wassermenge am stärksten reduziert werden wird. Auf lange Sicht befürchten die Ägypter aber auch, dass das gestaute Wasser in Äthiopien zu einem wasserzehrenden landwirtschaftlichen Boom führt.

Die Bevölkerung Ägyptens wächst mit 2 % weiterhin stark (Verdoppelungszeit 70/2 = 35 Jahre) und wird 2020 die 100-Millionen-Marke überschreiten. Gleichzeitig sind große Teile des Landes unbewohnbare Wüste. Der menschliche Lebensraum beschränkt sich auf den wenige Kilometer breiten fruchtbaren Streifen rechts und links des Nils. Ein langfristiger Verlust landwirtschaftlicher Nutzfläche wird von Ägypten als Bedrohung der nationalen Sicherheit aufgefasst. Wenn Diplomaten die nationale Sicherheit bedroht sehen, impliziert dies die Bereitschaft zu drastischen, auch militärischen, Maßnahmen [71].

Meerwasserentsalzung

Wie erwähnt sind 97,5 % des Wassers auf der Erde Salzwasser. Vielleicht ist Meerwasserentsalzung somit die Lösung aller Wassersorgen? Einige Länder setzen die Meerwasserentsalzung bereits in großem Maßstab ein. Insbesondere in süßwasserarmen Ländern des Nahen Ostens ist sie weit verbreitet. Offensichtlich ist das Verfahren tatsächlich in der Lage, die Süßwasserversorgung in wasserarmen Regionen zu gewährleisten.

Wo sind die Nachteile? Die bisher etablierten Meerwasserentsalzungsverfahren benötigen viel Energie. Im Nahen Osten sind Öl und Gas (noch) leicht verfügbar und billig. Saudi-Arabien stellt sein Trink- und Betriebswasser fast ausschließlich durch Meerwasserentsalzung her und setzt hierfür Schweröl und Erdgas als Energiequelle ein. In größerem Maßstab kommen thermische Verfahren zum Einsatz, wodurch salzreduziertes Kondenswasser produziert wird, oder Filtermembranverfahren, bei denen Salzwasser unter Druck durch eine salzundurchlässige Membran gedrückt wird [72].

Das älteste Verfahren der Meerwasserentsalzung ist die Entspannungsverdampfung. Hierbei wird Salzwasser erhitzt und in eine Unterdruckkammer geleitet. Dort verdampft es und kondensiert im oberen Teil der Kammer. Dieser Vorgang wird bis zu 40 Mal wiederholt (mehrstufige Entspannungsverdampfung), bis letztendlich das salzarme mehrfachkondensierte Wasser aufgefangen wird. Im Grunde folgt dieses Verfahren dem natürlichen Wasserkreislauf aus Verdunstung und Regen und wurde schon in der Seefahrt auf Schiffen zur Trinkwassergewinnung eingesetzt. Um etwa 1 m^3 (etwa 1000 Liter) Wasser zu gewinnen, werden etwa 290 MJ/m^3 (entspricht ca. 80 kWh) thermische Energie zur Erhitzung des Wassers und 3 bis 5 kWh zum Betrieb der Pumpen und der Gesamtanlage verbraucht. Die mehrstufige Entspannungsverdampfung benötigt also etwa 85 kWh für die Produktion von 1000 Litern Wasser [73]. Zur Veranschaulichung des Energiebedarfs: Für den Waschgang einer Waschmaschine benötig man etwa eine kWh. Mit der Energie für einen Waschgang lassen sich also gerade mal (1000/85 = 12) 12 Liter Wasser produzieren.

Bei der Umkehrosmose wird grob vorgefiltertes Meerwasser in einem Druckbehälter unter hohem Druck zur Überwindung des osmotischen Drucks durch eine semipermeable Membran gepresst. Der Membranfilter hält Salze, Bakterien, Viren und Kalk, aber auch verschiedene Gifte und Schwermetalle zurück. Da der zu überwindende Druck in der Druckkammer mit zunehmendem Salzgehalt steigt, muss das Salz entfernt werden. Die Umkehrosmose ist technisch hinsichtlich Wartung der Membranen, Vorbehandlung des Wassers und Abscheidung der hochkonzentrierten Rückstände anspruchsvoller, benötigt jedoch wesentlich weniger Energie als die Entspannungsverdampfung, da der thermische Energieaufwand bei der Umkehrosmose nicht zu Buche schlägt und nur die Pump- und Betriebsanlagenenergie (etwa 3,5 kWh) aufgebracht werden muss [73].

Angesichts der deutlich günstigeren Energiebilanz und der Möglichkeit von Verfahrensverbesserungen aus der Werkstoffkunde scheint der Umkehrosmose die Zukunft zu gehören. Viele noch im Betrieb befindliche Anlagen arbeiten jedoch nach dem Entspannungsverdampfungsverfahren, da sie in Weltregionen (Naher Osten) liegen, in denen fossile Brennstoffe (noch) billig und leicht verfügbar sind.

Energie wird jedoch immer gebraucht werden, um Wasser zu entsalzen. Außer Öl und Gas gibt es in den trockenen Regionen des Nahen Ostens noch eine weitere stark präsente Energiequelle: die Sonne! Fortschrittliche, möglichst energiearme Entsalzungsverfahren, die ihre Energie aus der Sonne beziehen (Photovoltaik), könnten auch die Wasserversorgung von Ländern lösen, die nicht mit reichen Vorräten an fossilen Brennstoffen gesegnet sind. Leider scheint die Sonne nur am Tag, doch auch nach Sonnenuntergang sollten Energie und Wasser verfügbar sein. Fortschritte in der Energiespeichertechnologie (zum Beispiel Batterien) und gute

Wasserspeicher sind somit bedeutsam für eine gesicherte Wasserversorgung. Wie bei der Energieversorgung könnten einige wenige zentralisierte großindustriell betriebene Entsalzungsanlagen auf lange Sicht durch viele kleine dezentralisierte Anlagen ersetzt werden.

Ganz ohne Umweltbelastung geht die Meerwasserentsalzung aber leider nicht vonstatten: Bei beiden Verfahren bleibt eine hyperosmotische hypersaline Lake übrig, die zumeist ins Meer zurückgeleitet wird und dort zu erheblichen Schäden an Flora und Fauna führen kann.

Eisberge als Süßwasserquelle

Wie erwähnt sind nur 2,5 % des weltweiten Wassers Süßwasser, vier Fünftel davon sind im Eis der Polarregionen gebunden. Da ist es doch naheliegend, die polaren Wasserreserven zu nutzen. Die Idee, Eisberge aus den Polarregionen in Wassermangelregionen zu schleppen, ist nicht neu. Derzeit liegt sie wieder auf dem Tisch, um die unter Wassermangel leidende 3,8 Millionenstadt Kapstadt in Südafrika mit Wasser zu versorgen [74, 75]. Mit seiner Lage an der Südspitze des afrikanischen Kontinents liegt Kapstadt näher an der Antarktis als alle anderen Großstädte Afrikas. Allerdings reicht der afrikanische Kontinent nicht so weit nach Süden wie Südamerika. Die Entfernung zum Antarktiseis beträgt immer noch mehr als 4000 km und ist somit weiter als zum Beispiel die Entfernung von Island nach Marokko.

Inzwischen gibt es tatsächlich Erfahrungen mit dem kontrollierten Abschleppen von Eisbergen. Dies wird bei Eisbergen gemacht, die auf Kollisionskurs zu Ölbohrplattformen vor Kanadas Ostküste sind. Hierfür fährt ein Schiff im Bogen um den Eisberg herum und legt, ähnlich einem Fischernetz um einen Fischschwarm, das Zuggeschirr um den Eisberg. Ein kleiner Eisberg lässt sich so recht gut manövrieren. Je größer er ist, umso schwieriger wird es.

Um eine Bohrinsel vor einem Eisberg zu schützen, muss dieser jedoch nur wenige Kilometer versetzt werden und kann dann wieder sich selbst überlassen werden. Auch muss der Eisberg nicht an einen bestimmten Zielpunkt gezogen werden, sondern nur weg von seinem Kollisionskurs. Einen Eisberg in der Antarktis einzufangen und zielgerichtet mehr als 4000 km weiter nördlich in der Bucht von Kapstadt abzusetzen ist da schon schwieriger. Auf alle Fälle wird ein Teil des Eises auf dem Weg schmelzen. Um Schmelzverluste zu minimieren, kann man die Oberfläche des Eises mit reflektierenden Planen abdecken; so wird die direkte Sonneneinstrahlung abgewehrt. Eisberge schwimmen, da ihre Dichte etwas geringer als die des Wassers ist. In Wasser mit hohem Salzgehalt und vielen Lufteinschlüssen im Eisberg ist der Auftrieb etwas stärker als bei Eisbergen in Süßwasser. Auch ist die Form des Eisbergs von Bedeutung: Ein flacher ausgedehnter Eisberg mit planer Oberfläche liegt stabiler im Wasser als ein kugel- oder keilförmiger Eisberg, der leichter seine Lage ändern und dabei zerbrechen kann.

Etwa 90 % eines Eisbergs liegen unter Wasser. Je wärmer das Gewässer ist, desto stärker ist der Abschmelzverlust von unten. Bei der Planung sollte man also auch die Wassertemperatur der Gewässer, durch die der Eisberg transportiert wird, berücksichtigen. Einmal angekommen, müsste man den Eisberg außerdem in ein salzwasserfreies Becken bringen, um das schmelzende Süßwasser auffangen zu können.

Auch die Kanaren liebäugeln mit der Idee, die wenigen Süßwasserreserven durch Wasser aus Eisbergen zu ergänzen. Die Entfernung zwischen den Kanaren und neufundländischen Eiszonen Kanadas beträgt etwa 3500 km. Bei einer durchschnittlichen Geschwindigkeit von 1,5 Kilometern pro Stunde würde die Reise etwa 140 Tage dauern. In einer Simulation wurde geschätzt, dass von einem 7-Millionen-Tonnen-Eisberg etwa 4 Millionen Tonnen übrig blieben. (Eine Tonne Wasser hat etwa ein Volumen von einem Kubikmeter oder 1000 Liter.). Kann man demnach pauschal sagen, dass etwa vier Siebtel eines Eisbergs am Ziel ankommen, egal wie groß der Ausgangseisberg ist? Leider nicht. Je kleiner der Eisberg, umso nachteiliger dessen Oberfläche-Volumen-Verhältnis. Der relative Schmelzverlust wäre also umso geringer, je größer der Ausgangseisberg ist. Mit 4 Millionen Tonnen Süßwasser ließen sich rund 70.000 Menschen ein Jahr lang mit Wasser versorgen. Allerdings würde der Transport auch etwa 4000 Tonnen Treibstoff verbrauchen, also etwa ein Liter Treibstoff pro 1000 Liter Wasser [76]. Kapstadt hat etwa 3,75 Millionen Einwohner. Um diese ein Jahr lang mit Wasser zu versorgen, bräuchte man also, wenn man die Kanarensimulation heranzieht, etwa 53 Eisberge (3.750.000/70.000 = 53,6) mit einem Ausgangsvolumen von je 7 Millionen Tonnen, von denen bei Ankunft je 4 Millionen Tonnen übrig bleiben.

Eine gute Kenntnis der Meeresströmungen kann die Arbeit erleichtern. Beim Kapstadt-Projekt würde man dem im Uhrzeigersinn um die Antarktis strömenden antarktischen Zirkumpolarstrom die Hauptarbeit überlassen und die Eisberge lediglich nach Norden in den Benguelastrom schubsen, der sie dann direkt vor dem Kap der Guten Hoffnung absetzt. Diesmal ist Kapstadt der Austrockung dank starker anhaltender Winterregen im Winter 2018 glücklich entkommen, aber der in der Dürre erlernte sparsame Umgang mit Wasser, sollte fortgesetzt werden [77].

Sandmangel

Öl- und Wassermangel sind sicherlich Probleme, denen sich die Menschheit stellen muss, aber Sand? Sand gibt es doch wie, nun ja – wie Sand am Meer; oder in der Wüste. Tatsächlich ist Sand nach Wasser und Luft der meistgenutzte Rohstoff auf der Erde. Könnten die Entwicklungsländer am Rande der Sahara also ihr Desertifikationsproblem lösen, indem sie den Sand einfach verkaufen? Leider nein. Sand ist als Rohstoff für Baumaterial zwar begehrt, aber Sand ist nicht gleich Sand. Für die Herstellung von Baustoffen wie Beton eignet sich nur Sand, dessen Körner eine zerklüftete, ungleichmäßige Oberflächenstruktur aufweisen. Der Flugsand der Sahara zeichnet sich aber durch feine runde Sandkörner aus, die sich nicht verkanten können und somit als Baustoff wenig geeignet sind. Am besten zum Bauen geeignet ist Flusssand. Auch der Sand der Meeresküsten ist begehrt. Wüstensand und Sand am Meeresgrund sind oft weniger gut geeignet. An Flüssen und Küsten ist aber die Bevölkerungsdichte meist hoch, sodass lokal vorhandene Sandvorkommen in besiedelten Gebieten oftmals rasch abgebaut werden. In denaturierten, also durch wasserbauliche Maßnahmen veränderten Flüssen findet sich weniger Sand als in naturbelassenen Flüssen. Staustufen und Begradigung führen dazu, dass weniger Sand in Flussbiegungen (Sandbänke) oder im Flussmündungsdelta angeschwemmt und abgelagert wird.

In großen Mengen wird Sand in der Bauindustrie verwendet. Daneben ist Sand ein wichtiger Rohstoff zur Glasherstellung. In der Elektrotechnik werden Siliziumsande („Silicon") für die Herstellung von Halbleitern gebraucht; außerdem wird Sand zur Gewinnung von Erdgas und Erdöl durch Fracking verwendet. Auch zur Landgewinnung wird Sand als Aufschüttmaterial benötigt. Ein spektakuläres Beispiel sind die vor Dubai in charakteristischen Formen (Palme, Weltkarte) aufgeschütteten Luxuswohninseln. Da der Wüstensand hierfür ungeeignet war, musste der Sand für die Aufschüttung importiert werden [78].

Welche Folgen hat ein ungezügelter Sandabbau? An den Küsten gibt es keine schönen Strände mehr, was sie für den Tourismus entwertet. Gleichzeitig geht natürlicher Flutschutz verloren, zum Beispiel wenn Sauminseln vor der Küste verschwinden oder mangels Sandrandsaum für Wasser kaum noch eine Barriere darstellen. Küstengebiete, die ihren Sandschutz verlieren, werden anfälliger für Flutkatastrophen. Außerdem kann der Verlust des Sandschutzes zum Einsickern des Meerwassers in küstennahe Böden führen, die daraufhin versalzen und für die Landwirtschaft unbrauchbar werden. In den USA hatte 2012 ein Hurrikan zu massiven Flutschäden im dicht besiedelten und industrialisierten Nordosten der USA geführt, was die Debatte über die Auswirkungen des Klimawandels und die Bedeutung des Küstenschutzes wiederbelebte. Ironischerweise trug der Hurrikan den Namen „Sandy".

Das Ausbaggern des Meeresgrundes führt zur Zerstörung der Ökosysteme am Meeresboden. Dies kann schwer abschätzbare Folgen für das gesamte Ökosystem Meer haben, da die Nahrungskette durcheinandergebracht wird. Fischer spüren dies durch zurückgehende Fischbestände. Wie bereits oben beschrieben, ist Flusssand besonders gut als Baustoff geeignet, weshalb auch die Ökosysteme von Flüssen weltweit unter dem Kampf um den Sand leiden.

In Indien sind Nachrichten über die Machenschaften der Sandmafia alltäglich. Mafiös strukturierte Banden graben an allen möglichen Stellen an Flüssen und an Küsten illegal Sand ab, der dann auf dunklen Wegen verkauft wird [79].

5 Klimawandel

Sicherlich wird das Ende der fossilen Brennstoffe zu einer tiefgreifenden Veränderung des menschlichen Lebens weltweit führen und möglicherweise wird die Zeit, in der sich die Menschheit an ein Leben ohne fossile Brennstoffe gewöhnen muss, keine angenehme werden. Denn als direkte Folge eines Kollapses der Energieversorgung sind das Zusammenbrechen von Gesellschaftsordnungen und ein Massensterben von Menschen durchaus denkbar. Falls es nicht zu Ressourcenkriegen mit Massenvernichtungswaffen kommt sollte der Fortbestand der Spezies *Homo sapiens* allerdings durch das Ende der fossilen Brennstoffe nicht gefährdet sein, da sich unser Organismus in seiner biologischen Ausstattung evolutionär unter den Bedingungen von Zivilisationen ohne fossile Brennstoffe entwickelt hat. Bis vor 200 Jahren existierten alle Kulturen weitgehend ohne fossile Brennstoffe. Die kurze Phase von 1859 bis heute könnte jedoch den Fortbestand der Spezies *Homo sapiens* und vieler anderer Lebewesen auf der Welt gefährden – aber nicht durch den Mangel an fossilen Brennstoffen, sondern durch die potenzielle Wirkung, die deren Verbrennung auf das Klima unseres Planeten hat.

Die Temperaturspanne, unter der Menschen leben können, scheint breit zu sein. Doch dieser Schein trügt, denn er rührt von unserer Fokussierung auf den Temperaturbereich her, unter dem wir leben können. Unsere Wohlfühltemperatur ohne Hilfsmittel (Kleidung) ist sogar sehr eng: Bei 25 bis 27 Grad fühlen wir uns am wohlsten. Darunter wird es uns zu kalt, darüber schnell zu heiß [80].

Durch Kleidung und Unterkunft haben Menschen eine gewisse Flexibilität entwickelt und es geschafft, auch bei tieferen Temperaturen zu gedeihen. Nach unten wird das Gedeihen menschlicher Populationen eher durch eine verringerte Nahrungsmittelproduktion bei eisigen Temperaturen eingeschränkt als durch die direkte Kältebedrohung für den Menschen selbst. Der Mensch kann ja durch Kleidung und Behausung der Körperabkühlung vorbeugen. Allerdings ist ein Leben in der Kälte ohne leicht verfügbare Heizenergie deutlich schwieriger.

Kritischer sind hohe Temperaturen: Ab 42 Grad Körpertemperatur gerinnt das Eiweiß im Blut. An Hitze können wir uns nur durch Bautechnologie anpassen. Im Freien sind unsere Möglichkeiten begrenzt, eine Außentemperatur zu kompensieren, die über unserer Körpertemperatur liegt (kühlende Kleidung wäre hier ein Hilfsmittel). Eine Umgebungstemperatur weit unter unserer Körpertemperatur halten wir mit entsprechender Kleidung und schützender Unterkunft stunden-, tage- oder jahrelang aus. Mehrere Stunden in der 95 Grad heißen Sauna zu bleiben wäre hingegen für die meisten Menschen tödlich.

Wenn wir im Moment vom menschgemachten Klimawandel sprechen, der sich im Wesentlichen durch eine leichte Klimaerwärmung äußert, richten sich (zu Recht) unsere Bedenken auf die indirekten Effekte (Wetterextreme, Dürren). Was aber, wenn das Klima in immer mehr Regionen der Welt Temperaturen übersteigt, die dauerhaft für den menschlichen Organismus letal sind? Dies erscheint kurzfristig eher unwahrscheinlich, allerdings sind die das Klima bestimmenden Prozesse derart komplex, dass wir wohl noch weit davon entfernt sind, sie wirklich zu verstehen. Szenarien für einen sich selbst perpetuierenden Temperaturanstieg gibt es durchaus: Der Treibhauseffekt könnte sich eigendynamisch verstärkern, wenn zum Beispiel durch moderate Temperaturerhöhung Millionen von Quadratmetern Permafrostböden auftauen und das darin gebundene Methangas in die Atmosphäre abgeben und gleichzeitig durch Verlust des Eises an den Polkappem weniger Sonnenenergie reflektiert wird [81].

Religionifizierung der Klimawandeldebatte

Die Verbrennungsemissionen der letzten 2 Jahrhunderte haben einen Effekt auf das Weltklima. Wahrscheinlich erhitzt es sich durch den sogenannten Treibhauseffekt. Leider wird diese Debatte nicht mit der nötigen Sachlichkeit geführt, die man sich bei einer Frage, die den Fortbestand der Menschheit betrifft, wünschen würde. Die quasireligiöse Spaltung in „Klimawandelskeptiker" und „Klimawandelgläubige" ist einer sachlichen Diskussion nicht zuträglich. Auch die Verknüpfung mit politischen Gesamtpaketen ist kontraproduktiv. Es muss möglich bleiben, skeptische Fragen zur Theorie des Klimawandels zu stellen, ohne von den Klimawandelgläubigen geschnitten zu werden. Genauso muss es möglich sein deutlich zu bekennen, dass man den menschgemachte Klimawandel für real hält, ohne von den Klimawandelskeptikern geschnitten zu werden.

Eine absolut neutrale Instanz gibt es nicht. Die reichsten Interessenvertretenden Organisationen der Welt (Öl- und Gasindustrie) haben ein starkes Interesse daran, den Klimawandel zu leugnen, dessen Gefahr herunterzuspielen oder zumindest zu negieren, dass dieser durch Karbonemissionen infolge Verbrennung fossiler Brennstoffe bedingt ist. Natürlich werden von dieser Seite gerne auch potentielle Vorteile einer Erwärmung des Weltklimas in den Vordergrund gerückt. Auf der Seite der Klimawandelgläubigen lässt sich natürlich nicht leugnen, dass Wissenschaftler ein Interesse daran haben können, ein Problem schlimmer darzustellen, als es eigentlich ist, um Fördermittel zur Bearbeitung des Problems einwerben zu können.

Wenn ich hier über dieses Thema schreibe, dann tue ich das als gebildeter Laie. Ich bin kein Experte für dieses Thema. Dafür kann ich aber für mich beanspruchen, dass ich wenig Eigeninteressen mitbringe, da ich weder davon profitiere, das Klimaproblem „aufzublasen", noch davon, es zu negieren.

Mechanismen des menschgemachten Klimawandels

Zunächst möchte ich die Rahmentheorie des menschgemachten Klimawandels kurz darstellen: Dem Klimawandel liegt eine Änderung der Energiebilanz der Erdatmosphäre zugrunde, wodurch sich das thermisch-radiative Gleichgewicht der Erde ändert und mehr Sonnenenergie aufgenommen als abgegeben wird. Die Atmosphäre heizt sich auf und es kommt zum Treibhauseffekt.

Die Sonnenergiebilanz der Erde wird durch drei Komponenten beeinflusst:

- durch die Milanković-Zyklen: langperiodische Schwankungen (über zehn- bis hunderttausend Jahre) der auf die Erde treffenden Sonnenstrahlung bedingt durch Erdachsenstellung und Erdbahn;
- das Rückstrahlvermögen (Albedo) der Erde. Dies wird insbesondere durch die Meeresoberflächen und Eisflächen bestimmt (lateinisch *albedo* bedeutet „Weiße");
- durch Treibhausgase. Das wichtigste natürliche Treibhausgas ist Wasserdampf, der durch Verdunstung auf natürliche Weise entsteht. Als durch menschliche Aktivitäten zusätzlich eingebrachte Treibhausgase sind insbesondere Kohlendioxid (CO_2) und Methangas (CH_4) wichtig.

Relevant für die Abschätzung der Gefahr eines menschgemachten Klimawandels sind insbesondere die folgenden Fragen, auf die ich zunächst eine kurze und danach eine ausführlichere Antwort gebe:

(1) Steigt der Treibhausgasanteil in der Atmosphäre durch menschliche Aktivitäten an (und wenn ja, durch welche)?
Ja, der Treibhausgasanteil der Atmosphäre nimmt seit Ende des 19. Jahrhunderts deutlich zu (insbesondere durch industrielle Aktivitäten mit Verbrennung fossiler Brennstoffe)

(2) Bewirkt ein Anstieg der Treibhausgase, dass die Erdatmosphäre mehr thermisch-radiative Sonnenenergie aufnimmt als abgibt?
Ja, das ist der Fall.

(3) Welche Folgen hat das für die Lebensbedingungen auf der Erde?
Diese Frage lässt sich kurz nicht beantworten.

(1) Nimmt die CO_2-Konzentration in der Atmosphäre zu?

Wenn der CO_2-Ausstoß in den letzten 200 Jahren so stark zugenommen hat, müsste man doch höhere CO_2-Werte als früher messen können. Das kann man in der Tat! Natürlich gab es in früheren Zeiten keine CO_2-Messungen. Jedoch lassen sich anhand der in Eisbohrkernen eingeschlossenen CO_2-Anteile Rückschlüsse auf den CO_2-Gehalt früherer Erdatmosphären ziehen [82].

Abbildung 4 zeigt den CO_2-Gehalt in der Atmosphäre zwischen dem Jahr 1006 und 1978 nach Christus. Bis 1750 liegen alle Messwerte unter 290 ppm (*parts per million*). Gegen Ende des 19. Jahrhunderts, also zur Zeit der Industrialisierung, steigen die Werte über 290 ppm. Seitdem kennen sie nur noch eine Richtung: nach oben.

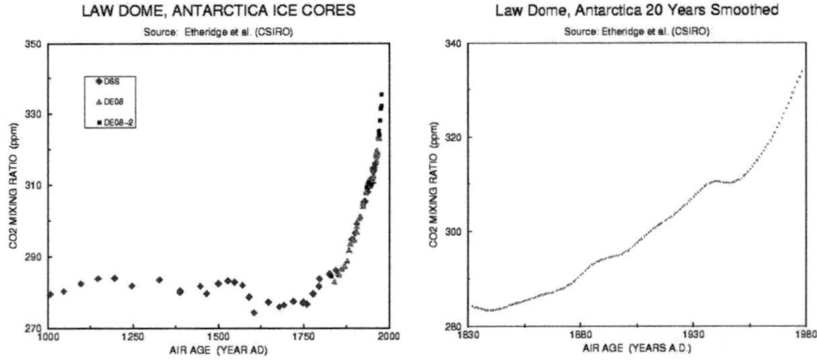

Abbildung 4: Eiskernbasierte CO_2-Messungen für Messpunkte, die dem Zeitraum 1006–1978 entsprechen [82, 83] Quelle: Etheridge et al. Scientific Journal of Geophysical Research 1996.

Im Jahr 2017 wurde die durchschnittliche globale CO_2-Konzentration auf 403,3 ppm geschätzt [84]. Der in der in der obigen Kurve dargestellte letzte Messwert der Antarktismessungen von 1978 lag bei 333,7 ppm. Teilen wir den Wert von 2017 durch den Wert von 1978 (403,3/333,7 = 1,21), so sehen wir also eine Zunahme der atmosphärischen CO_2-Konzentration von

21 % in 40 Jahren. Das sind etwa 0,5 % pro Jahr. Mit Al Bartletts Formel können wir die Verdoppelungszeit berechnen:

$$CO_2\text{-Verdoppelungszeit} = 70/0{,}5 = 140 \text{ Jahre} \rightarrow \text{Jahr } 2157$$

Die Messwerte für die letzten tausend Jahre aus den Eiskernen lagen bis zur industriellen Revolution immer um 280 ppm. Wenn wir also 280 ppm als den normalen atmosphärischen Ausgangswert nehmen, sehen wir, dass sich der Wert durch menschliche Aktivitäten bislang noch nicht verdoppelt hat. Bei einer stabilen jährlichen Zunahme von 0,5 % würde der doppelte Wert von (2 x 280 ppm = 560 ppm) im Jahr 2083 überschritten werden, also noch zu Lebzeiten der jüngeren Leser (Ausgangswert 403,3 ppm im Jahr 2017, jährliches Wachstum 0,5 %). Im Sommer 2018 wurde am Mauna Loa Observatory auf Hawai der Wert 410 überschritten (https://www.co2.earth). Leider erscheint ein jährlicher Anstieg der atmosphärischen CO_2-Konzentration von nur 0,5% angesischts von Messungen der letzten 10 Jahre sogar noch optimistisch. [85].

Spaßeshalber wollen wir noch einen Blick auf den direkten Effekt werfen, den die CO_2-Konzentration in der Atemluft auf den menschlichen Organismus hat. Da in Physiologiebüchern und Arbeitsplatzverordnungen auch oft Prozentangaben stehen, gebe ich diese in Tabelle 3 mit an.

Tabelle 3:   **Effekt verschiedener CO_2-Konzentrationen in der Atemluft auf den menschlichen Organismus**

CO_2 in ppm (parts per Million)	CO_2 in %		Jahr, in dem etwa der Wert bei stabilem jährlichem CO_2-Anstieg von 0,5 % überschritten würde
280	0,028	Historische CO_2-Konzentration	
400	0,040	Heutige CO_2-Konzentration	2017
560	0,056	Doppelte historische CO_2-Konzentration	2083
600	0,6	Beginnender Einfluss des CO2 auf dasWohlbefinden (Bedürfnis zu lüften)	2096
1.000	0,1	Obergrenze hygienisch unbedenkliche Luft, z.B. in Klassenzimmern	2199
1.500	0,15	Zunahme von Kopfschmerzen, Schwindel und Müdigkeit bei Schülern in Klassenzimmern	2280
5.000	0,5	Maximale Arbeitsplatzkonzentration	2520
15.000	1,5	Atemzeitvolumen nimmt um 40 % zu	2740
40.000	4	CO_2-Konzentration der Ausatemluft	2940
50.000	5	Schwindel, Kopfschmerz	2980
100.000	10	Atemnot, Schwäche, Bewusstlosigkeit, Tod nach 30–60 Minuten	3120
200.000	20	Schnelle Bewusstlosigkeit, Tod nach 5–10 Minuten	3260

Die rechte Spalte, die das Jahr angibt, in dem etwa der Wert bei stabilem 0,5-%-Wachstum überschritten würde, ist natürlich rein hypothetisch, da der Menschheit wahrscheinlich irgendwann die fossilen Brennstoffe ausgehen. Das Beruhigende an der Tabelle ist, dass weder wir noch unsere Kinder einen direkten physiologischen Schaden durch höhere CO_2-Konzentration in der Atemluft erleiden müssen. CO_2-Konzentrationen über 1500 ppm kommen regelmäßig in Büroräumen vor. Allerdings deutet sich aus arbeitsmedizinischen (Luftqualität in Büroräumen) Studien an, dass schon CO_2-Konzentrationen unter 1000 ppm die Leistungsfähigkeit beeinträchtigen können oder zumindest als unangenehm empfunden werden (mach doch mal ein Fenster auf!) [86-88]. Schon in wenigen Generationen, gegen Ende dieses Jahrtausends, wären direkte Gesundheitsschäden zu erwarten. An dieser Stelle läßt sich der berechtigte Einwand, einbringen, dass prozentuales Wachstum eher bei biologischen Wachstumsprozessen zu erwarten ist und der CO_2 Anstieg eher additiv linear weitergehen wird (CO_2 Moleküle vermehren sich ja nicht wie biologische Zellen). Angenommen der atmosphärische CO_2 Gehalt nimmt ab 2017 linear additiv mit 2 ppm pro Jahr zu (0,5% von 400 ppm). Die doppelte historische CO_2-Konzentration von 2x280 ppm=560 ppm) würde im Jahr 2097 erreicht. Die CO_2-Konzentration von 1500 ppm, bei der Zunahme von Kopfschmerzen, Schwindel und Müdigkeit zu verzeichnen sind würde im Jahr 2807 erreicht werden (statt im Jahr 2280 wie im 0,5% Wachstumsmodell). Die maximale Arbeitsplatzkonzentration würde erst im Jahr 4952 erreicht werden. Der Homo sapiens hätte also bei linear-additivem Wachstum deutlich mehr Zeit, sich den steigenden CO_2-Konzentrationen evolutionär anzupassen als bei prozentualer Zunahme.

Die Messung der atmosphärischen CO_2-Konzentration führt recht einfach zu soliden Ergebnissen, durch die Eiskernuntersuchungen sogar für die Vergangenheit. Die Frage, ob die CO_2-Konzentration in den letzten 200 Jahren gestiegen ist, lässt sich daher mit einem klaren Ja beantworten.

Versauern der Meere

Aber vielleicht ertragen nicht alle Lebewesen auf der Erde eine so große Spanne der CO_2-Konzentration? Oder vielleicht reagieren manche Ökosysteme sehr empfindlich auf einen Anstieg der CO_2-Konzentration? CO_2 löst sich in Wasser: Wir kennen das vom

„Sprudelwasser", das in Deutschland sehr populär ist. Wenn man in einem deutschen Restaurant ein Wasser bestellt, wird man gerne mal gefragt, ob man das Wasser mit oder ohne Kohlensäure haben möchte: Wenn sich CO_2 in Wasser löst, entsteht eine milde Säure, die Kohlensäure. Wenn sich also durch erhöhte atmosphärische CO_2-Konzentrationen mehr CO_2 in Wasser löst, fällt der pH-Wert geringfügig.

Welchen Schaden ein leichtes Versauern der Meere für die Ökosysteme der Weltmeere hat, darüber haben wir leider nur sehr vage Vorstellungen. Immer wieder genannt wird die Schädigung der Korallenriffe durch einen pH-Abfall, da die Bildung von Calciumcarbonat bei Ansäuerung eingeschränkt wird. Im Moment liegt der pH-Wert der Weltmeere bei 8,1. Bis Ende des Jahrhunderts wird ein Abfall auf 7,8 erwartet (der Ozean ist damit immer noch leicht alkalisch, aber saurer als zuvor; ein pH-Wert von 7 ist neutral, darunter sauer, darüber alkalisch).

Veränderungen der atmosphärischen CO_2-Konzentrationen und damit einhergehende Änderungen der ozeanischen pH-Werte gab es in der Erdgeschichte immer wieder. Bei den derzeitigen menschgemachten Veränderungen verlaufen sie jedoch schneller als je zuvor; die CO_2-Konzentrationen und die pH-Werte der Meere ändern sich in einem extrem kurzen Zeitraum [89].

Daneben gibt es wohl unschöne Rückkopplungsmechanismen auf das Weltklima, in dessen Autoregulationsmechanismen die Ozeane eine wichtige Rolle spielen, die wir bisher nur vage verstehen. Auf alle Fälle nehmen die Ozeane regelmäßig CO_2 auf (der Ausgangspunkt dieser Überlegungen zum Versauerungsprozess). Je niedriger aber der pH-Wert des Wassers ist (je saurer es ist), desto geringer ist die CO_2-Aufnahmekapazität. Dies könnte wiederum den atmosphärischen CO_2-Anstieg verstärken.

Mögliche Veränderungen der thermohalinen Zirkulation

Unterschiede in der Meerwasserdichte aufgrund unterschiedlicher Temperaturen und Salzgehalte sowie Wind, Wetter und die

Corioliskraft treiben die Strömungen der Weltmeere an. Diese thermohalinen Zirkulationen bestehen aus vertikalen und horizontalen Bewegungen der Wassermassen in den Meeren. Die Strömungssysteme bilden zusammen einen globalen Meerwasserkreislauf, über den alle Weltmeere miteinander verbunden sind. Der Antrieb der großen Ströme beruht auf dem Austausch von Wasser zwischen warmen Äquatorialregionen und kalten Polregionen. Somit liegt es auf der Hand, dass Klimaveränderungen nicht spurlos an der Zirkulation der Meeresströme vorbeigehen werden. Zudem bewirkt die Eisschmelze in den Polarregionen einen vermehrten Süßwassereintrag. Dadurch geht hier die Dichte des Wassers zurück, was insbesondere die Tiefenschichtung der Wassersäule beeinflusst.

Wie die thermohaline Zirkulation durch den Klimawandel beeinflusst wird, ist allerdings pure Spekulation angesichts der Tatsache, dass wir die thermohaline Zirkulation selbst bisher nur in groben Zügen verstanden haben, geschweige denn wirklich wissen, welche Komponenten im Gesamtmechanismus welche Rolle spielen und wie fragil oder antifragil das System ist.

In Europa haben wir aber immerhin begriffen, dass wir die vorteilhaften klimatischen Bedingungen in Nordeuropa in hohem Maße dem Golfstrom zu verdanken haben. Der Golfstrom ist eine thermohaline Meeresströmung, die warmes karibisches Wasser an der Südspitze Floridas vorbei in Nordostrichtung gen Europa führt. Sollte dieser Strom aus irgendwelchen Gründen schwächer werden oder versiegen, wird es kalt werden in Europa [90]. Europa ist nämlich aufgrund des Golfstroms wärmer als Orte auf vergleichbarer nördlicher geografischer Breite: Barcelona liegt wie New York auf dem 41. Breitengrad. Frankfurt liegt auf dem 50. Breitengrad, der auf der anderen Seite des Atlantiks durch Neufundland verläuft. Der 60. Breitengrad führt an der Südspitze Grönlands vorbei, und wenn man dem 60. Breitengrad auf dem Globus weiter westwärts folgt, kreuzt der Finger Namen, die wir mit Kälte und in Eis eingeschlossenen Expeditionen auf der Suche nach der Nordwestpassage assoziieren, wie Labradorsee und Hudson Bay. In Europa hingegen liegen mit Oslo, Stockholm,

Tallin und Helsinki vier Hauptstädte auf dem 60. Breitengrad sowie als Krönung eines der herausragenden Kultur- und Wirtschaftszentren der Menschheit, die 5-Millionen-Einwohnerstadt St. Petersburg. Auf diesem nördlichen Breitengrad liegen in Kanada nur noch Städte mit wenigen Zehntausenden Einwohnern. St. Petersburg wäre ohne Golfstrom nicht möglich.

Die Verlangsamung der Jet Streams und deren Effekt auf Wetterlagen

Wind entsteht durch großräumige Temperaturunterschiede, wobei Luftmassen aus Hochdruckgebieten in Tiefdruckgebiete fließen bis die Drücke sich angeglichen haben.

Jet Streams sind Starkwindbänder in der oberen Troposphäre und entstehen durch Temperaturunterschiede in Kombination mit der Erdrotation. Auf der Nordhalbkugel liegt kalte Luft über den Polen und warme Luft weiter südlich in mittleren Breiten bis runter zum Äquator. Der Temperaturgradient und Druckunterschiede führen zu Ausgleichsströmungen, welche die Antriebskräfte der Jet Streams sind. Die durch die Erdrotation bedingte Coriolis(schein)kraft bewirkt, dass polwärts gerichtete Luftmassen auf der Nordhalbkugel nach rechts und auf der Südhalbkugel nach links abgelenkt werden. Diese Ablenkung ist umso stärker je näher man sich den Polen nähert. In der Summe der Kräfte bewirken die Jet Streams, dass die Starkwindbänder in der Stratosphähre Nord-Süd wellenförmig um die Pole mäandern. Bei durch das Erwärmen der Arktis auf der Nordhalbkugel geringer werdenden Temperaturgradienten werden die Jet Streams langsamer. Dadurch erhöhen sich sich die Amplituden der wellenförmig um die Pole mäandernden Starkwindbänder, wodurch Kaltluftzonen weiter in den Süden und Warmluftzonen weiter in den Norden getragen werden. Für Europa sind die Jetsreams massgeblich am Wetterwechsel beteiligt, da sie in mehr oder weniger rascher Folge Hoch und Tiefdruckgebiete vom Nordatlantik nach Europa tragen. Langfristig stationäre Hochdruckgebiete über Europa könnten häufiger werden. So lag im Sommer 2018 ein solches stationäres Hochdruckgebiet monatelang über Nordeuropa, was monatelang stabil warmes Sommerwetter bis in höhere nördliche Breiten bescherte, jedoch aufgrund mangelnder Niederschläge zum Problem für die europäische Landwirtschaft wurde [91]. Weltweit werden jedes Jahr Getreideertragsüberschüsse produziert, so auch 2018, jedoch deutet sich ein Rückgang der weltweiten Getreideerträge an.

(2) Führt der Anstieg der CO_2-Konzentration zur Erwärmung der Erdatmosphäre?

Die nächste Frage ist, ob die Erhöhung der CO_2-Konzentration zu einer Erwärmung der Atmosphäre führt. Das Wort Treibhauseffekt ist uns inzwischen im Zusammenhang mit der Klimawandeldebatte geläufig. Aber was verbirgt sich dahinter?

Die wichtigste Energiequelle für das Leben auf der Erde ist die Sonne. Die UV-Strahlen der Sonne strahlen durch die Atmosphäre auf die Erde und erwärmen den Boden und das Wasser. Diese Energiezufuhr ist die Voraussetzung für das Leben. Ein Teil der Wärmestrahlung wird als Infrarotstrahlung reflektiert, sodass die Erdoberfläche nicht überhitzt. Ohne Atmosphäre mit ihren Treibhausgasen würden diese Infrarotstrahlen ungehindert ins Weltall abgestrahlt werden. Ohne Atmosphäre wäre es wesentlich kälter auf der Erde. Das Leben, wie wir es kennen, wäre kaum möglich. Treibhausgase reflektieren einen Teil der Infrarotstrahlung wieder zur Erdoberfläche zurück. Die wichtigsten Treibhausgase sind Wasserdampf (H_2O), Kohlendioxid (CO_2), Methan (CH_4), Lachgas (N_2O) und Ozon (O_3). Aufgrund langer Verweilzeiten in der Atmosphäre und deren Treibhauspotenzial ist auch das Nachwirken der inzwischen weltweit verbotenen Fluorchlorkohlenwasserstoffe (FCKW) zu berücksichtigen, die auch als Montreal-Gase bezeichnet werden, nach dem Montrealer Protokoll, das 1989 in Kraft trat und deren weltweiten Bann beschloss.

Veränderungen der atmosphärischen Konzentrationen dieser Treibhausgase wirken sich also auf den Energie- und Wärmehaushalt der Erde aus. Solche Veränderungen hat es immer schon gegeben. Im Kapitel über Massenaussterben gebe ich die von Geologen geschätzten Kohlendioxid- und Sauerstoff-konzentrationen zu einigen Zeitpunkten vor mehreren hundert Millionen Jahren an. Wenn mehr Treibhausgase vorhanden waren, wärmte sich die Erde in der Regel auf. Dies war wohl zum Beispiel an der Perm-Trias-Grenze der Fall, als das größte Massenaussterben in der Geschichte komplexeren Lebens stattfand. Allerdings waren die Veränderungsprozesse sehr langwierig. Sogar der von Geologen als sehr schnell eingeschätzte CO_2- und Methananstieg vulkanischer Genese, der wohl an dem Massenaussterben an der Perm-Trias-Grenze maßgeblich beteiligt war, dauerte mehrere Hunderttausend Jahre. Seit der Industrialisierung ist der CO_2-Gehalt der Atmosphäre von etwa 280 ppm auf über 400 ppm gestiegen – ein Anstieg um 43 % in gerade mal zwei- bis dreihundert Jahren!

Das United Nations Intergovernmental Panel on Climate Change (IPCC) wurde 1988 ins Leben gerufen und hat 1990 erstmals eine ausführliche Zusammenfassung der wissenschaftlichen Erkenntnisse zum Klimawandel publiziert. Weitere Weltklimaberichte folgten in den Jahren 1995, 2001, 2007 und 2014. Der nächste Weltklimabericht ist für 2022 angekündigt. In diesen Berichten finden sich auch Zusammenfassungen der Treibhausgaskonzentrationen in der Atmosphäre basierend auf atmosphärischen Messungen und Eisbohrkernmessungen.

Die folgende Tabelle 4 basiert auf Zahlen aus dem Weltklimabericht 2014. Sie gibt einen Überblick über die Entwicklung der vier wichtigsten Treibhausgase CO_2, Methan (CH_4), Lachgas (N_2O) und FCKW (Fluorchlorkohlenwasserstoffe) an, die zusammen einen Anteil von fast 99 % am durch den RF (Radiative Forcing = Strahlungsantrieb) quantifizierten Treibhauseffekt haben.

Tabelle 4: Treibhauspotenzial von CO_2, Methan (CH_4), Lachgas (N_2O) und FCKW, deren Treibhausgaskonzentrationen in den Jahren 1750, 2005 und 2011 sowie deren anteilige Wichtigkeit an der Treibhauswirkung angegeben in % des RF (Radiative Forcing)

	Treib-haus-poten-zial	Konzentration in ppm ppb oder ppt			RF in W/m²		% des RF	
		vor 1750	2005	2011	2005	2011	2005	2011
CO_2 (ppm)	1	280	379	391	1,66	1,82	62,3 %	64,3 %
CH_4 (ppb)	28	730	1774	1803	0,47	0,48	17,8 %	17,0 %
N_2O (ppb)	298	270	319	324	0,16	0,17	6,1 %	6,0 %
FCKW* (ppt)		0	1193,6	1196,4	0,331	0,330	12,5 %	11,6 %
Montreal**		0	1024,6	983,4	0,33	0,33		
Andere								
Gesamt					2,64	2,83		

ppm = parts per million, ppb = parts per billion, ppt = parts per trillion
Zu ppb: One billion entspricht einer Milliarde im Deutschen = 10^9,
Zu ppt: und one trillion entspricht einer Billion im Deutschen = 10^{12}
* Montreal-Gase. Summe der CFCs, HCFCs, CH3CCl3, CCl4 (englische Nomenklatur gemäß IPCC Bericht von 2014)
** Montreal-Gase ohne Chlordifluormethan (HCFC-22), also gewissermaßen Gase, bei denen das Montrealer Protokoll wirkt

Das Treibhauspotenzial eines Gases gibt dessen Treibhauswirkung in CO_2-Äquivalenten bezogen auf 100 Jahre an. Methan zum Beispiel hat ein Treibhauspotenzial von 25. Demnach trägt ein Kilogramm Methan in den ersten 100 Jahren nach der Freisetzung 25 Mal mehr zum Treibhauseffekt bei als ein Kilogramm CO_2. Manchmal ist das Treibhauspotenzial auf 20 Jahre angegeben. Dieses liegt höher (für Methan bei 84), da nach 20 Jahren noch mehr von der initial ausgestoßenen Menge des Treibhausgases in der Atmosphäre erhalten ist als nach 100 Jahren.

Wenn man das hohe Treibhauspotenzial anderer Gase sieht, könnte man fragen, warum wir denn unseren CO_2-Ausstoß verringern wollen, wenn die Treibhauswirkung eines Liters CO_2 derart gering ist. Nun, die Menge macht's. Kein anthropogenes anderes Treibhausgas wird mehr ausgestoßen als CO_2. Im Jahr 2017 wurden mehr als 40 Gigatonnen durch Verbrennung gebundener Kohlenstoffe (fossile Brennstoffe) freigesetzt. Bei der Betrachtung der obigen Tabelle darf man sich nicht von den höheren absoluten Zahlen für Methan täuschen lassen. Die CO_2-Werte werden in ppm und die Methanwerte in ppb wiedergegeben (der um den Faktor 10^3 kleiner ist).

Um die kombinierte Wirkung ausgestoßener Treibhausgasmengen und deren Treibhausgaspotenzial zu erfassen, muss man das Radiative Forcing (RF) betrachten. Der CO_2-Ausstoß seit 1750 machte etwa 64,3 % des Treibhauseffekts im Jahr 2011 aus, der Methan-Ausstoß nur 17 %. Methan wird auch anthropogen produziert, insbesondere durch Rinderhaltung und Reisanbau. Seit 1750 hat sich der Methangehalt in der Atmosphäre mehr als verdoppelt. Laut Schätzung im IPCC-Weltklimabericht ist etwa die Hälfte des jährlichen Methanausstoßes anthropogen [89] (TS2.8.3, Seite 52).

Einem Klimakatastrophenszenario zufolge sind enorme Freisetzungen von Methangas aus dem auftauenden Permafrostboden zu befürchten, ein Vorgang, der nach Berichten aus dem hohen Norden im letzten Jahrzehnt beobachtbar geworden sein soll und 2016 durch die Bildung massiver methangasgefüllter Bodenwölbungen in Sibirien besonders dramatisch sichtbar wurde [92]. Wenn der prozentuale Anteil des Methans am RF seit 1750 zwischen 2005 und 2011 geringfügig zurückgegangen ist, bedeutet dies lediglich, dass der Anstieg der CO_2-Konzentration in der Atmosphäre noch stärker war als der Methangasanstieg. Zugenommen hat die Konzentration beider Treibhausgase.

Maßnahmen gegen den Treibhauseffekt

Zurückgegangen sind also nur die FCKW, ein erfreulicher Effekt des im Montrealer Protokoll verankerten weltweiten Banns der FCKW. Das Treibhauspotenzial der FCKW ist unterschiedlich, kann aber abhängig vom jeweiligen Gas mehrere Tausend CO_2 Äquivalente betragen. Für das den größten Teil des RF ausmachende Trichlorofluoromethan (CFC-11) liegt das Treibhauspotenzial um die 5000 CO_2 Äquivalente. Bei einigen teilweise noch potenteren Treibhausgasen fällt das Treibhauspotenzial jedoch kaum ins Gewicht, da sie nur in sehr geringen Mengen anfallen.

Das Montrealer Protokoll, das im Wesentlichen zum Schutz der Ozonschicht abgeschlossen wurde, kommt also auch dem Klimaschutz zugute. Die atmosphärischen Konzentrationen der Montreal-Gase sind zwischen 2011 und 2004 messbar gesunken, allerdings nur, wenn man das Chlordifluormethan (HCFC-22) ausklammert. Chlordifluormethan schädigt auch die Ozonschicht, jedoch weniger als zum Beispiel CFC-11 (Trichlorfluormethan). Es fand schnell als Ersatzkühlmittel breite Anwendung. In der EU und den USA ist Chlordifluormethan zwar verboten, jedoch ist dessen Verwendung als Kühlmittel in Entwicklungs- und Schwellenländern stark gestiegen [93]. Das Treibhauspotenzial von Chlordifluormethan liegt bei 1810 CO_2-Äquivalenten. Das Treibhauspotenzial von CFC-11 (Trichlorfluormethan) liegt bei 4750 CO_2-Äquivalenten. Die im Frühjahr 2018 gemeldeten Verstösse gegen das Montreal Protokoll eines (oder mehrerer) noch nicht identifizierter Akteure, die illegal CFC-11 (Trichlorfluormethan) emittieren sind also sehr ernst zu nehmen [94, 95], da sie einerseits zum Treibhauseffekt beitragen und andererseits die Ozonschicht schädigen (wofür sie im Montrealabkommen verboten wurden).

Aber genügt es denn, wenn wir unsere Emissionen reduzieren? Wahrscheinlich nicht. Auch wenn es uns gelingen würde, ab jetzt alle Treibhausgasemissionen zu verhindern, würde sich der Erderwärmungsprozess fortsetzen, denn wir müssen davon ausgehen, dass der Prozess der Klimaerwärmung durch die bereits in der Atmosphäre befindlichen Treibhausgase vorangetrieben wird. Natürlich ist es dringend geboten, die Treibhausgasemissionen zur reduzieren. Das Montrealer Protokoll zeigt messbare Effekte bei den FCKW und ist ein Paradebeispiel für die Sinnhaftigkeit und Wirksamkeit bindender globaler Klimaabkommen. Somit ist es auch ein Gegenargument gegen fatalistische Stimmen, die politische Abkommen zum Klimasschutz für sinnlos und überflüssig halten.

Was aber, wenn wir schon (ohne es zu wissen) über den Punkt hinaus sind, an dem eine Klimakatastrophe durch Emissionsreduktion noch abgewendet werden könnte? Dann könnten wir nur noch auf Innovationen hoffen, die es ermöglichen, Treibhausgase wieder aus der Atmosphäre zu entfernen. Wie das gehen soll, ist mir allerdings ein Rätsel. Vor allem: Hätten wir den Prozess dann unter Kontrolle oder würden wir nur eine katastrophale Entwicklung durch eine andere ersetzen? Wir sollten auf alle Fälle hoffen, dass das Weltklima tatsächlich so resilient und antifragil ist, wie es einige Klimawandelskeptiker proklamieren. (Zur Erklärung des Begriffes Antifragil siehe [96]).

Weitere den Treibhauseffekt antreibende Prozesse

Derzeit gelingt es jedoch nicht einmal, die Emissionen an Treibhausgasen zu reduzieren. Hinzu kommen Mechanismen, durch die sich der Treibhauseffekt selbst verstärken kann. Die Gefahr des Austritts von Methangas aus dem auftauenden Permafrostboden habe ich schon erwähnt.

Das Auftauen des Polareises kann zu einer weiteren Zunahme der Aufwärmungsdynamik führen. Durch die Reduktion der Eisfläche gehen potente Reflektoren für das Sonnenlicht verloren, wodurch mehr Sonnenenergie in der Atmosphäre gespeichert wird. Wir müssen davon ausgehen, dass der größte Teil der Energiespeicherung für uns im Moment noch kaum spürbar ist, da sie in den Weltmeeren erfolgt. Welche Auswirkungen die Erwärmung und Versauerung der Meer auf die aquatischen Ökosysteme hat, kann im Moment nur erahnt werden. Es gibt jedoch die Befürchtung, dass durch ein Absterben des Phytoplanktons die Basis der Nahrungspyramide der Weltmeere zerstört wird und dadurch das ganze Ökosystem vom Plankton bis zum Wal in Gefahr gerät [97, 98]. Zudem sind alle chlorophyllhaltigen Pflanzen wie das Phytoplankton CO_2-Absorbierer, die auch noch ausfallen würden. Hoffnungsfrohere Stimmen verweisen jedoch darauf, dass es durch Erwärmung und Kohlenstoffeintrag zu einem starken Wachstum des Phytoplanktons kommt, das als Regulativ wirken und das Weltklimasystem widerstandsfähiger machen könnte. Phytoplankton spielt zweifellos eine Schlüsselrolle im CO_2-Haushalt der Ozean und damit der Atmosphäre [99].

Möglicherweise ist das wirkliche Ausmaß der Energieaufnahme durch die Weltmeere größer, als wir es im Moment spüren können, da der Prozess der Eisschmelze sehr energieaufwendig ist. Wenn Sie einen Topf voll Eis auf ein Feuer stellen und ständig rühren, schmilzt das Eis, jedoch bleibt die Wassertemperatur bei 0 Grad, solange genügend Eis vorhanden ist, um die zugeführte Wärmeenergie in Schmelzenergie umzuwandeln. Erst wenn die Eismenge gering geworden oder das Eis gänzlich geschmolzen ist, wärmt sich das Wasser auf, dann jedoch sehr schnell. Wenn man die (zugegebenermaßen stark simplifizierte) Topfanalogie auf die Weltmeere überträgt, steht uns dort nach der Eisschmelze noch ein starker Temperaturanstieg in möglicherweise kurzer Zeit bevor. Außerdem kann eine starke Erwärmung der Meere insbesondere in flacheren Kontinentalschelfmeeren zu weiteren Freisetzungen von gefrorenem Methan am Meeresgrund führen. Ein dritter Effekt der Eisschmelze ist der durch das Abschmelzen des Festlandeises erwartete Anstieg des Meeresspiegels. Viertens könnten sich durch das Schmelzen des Eises die darin enthaltenen Süßwasserreserven in Salzwasser auflösen.

Wie bereits angedeutet sind chlorophyllhaltige Pflanzen in der Lage, CO_2 umzusetzen und somit aus der Atmosphäre zu entfernen. Ob sich durch Begrünung des Planeten eine Trendumkehr bewirken lässt, kann nicht als garantiert angesehen werden. Aber zumindest ist es kein Fehler, sich um Begrünung großer Landflächen zu bemühen oder zumindest den Rückgang der Vegetation auf der Erde zu stoppen. Dem steht leider eine wachsende Weltbevölkerung und ein damit einhergehender großer Landhunger der Spezies *Homo sapiens* entgegen. Eine der gängigsten Landrodungsmethoden ist die Brandrodung, die nicht nur zur Initialrodung verwendet, sondern regelmäßig eingesetzt wird, zum Beispiel in Trockensavannen während der Trockenzeit zum Abbrennen des vertrockneten Grases (auch auf Flächen, die nicht landwirtschaftlich genutzt werden). Auch bei der Brandrodung wird das in der Biomasse gebundene CO_2 frei und trägt als Treibhausgas zur Klimaerwärmung bei.

Schmilzt das arktische Eis tatsächlich?

Ich habe bereits dargelegt, welche Effekte die Eisschmelze haben kann. Der Rückgang der weißen Reflexionsfläche verstärkt den Treibhauseffekt, da weniger thermische Energie der Sonne ins Weltall reflektiert wird. Zudem steigt beim Abschmelzen von Festlandeis der Meeresspiegel.

Durch Satelliten lässt sich die Ausdehnung des arktischen Eises sehr gut beobachten. Allerdings gibt es diese Beobachtungsdaten erst seit 1979. Erdgeschichtliche Vergleiche lassen sich mit einem solchen kurzen Beobachtungszeitraum nicht anstellen. Während man über Eisbohrkerne, wie oben beschrieben, Daten über die Zusammensetzung der Atmosphäre in lange vergangenen Zeiten messen kann, ist die Abschätzung der arktischen Eisausdehnung in vergangenen Zeiten spekulativ und basiert auf alten Berichten und Seekarten. Schätzungen zur Eisausdehnung in vormenschlichen Zeiten sind noch unsicherer. Auf den Satellitenbildern sieht man natürlich ausgeprägte jahreszeitliche Schwankungen mit maximalen Ausdehnungen im arktischen Winter und Minimalausdehnungen im arktischen Sommer.

Abbildung 5 zeigt die Eisfläche des arktischen Eises in den Junimonaten zwischen 1979 und 2018. Die Eisfläche hat also von etwa 12.5 Mio. km² auf 10.7 Mio. km² abgenommen (14,4 % Verlust).

Das Gefälle der Regressionsgerade entspricht einer Abnahme von
3,7 % pro Dekade.

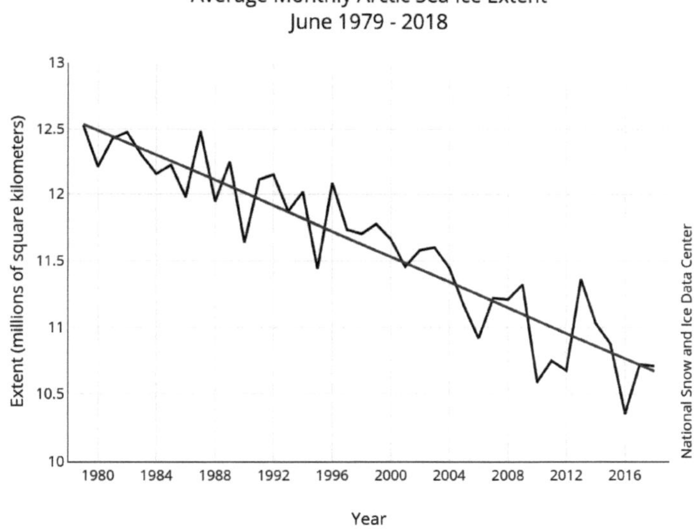

Abbildung 5: Ausdehnung der arktischen Eisfläche in den Junimonaten
1979–2018. [100] Quelle: (US)-National Snow and Ice Data
Center (http://nsidc.org/), University of Colorado, Boulder.

Außer der Gesamtfläche des Meereises ist aber auch die Qualität
des Eises von Interesse. Junges, in der gerade stattfindenden Win-
tersaison frisch entstandenes Eis ist dünn, fragil und schmilzt
leichter. Zudem lässt dünnes Eis Sonnenstrahlung durch, die
wiederum das unter dem Eis liegende Wasser erwärmt. Das ro-
bustere „alte" Eis nimmt jedoch von Jahr zu Jahr ab. Insbesondere
die Beaufortsee, das nördlich von Kanada und Alaska liegende
Becken des Nordpolarmeers, beherbergt große Flächen robusten
alten Eises, also Eises, das im Sommer nicht schmilzt. Gerade
dieses Eis ist in den letzten 30 Jahren stark zurückgegangen.

Die Nordwestpassage, deren Suche die Nordmeerexpeditionen des 18. und 19. Jahrhunderts motiviert hatte, ist inzwischen in den Sommermonaten befahrbar. Hierdurch verkürzt sich der Seeweg von Europa nach Japan (Rotterdam–Tokio) von 21.100 km auf 15.900 km. Im Sommer 2007 war auch die Nordostpassage erstmals eisfrei, wodurch sich die mit 14.100 km kürzeste Rotterdam-Tokio-Schiffsroute öffnete. Je näher Schiffe am Nordpol vorbeifahren können, umso mehr verkürzen sich beide Nordpassagen. Im August 2008 waren beide Nordpassagen für einige Wochen gleichzeitig eisfrei, und auch in den Folgejahren trat jeweils im Spätsommer Eisfreiheit in beiden Nordpassagen auf. Im Sommer 2017 durchfuhr erstmals ein Flüssiggastanker ohne Eisbrecherbegleitung die Nordostpassage von Norwegen nach Südkorea [101].

Für das Weltklima ist dies sicherlich eine besorgniserregende Entwicklung. Wirtschaftlich wird der Eisrückgang im Nordmeer zum Entstehen eines Wirtschaftsraums Nordmeer führen. Davon würden insbesondere Kanada, die USA, Russland, Norwegen und Dänemark profitieren. Das hier auch schlummernde Konfliktpotenzial, wenn geklärt werden muss, wer welches arktische Öl- oder Gasfeld ausbeuten darf, lässt sich nur erahnen. Aber vielleicht kann die Beteiligung der USA am Wirtschaftsraum Nordmeer deren panische Angst vor der Konsolidierung eines eurasischen Wirtschaftsraums abmildern. Oder aber wir schlittern in die nächsten Rohstoffkonflikte, diesmal im Nordmeer. Für das Ökosystem Nordmeer wäre eine kriegerische Auseinandersetzung sicherlich katastrophal.

Um auf unsere Frage zurückzukommen, ob das arktische Eis wirklich schmilzt: Ja, das ist im Moment der Fall. Ist das schlimm? Möglicherweise.

Schmilzt das antarktische Eis?

Ist die Antarktis das südliche Pendant zur nördlichen Arktis, sodass die Prozesse dort ähnlich, nur um sechs Monate verschoben ablaufen? Nein, so einfach ist es nicht. Fangen wir mit den offensichtlichen Unterschieden an: In der Arktis (Nordpol) gibt es Eisbären, in der Antarktis (Südpol) Pinguine. In den Monaten, in denen auf der Nordhalbkugel Winter ist, ist in der Antarktis auf der Südhalbkugel Sommer. Der Südpol liegt in der Antarktis inmitten eines eigenen Kontinents, während der Nordpol in einem durch die eurasischen und nordamerikanischen Nordränder umschlossenen (noch) gefrorenen Binnenmeer liegt (dessen Eisfläche, jedoch wie oben beschrieben, zurückgeht).

Eis schwimmt im Wasser, da es eine niedrigere Dichte als Wasser hat. Wenn schwimmendes Eis schmilzt, ändert sich der Wasserspiegel nicht (sonst würde ein randvolles Glas mit Eiswürfeln überlaufen, wenn man diese schmelzen lässt). Wenn wir von einer drohenden Erhöhung des Meeresspiegels sprechen, interessiert uns also das Landeis. In der Antarktis sind ungeheuerliche Mengen Wasser in Form von Landeis gebunden. Ein Schmelzen dieses Landeises würde in der Tat zum Anstieg des Meeresspiegels führen. Zusätzlich steigt der Meeresspiegel durch die Ausdehnung des Wassers, wenn dieses im Durchschnitt wärmer wird (gilt für Wasser ab 4 Grad Celsius).

Die scheinbar banale Frage, ob die Landeismassen der Antarktis über lange Sicht zu- oder abnehmen, ist sicherlich wichtig, allerdings auch nicht leicht zu beantworten. Durch das feuchte Seeklima, das den antarktischen Kontinent umgibt, schneit es dort viel. Dadurch erhöht sich die in gefrorenem Zustand gebundene Wassermasse. Allerdings wird das antarktische Gletschereis durch Eisströme Richtung See getrieben, wo sich große schwimmende Eisplatten bilden und Gletscher abkalben. Gleichzeitig schneien aber auch immer wieder zuvor verdunstete Wassermassen über der Landfläche der Antarktis ab.

Wenn der Eistransfer vom Land zum Meer durch Eisströme und der Eistransfer vom Meer zum Land durch Schneefälle ausbalanciert wären, wäre von der Antarktis keine Änderung des Meeresspiegels zu erwarten. Schneefall ist ein eher kontinuierlicher Prozess, während das Abkalben ausgedehnter Eisfelder sehr spektakulär verlaufen kann. Wenn sich das Klima auf der Südhalbkugel erwärmt, verdunstet mehr Wasser. Dadurch sollte die

Schneefallmenge auf dem antarktischen Kontinent zunehmen, jedoch auch die an den Rändern abkalbenden Eismengen. Der Umsatz würde sich also erhöhen – aber würde sich die Bilanz in die eine oder die andere Richtung entwickeln?

Das antarktische Meereis lässt sich durch Satellitenaufnahmen gut verfolgen. Im Winter bildet es eine Fläche, die sich in alle Richtungen um die antarktische Landmasse ausdehnt, im Sommer jedoch schmilzt es fast vollständig bis an den Rand der Kontinentalmasse. Das antarktische Meereis ist somit größtenteils junges, nicht mehrjähriges Eis. Die jahreszeitlichen Schwankungen sind seit Beginn der Satellitenaufnahmen im Jahr 1979 typisch und jedes Jahr ähnlich ausgeprägt. Eine Zu- oder Abnahme der Meereisfläche um die Antarktis zwischen 1979 und 2018 ist nicht so klar erkennbar wie die Abnahme des Meereises am Nordpol.

Um abzuschätzen, ob das Landeis über lange Sicht zu- oder abnimmt, ist die Volumenabschätzung, also die Eisdicke entscheidend, da die Eisfläche durch den antarktischen Kontinent fixiert ist. Es gibt durchaus Arbeiten, die solche Schätzungen vorgenommen haben. Die Schätzung der Eismassen ist aber aufgrund der oben beschriebenen komplexen Zu- und Abnahmemechanismen schwierig. Deshalb scheint die Studienlage für die Antarktis auf den ersten Blick nicht so eindeutig wie für die Arktis. Allerdings deutet sich auch für die Antarktis eine Eisschmelze an, deren Konsequenz auch ein Anstieg des Meeresspiegels (Landeisschmelze!) wäre [102]. Im Jahr 2018 veröffentlichte Studien scheinen nicht nur die Hypothese zu bestätigen, dass auch die Antarktis abschmilzt, sondern, dass dieser Prozess sich beschleunigt. Demnach habe sich die Abschmelzrate in der letzten Dekade verdreifacht. Der jährliche Eisverlust wird in seit 2012 auf 219 Milliarden Tonnen Eis pro Jahr geschätzt, in der ersten Dekade des Jahrtausends auf 73 Milliarden Tonnen Eis [103]. Neben dem schon länger sorgenvoll beäugten Schmelzen der Westantarktischen Gletscher scheint auch die Ostantarktis in großen Mengen Eis durch Abschmelzen und Abkalben zu verlieren [104].

Steigt der Meeresspiegel?

Lokale Pegelmessungen sind seit Jahrhunderten an Meeres- und Flussküsten üblich. Solche Pegel liefern wertvolle Daten über die lokal stattfindenden Prozesse, die für das lokal-adaptive Handeln herangezogen werden. Da der Meeresspiegel in verschiedenen Regionen zu verschiedenen Zeiten enorm schwankt (man denke nur an die Gezeiten, die in Teilen der Nordsee Pegelschwankungen von mehreren Metern verursachen), lassen sich Änderungen des Gesamtmeeresspiegels, die ja eher im Millimeterbereich liegen und in Jahresdimensionen gemessen werden, auch durch Zusammenfassung vieler lokaler Pegelmessungen schwer abschätzen. Dennoch wurde aus Pegeldaten des 20. Jahrhunderts geschätzt, dass der Meeresspiegel um etwa 17 cm in 100 Jahren gestiegen sei [105].

Globale Meeresspiegelmessungen sind erst durch die Satellitentechnologie in den 1990er Jahren möglich geworden. Sie deuten aber darauf hin, das der Anstieg des Meeresspiegels bei einer globalen Gesamtbetrachtung mit 3,2 mm pro Jahr zwischen 1993 und 2012 noch stärker war, als die Pegeldatenauswertungen ergaben. Dies könnte durch Interdekadenschwankungen bedingt sein oder – etwas beunruhigender – auf eine Beschleunigung des Anstiegs hindeuten.

Die Ergebnisse unterliegen starken jährlichen Schwankungen und sind regional sehr unterschiedlich, sowohl was den Meerespiegel als auch dessen Zu- oder Abnahme angeht: In einigen Regionen stieg der Meeresspiegel besonders stark und in anderen sank er sogar. Die stärksten Anstiege waren im westlichen Pazifik um Indonesien und insbesondere westlich der Philippinen zu verzeichnen [105-107]. Die regionalen Unterschiede sind auf Wind, Strömungen, Wellenausbreitung und Meeresgrundprofil, tektonische Profiländerungen und die Mondanziehungskraft zurückzuführen [108].

Die Messdaten deuten an, dass der Meeresspiegel insgesamt betrachtet steigt. Dies ist konsistent mit der Erwartung einer Zunahme der Meereswassermenge durch Abschmelzen von Festlandeis.

Wenn der Meeresspiegelanstieg konstant bleibt, also mit derselben Geschwindigkeit steigt, wie das im 20. Jahrhundert der Fall war, können wir einen weiteren Anstieg um etwa 20 cm bis Ende des 21. Jahrhunderts erwarten. Allerdings würde bei einem vermehrten Abschmelzen des Festlandeises der Süßwassereintrag in die Weltmeere zunehmen und der Meeresspiegel noch stärker steigen.

Konsequenzen eines Meeresspiegelanstiegs und extremer Stürme

Die Wirkung, die ein Anstieg des Meeresspiegels hätte, kann man sich recht anschaulich vorstellen. Auch lassen sich die potenziell betroffenen Gebiete einfach identifizieren: Es handelt sich um tiefliegende Küstenregionen. Diese sind in der Regel dicht besiedelt. Besonders bedroht sind Mündungsgebiete großer Flüsse mit ausgedehnten Deltas.

Ein steigender Meeresspiegel kann direkt durch Überschwemmungen bedrohlich wirken oder indirekt durch Versalzung des Grundwassers und der küstennahen Böden. Zusätzlich senken sich die ohnehin schon fast auf Meeresspiegel liegenden Deltas weiter ab: Durch Stauwehre wird auch Sand zurückgehalten, weshalb weniger Sand im Delta ankommt; hinzu kommen Sandausbeutung für Baustoffe und die Absenkung des Grundwassers [109]. Ein Beispiel für ein in dieser Hinsicht sehr fragiles Gebiet ist das nicht mehr als zwei Meter über dem Meeresspiegel liegende Nildelta Ägyptens, eines der ältesten Ackerbaugebiete der Menschheit. Die Bevölkerungsdichte liegt hier bei bis zu 1600 Menschen pro Quadratkilometer.

Umsiedlungsmöglichkeiten sind in Ägypten beschränkt, da die inzwischen auf 100 Millionen Einwohner angewachsene Bevölkerung Ägyptens schon jetzt auf einem schmalen Streifen links und rechts des Nils und im Nildelta konzentriert lebt. Landesteile fernab des Nils sind Wüste und kaum bewohnbar. Flussdeltas bieten hervorragende Bedingungen für Ackerbau, da der angeschwemmte Flussschlamm fruchtbare Böden schafft und die Bewässerung leicht machbar ist.

In Bangladesch sind Überschwemmungen während des Monsuns schon jetzt eine wiederkehrende Naturkatastrophe. Wenn nun noch der Meeresspiegel steigt, werden nicht nur die Wassermassen bei Überflutungen zunehmen, sondern auch die Schäden größer und bleibender: Salzwasserüberschwemmungen zerstören die Böden und das Grundwasser, und Reis, der in Bangladesch ein Grundnahrungsmittel ist, wird in einer Salzlake nicht gedeihen. Derzeit leben in Bangladesch etwa 165 Millionen Menschen auf einer Fläche von 147.570 km^2 knapp über dem Meeresspiegel. Die Bevölkerungsdichte liegt somit bei 1111 Einwohnern pro km^2. Damit ist Bangladesch der am dichtesten besiedelte Flächenstaat der Welt. Das Bevölkerungswachstum ist inzwischen zwar schon stark zurückgegangen, liegt jedoch immer noch bei etwa 1,1 % im Jahr 2016. Die Verdoppelungszeit der Bevölkerung bei stabilem Wachstum wäre somit 70/1,1 = 64 Jahre. Gleichzeitig wird in den nächsten Jahrzehnten in Bangladesch ein großflächiger Verlust des bewohn- und kultivierbaren Landes durch Überflutungen und Versalzung erwartet. Einige Landesteile könnten dauerhaft zu Meer werden. Letztendlich werden Menschen im zweistelligen Millionenbereich eine neue Heimat suchen. Indien hat die Grenze zu Bangladesch bereits durch Mauern und Zäune abgeriegelt.

Das Wort „Meeresspiegelerhöhung" klingt für mich zunächst wie ein schleichender Prozess, bei dem sich der Wasserspiegel erhöht und die Folgen darin bestehen, dass das Wasser allmählich die Uferlinien hinaufkriecht. Diese mechanistische Vorstellung ist natürlich nicht vollkommen verkehrt und bei einem Meeresspiegelanstieg über mehrere Meter ist es einleuchtend, tiefliegende Küstenregionen unter dem Meeresspiegel verschwinden zu sehen. Um dies zu verhindern, werden die Deiche erhöht. In Holland ist dies schon seit Jahrhunderten gang und gäbe. Die Holländer wissen aber auch, dass der Deich nicht nur ein wenig höher als der Meeresspiegels sein muss, sondern dass es extreme

Fluten sind, bei denen sich der Hochwasserschutz bewähren muss.

Wenn wir den Meeresspiegelanstieg in den nächsten Jahrzehnten spüren, dann am ehesten indirekt über die Verstärkung des Effekts extremer Wettersituationen. Der heftige Hurrikan Katrina hat 2005 im Südwesten der USA im Flussdelta des Mississippi großflächige Überschwemmungen ausgelöst, obwohl der normale Meeresspiegel noch mehrere Meter unter den Rändern der Deichlinie stand. Seitdem haben die Amerikaner sehr aufwendige Küstenschutzmaßnahmen ergriffen. Als Baufundament sind Flussdealtas jedoch ein Albtraum für jeden Ingenieur. Wasserschutzbarrieren sind, wenn sie solide verankert sein sollen, technisch aufwendig, da man für die Verankerung tief in den Boden gehen muss, bevor man auf soliden Untergrund stößt.
Neben Stürmen können Erdbeben durch Tsunamis zu Überflutungen führen, so sind der Tsunami, der am 11.März 2011 Japan traf und der Tsunami der am 2. Weihnachtsfeiertag 2004 im Indischen Ozean um sich griff in unsere kollektive Erinnerung übergangen. Aber auch Europa ist vor Tsunamis nicht sicher. Am 1. November 1755 wurde die portugiesische Hauptstadt Lissabon von einem Tsunami zerstört. Wenn wir uns hier Gedanken über schmelzende Gletscher machen, ist das „Storegga Ereignis" von besonderem Interesse. Vor etwa 8000 Jahren in einer Zeit starker Gletscherschmelze, kam es im Nordatlantik vor der Küste Norwegens zu einem ausgedehnten Abrutschereignis mit Abbruch der Schelfkante, der sogenannten Storegga-Rutschung, Durch die unterseeische Massenbewegung wurde ein gewaltiger Tsunami ausgelöst, dessen Spuren an den Atlantikküsten nordeuropäischer Staaten nachweisbar sind [110].

Ähnliche Ereignisse könnten sich auch durch den derzeit stattfindenden Festlandeisverlust einstellen. Das Gewicht des Festlandeises der Antarktis oder Grönlands hat die Landmasse mehrere hundert Meter in den Mantel der Erde gedrückt. Wenn dieses Eis abschmilzt, wird die Landmasse wieder langsam ansteigen [111] (Postglaziale Landhebung). Mit der Landmasse steigen auch aktive geologische Strukturen, wie Vulkane und Magmalager auf.

Zudem kann der Anstieg der Landmasse zu weiteren geologischen Spannungen und Verwerfungen und Magmafreisetzung aus dem in Bewegung geratenen Erdmantel führen. Kurzum, Geologische Aktivitäten durch den Verlust der Landeismasse erscheinen plausibel. Hierdurch könnte es zu Vulkanausbrüchen, Erd- und Seebeben und Tsunamis kommen.

Stürme und Fluten treffen uns umso stärker je höher der Meeresspiegel ist. Wenn ich in der Badewanne liege und langsam das Wasser einlaufen lasse, werde ich mein Badezimmer nicht unter Wasser setzen, solange ich ruhig im Wasser liege, selbst wenn der Badewasserspiegel schon kurz unter dem Badewannenrand steht. Wenn ich mich aber heftig bewege, mich umdrehe, meinen Dickschädel untertauche oder wild mit den Beinen schlage, schwappt das Wasser über die Ränder, selbst wenn der Wasserspiegel noch deutlich unter dem Badewannenrand liegt. In meinem Badezimmer manifestiert sich eine Hochwasserkatastrophe, die umso heftiger ausfällt, je stärker ich mich bewegt habe und je höher der Wasserspiegel vor Beginn meiner motorischen Überaktivitäten stand.

Um gefährdete Gebiete zu identifizieren, muss ich aber gar nicht in ferne Länder schauen. Hamburg liegt sechs Meter über dem Meeresspiegel. Obwohl etwa 80 Kilometer von der Nordsee entfernt, sind die Gezeiten hier in der Elbe deutlich spürbar. Von meinem Büro aus habe ich einen Blick gen Süden über die Elbe auf die Werften des Hamburger Hafens, der nach Antwerpen und Rotterdam als der drittgrößte Hafen Europas gilt. Auch als süddeutsche Landratte kann ich erkennen, ob die Elbe gerade hoch oder tief steht, und die Gezeiten müssen für große Schiffe mit Tiefgang für die Ein- und Auslaufplanung berücksichtigt werden.

Mitte Februar 1962 steigerte sich eine schon seit Dezember anhaltende stürmisch-regnerische Westwindwetterlage, welche die Deiche aufgeweicht hatte, zu einem aus Nordwesten in die Deutsche Bucht einfallenden Orkan. Wenn man sich eine Landkarte der Elbmündung anschaut, sieht man, dass diese in Nordwestrichtung in einem Mündungstrichter in die Nordsee übergeht.

Der Orkan Vincinette blies somit direkt in den Trichter der Elbmündung [112].

Die dem Orkan vorausgehenden Nordwestwinde verhinderten, dass sich das beim Mittagshochwasser in der Elbe befindliche Wasser bei der folgenden Ebbe in die Nordsee entleeren konnte. Der danach auf die Elbmündung treffende Orkan verstärkte die folgende Flut zu einer Sturmflut. An der gesamten deutschen Nordseeküste wurden Deiche schwer geschädigt, landwirtschaftliche Nutzflächen überflutet und salzgeschädigt. Dennoch blieb es in Schleswig-Holstein bei Sachschäden. Die Küstenbewohner hatten mit widrigen Wetterumständen zu leben gelernt und organisierten den Küstenschutz auf Gemeindeebene, wodurch jeder sich mitverantwortlich fühlte und wusste, was zum Selbstschutz und zum Schutz von Haus, Vieh und Deich zu tun ist.

Anders sah es in der 1,8-Millionen-Einwohnerstadt Hamburg aus, wo die Wassermassen durch Flut und Orkanwind die Elbe hinaufgetrieben wurden: Bombenlücken im Deich waren nach Ende des Krieges notdürftig mit Trümmerschutt geschlossen, Innendeichwände viel zu steil und Gebäude und Anlagen standen in den Deichen. Diese brachen an mehr als 60 Stellen. Alle Hamburger Stadtteile südlich der Elbe und die niedriger gelegenen Teile auf der Nordseite wurden überflutet. Durch die Flut kamen 315 Menschen ums Leben, Zehntausende wurden obdachlos [112].

Seitdem hat Hamburg dem Hochwasserschutz wesentlich mehr Aufmerksamkeit geschenkt. In Dokumentationen über die Folgen eines weltweiten Anstiegs des Meeresspiegels zeigen die Landkarten an der Stelle, an der Hamburg heute liegt, blaues Meer. Beunruhigend.

Auch Holland ist in diesen Dokumentationen im Meer versunken. Kein anderes Land hat über die Jahrhunderte hinweg mehr Kompetenzen im Wassermanagement und Küstenschutz aufgebaut als Holland. Etwa ein Viertel der holländischen Landfläche liegt unter dem Meeresspiegel. Dennoch schaffen es die Holländer wirksam, ihr Land gegen Sturmfluten zu schützen und sogar

Land dazuzugewinnen. Dies geschieht jedoch nicht nur durch Erhöhung der Deiche, auch wenn dies ein (sehr wichtiger) Teil des holländischen Küstenschutzes ist. Was die Holländer betreiben, ist vielmehr ein ausgeklügeltes Wassermanagement, und das schon seit Hunderten von Jahren. Die pittoresken Windmühlen, die seit dem 16. Jahrhundert in Holland gebaut wurden, können zwar auch als Getreidemühlen eingesetzt werden, jedoch besteht ihr Hauptzweck in Holland seit jeher darin, als windgetriebene Pumpen die Polder zu entwässern. Es geht also nicht nur darum, Flutbarrieren zu bauen, sondern anfallende Wassermassen auch bei Extremsituationen wie Sturmfluten in gelenkte Bahnen (Polderbecken, Kanäle) zu leiten, und zwar unter Minimierung des Schadens. Die Unterscheidung von Süß- und Salzwasser ist hierbei natürlich von zentraler Bedeutung. Denn die fruchtbaren Böden Hollands in Kombination mit viel Süßwasser haben Holland zu einer der fruchtbarsten Regionen der Erde und zu einem der größten Agrarproduzenten gemacht. Durch Meerwasser versalzte Acker- und Weideflächen sind da nicht erwünscht. Durch die Szenarien des Meeresspiegelanstiegs wird die niederländische Kunst des Deich- und Küstenschutzes sowie Wassermanagements in der ganzen Welt sehr gefragt sein.

Dürre

Dass die katastrophalen Folgen von Stürmen mit Überschwemmungen durch einen klimawandelbedingten Anstieg des Meeresspiegels noch verstärkt werden, ist rein mechanistisch betrachtet einleuchtend (Badewannenbeispiel). Bei der potenziellen Auswirkung auf die Lebensbedingungen im Binnenland sind die Vorgänge wesentlich komplexer. Deshalb kann man nicht pauschal sagen, dass der Klimawandel überall zu mehr Dürren führen wird – zumindest nicht solange die globalen Temperaturen nicht derart steigen, dass direkte Hitzeschäden wirksam werden. Regional kann eine globale Erwärmung sogar Vorteile bringen: Würden sich zum Beispiel die für Ackerbau geeigneten Klimabreitengrade nach Norden verschieben, könnten Kanada, Alaska, die skandinavischen Länder und Russland davon stark profitieren (Stabilität der thermohalinen Zirkulation des Golfstroms vorausgesetzt). Allerdings sind diese nördlichen Permafrostregionen arm an Mutterboden, in dem unsere Nahrung wachsen könnte.

Regionale Dürren und Missernten sind jedoch gefürchtet, insbesondere in ohnehin schon temporär trockenen Regionen mit hohem Bevölkerungswachstum. Dürren und Nahrungsmittelknappheit müssen nicht unbedingt direkt mit dem globalen Klimawandel zu tun haben, sondern können auch Folgen lokaler Umweltzerstörung und Landübernutzung sein. Der Tschadsee, den sich Tschad, Kamerun, Niger und Nigeria teilen, bildet die Lebensgrundlage von etwa 38 Millionen Menschen. Mangels Abfluss hatte er immer schon stark schwankende Wasserstände, je nachdem, wie viel Wasser die Zuflüsse einbrachten oder durch Regenfälle in den See geriet. Aber in den letzten Jahrzehnten ist seine Wasserfläche von etwa 25.000 km^2 in den 1960er Jahren auf etwa 4800 km^2 im Jahr 2014 geschrumpft. Gerade jetzt (Dezember 2018) liegt die Fläche wohl gerade bei 13500 km^2. Inzwischen ziehen viele Menschen aus der armen nigerianischen Borno-Provinz in den Süden, manche schließen sich gar der Terrormiliz Boko Haram an [113]. Der Verlust von Weide- und Farmland und das Ausweichen der betroffenen Menschen in andere Regionen führten zu Konflikten mit der dort ansässigen Bevölkerung und zwischen verschiedenen Landnutzungsgruppen wie Vieh- und Feldbauern [114]. Ob das Schrumpfen des Tschadsees Folge des globalen Klimawandels ist, lässt sich nicht eindeutig sagen, da das lokale Klima ohnehin durch große Schwankungen des Niederschlags gekennzeichnet ist.

Das Tschadseebecken vereint vier Klimazonen: das sehr trockene Saharaklima (<100 mm Regen pro Jahr), das sahel-saharische Klima mit 100–400 mm Regen pro Jahr, das sahel-sudanesische Klima mit 400–600 mm Regen pro Jahr und das sudanesisch-guineaische Klima mit 600–1500 mm pro Jahr [115]. Man kann sich vorstellen, dass geringe jährliche oder dekadische Schwankungen der anteiligen Verteilung dieser Klimazonen große Unterschiede hinsichtlich der Seefüllung bedingen. Vor gerade mal 110 Jahren, im Jahr 1908, war der Tschadsee noch stärker zusammengeschrumpft als jetzt und präsentierte sich als Sumpflandschaft mit zwei kleinen Becken [116]. Da der Tschadsee wie erwähnt keinen Abfluss hat, kann das Wasser durch Verdunstung und durch Entnahme reduziert werden. Die Entnahme war damals sicherlich geringer als heute. Zusammenfassend kann ich nicht sagen, ob der Wasserrückgang maßgeblich durch den globalen Klimawandel mitbedingt ist oder gänzlich auf den enorme Bevölkerungsdruck mit Übernutzung des Sees und lokale Umweltzerstörungen zurückzuführen ist.

In Ostafrika kommt es regelmäßig zu Dürren. Im Abstand von einigen Jahren gibt es immer wieder Jahre mit zu wenig Regen. Dies wird auf eine „Ozean-Klimaschaukel" zwischen Ostafrika und Indonesien zurückgeführt. Warmes Wasser vor Ostafrika und kaltes vor Indonesien bringen Regen; wenn das kalte Wasser vor Ostafrika liegt, fällt dieser eher spärlich [117]. Möglicherweise werden diese Wetterzustände durch Änderungen des globalen Klimas verschärft. Allerdings sind bei der Nahrungsmittelknappheit im Jahr 2017 auch Fehlplanungen mit zu geringer Vorratshaltung im Verhältnis zum hohen Bevölkerungsdruck kausal mitverantwortlich gewesen. In Somalia, dem Jemen und dem Südsudan herrscht Krieg; dort ist die Not entsprechend besonders groß.

(3) Welche Folgen hat der Klimawandel für die Lebensbedingungen auf der Erde?

Wie sich eine globale Temperaturerhöhung auf die Lebensbedingungen der Menschen auswirken wird, ist spekulativ. Einige Wissenschaftler wie der amerikanische Ökologieprofessor Guy McPherson (https://guymcpherson.com) fürchten, dass die gesamte Erde in kurzer Zeit für Menschen unbewohnbar wird und der Menschheit nur noch wenige Jahre bleiben. Sollten Sie diese Zeilen im Jahr 2050 oder danach lesen, so hat Guy McPherson zumindest hinsichtlich der Dynamik und Vollständigkeit der Auslöschung der Menschheit nicht recht behalten.

Sollten die globalen Klimaänderungen nicht zu einer schnellen globalen Zerstörung führen, stellt sich die Frage, wie sich die Lebensbedingungen in verschiedenen Regionen und Klimazonen verändern werden. Auch muss nicht jede Veränderung an jedem Ort zu einer Verschlechterung führen. Lokal verbesserte Lebensbedingungen sind durchaus denkbar. Möglicherweise dehnen sich fruchtbare, gut bewohnbare Zonen nach Norden aus, wodurch in Nordamerika und Asien riesige zusätzlich landwirtschaftlich nutzbare Flächen entstünden.

Wissen wir zu wenig über den menschgemachten Klimawandel, um über Maßnahmen zu reden?

Wir wissen sicher, dass der atmosphärische Gehalt an Treibhausgasen in den letzten 200 Jahren stark zugenommen hat. Die gemessenen CO_2-Konzentrationen sind wie erwähnt von etwa 280 ppm vor Beginn der Industrialisierung auf inzwischen über 400 ppm gestiegen. Wir beobachten auch eine Zunahme des Treibhausgases Methan durch Auftauen der Permafrostböden und Viehzucht sowie des Stickstoffs aus Verbrennungsvorgängen. Einzig die FCKW, unter denen sich auch sehr potente Treibhausgase befinden, sind dank des Montrealer Protokolls im Rückgang begriffen. Allerdings ist dieser Rückgang durch illegale FCKW Herstellung und Emission gefährdet [95].

Wir konnten auch ein Abnehmen des arktischen Meereises objektivieren und haben starke Hinweise auf ein Abschmelzen der arktischen und antarktischen Landeismassen. Der daraus folgende Anstieg des Meeresspiegels deutet sich in Zusammenfassungen von Pegelmessdaten des 20. Jahrhunderts und Satellitendaten seit Anfang der 1990er Jahre an.

Unsere Physik- und Chemiekenntnisse erlauben uns, aus dem Anstieg des CO_2-Gehalts der Atmosphäre abzuleiten, dass durch den Treibhauseffekt (1) mehr Sonnenenergie in der Atmosphäre gespeichert wird, wodurch ein Temperaturanstieg erwartet wird, und dass (2) der pH-Wert der Meere durch Kohlensäureeintrag in die Meere leicht fallen wird. Temperaturveränderungen der Meere und damit einhergehende Änderungen der Wasserschichtungen werden zu Änderungen der äußerst komplexen und bislang von uns nur vage verstandenen thermohalinen Zirkulation führen. Die mittlere globale Temperatur der Erde ist seit 1850 von 13,6 auf 14,6 Grad Celsius gestiegen, wobei der Anstieg seit etwa 50 Jahren steiler wird und somit immer mehr die Form einer sich gerade nach oben biegenden Exponentialkurve annimmt. Da sich die Erdtemperatur in der Erdgeschichte immer mal wieder verändert hat, lässt sich nicht ausschließen, dass auch natürliche Temperaturveränderungen ihren Beitrag dazu leisten. Allerdings ist plausibel, dass die Menschheit durch Verstärkung des Treibhauseffekts in unglaublich kurzer Zeit (200 Jahre) auch zum Temperaturanstieg beiträgt. Natürlich können wir nicht voraussagen, was genau mit dem Erdklima passieren wird und welche Folgen dies haben wird. Berechtigt dies aber dazu, die Maßnahmen, wie sie im Kyoto-Protokoll eingeleitet und im Abkommen von Paris ausgebaut wurden, abzulehnen und weitere Massnahmen zum Klimaschutz zu ergreifen?

Ein Großteil des Establishments der Republikanischen Partei der derzeit mächtigsten Nation der Welt, der USA, lehnt die Möglichkeit eines menschgemachten Klimawandels ab oder vertritt zumindest die Meinung, dass Umweltschutzmaßnahmen nicht diskutiert werden sollten, solange nicht bewiesen ist, dass der Mensch das Klima so verändert, dass die Menschheit auf eine Klimakatastrophe zusteuert [118].

Wissenschaftsphilosophisch ist die Forderung, einen Vorgang wissenschaftlich zu beweisen, unmöglich zu erfüllen, zumindest wenn man der Argumentation Karl Poppers folgt, der eigentlich als prägendes Mitglied der Mont Pèlerin Society in neoliberalen Kreisen bekannt sein sollte: Wissenschaftliches Arbeiten sucht nach Falsifikation durch Verwerfen einer Nullhypothese (Annahme, dass es keinen Effekt gibt). Wir können also lediglich Hinweise dagegen sammeln, dass alles so bleibt, wie es war (was dem Nulleffekt gleichkäme), und daraus schließen, dass sich etwas ändert (in unserem Fall in Richtung Klimaerwärmung). Das haben Klimawissenschaftler zuhauf getan.

Dass ein Großteil des republikanischen Establishments durch Geld von amerikanischen Mineralölkonzernen finanziert wird, sei nur am Rande erwähnt. Dem Präsidenten Donald Trump wird immerhin zugutegehalten, dass er schon als Milliardär in den Wahlkampf zog und somit eine gewisse Unabhängigkeit einbrachte [119]. In der Realität ist seine Politik jedoch ganz nach dem Geschmack des machtvollen Militärisch-industriellen Komplexes. Sein Außenminister (inzwischen Ex-Außenminister, man kommt da derzeit manchmal nicht mehr mit ...) Rex Tillerson kam direkt aus dem Vorstand von Exxon Mobile in die amerikanischen Regierung. Die Ausgestaltung der Budgetverteilung der Trump Administration läßt darauf schließen, dass sich die großen Akteure im Militärisch-industriellen Komplex auf wachsende Profite freuen können, während der Erhalt des Lebensraums ebenso wie Sozialpolitik eine untergeordnete Rolle spielt [120]. Für die amerikanische Umweltbehörde „Environmental Protection Agency" deren Budget schon im Jahr 2018 auf 1/3 gestutzt wurde, wird die „Refokkusierung auf Kernaktivitäten" auch im Jahr 2019 weitergehen. Das Klimawandelforschungsprogramm soll demnach ganz eingestellt werden [121]. Diese an den Interessen des Militärisch-industriellen Komplexes ausgerichteteten Entwicklungen sollten in in einer Demokratie ja eigentlich zu starken Widerständen führen. Möglicherweise ist aber die Zerschlagung und Entmachtung der Zivilgesellschaft schon so stark vorangeschritten, dass der oligarchisch-plutokratiasch bestimmte Kurs im Profitinteresse von Rüstungs- Finanz- und Ölindustrie nicht mehr umkehrbar ist [122].

6 Wirkung des Menschen auf andere Arten

Zu Beginn des 21. Jahrhunderts sind die Menschen so zahlreich, wie es wohl noch kein anderes großes Landsäugetier zuvor auf der Erde war. Chlorophyllhaltige Pflanzen interagieren über Photosynthese unmittelbar mit dem CO_2-Haushalt der Atmosphäre und prägen das Klima. Allerdings hat wohl kaum eine andere tierische Art das Ökosysteme der Erde und deren Flora und Fauna stärker verändert als der Mensch.

Einige Nutztierarten waren unter dem Menschen reproduktiv sehr erfolgreich und dominieren die Tierpopulationen zahlenmäßig; allerdings erscheint das Leben des einzelnen Nutztiers in den menschlichen Agrarfabriken etwas trist. Die Populationen zahlreicher anderer Arten, Wildtierarten, sind durch das Wirken des Menschen in der Regel eher geschrumpft oder gar zusammengebrochen. Viele Tierarten sterben aus, von einigen anderen gibt es Restbestände, die Gründerpopulationen für eine Wiederausbreitung darstellen könnten. Wenn von einer einst weit verbreiteten Art nur noch wenige Exemplare verblieben sind, ist auch die genetische Vielfalt dieser Art reduziert. Wenn die Populationszahlen wieder ansteigen, sind alle nachfolgenden Generationen dieser Art auf die kleine Restpopopulation zurückzuführen. Wenn die Restpopulation zu klein war, kann die geringe Genetische Vielfalt zu einer existentiellen Bedrohung für die Art werden. Für das Phänomen der genetischen Vielfaltsreduktion durch Beinahe-Aussterbeereignis hat sich der Begriff „genetischer Flaschenhals" etabliert.

Der Mensch als existenzielle Bedrohung für andere Arten

Der Mensch trägt direkt und indirekt zum Artensterben bei: indirekt durch Umweltveränderungen und Zerstörung ganzer Ökosysteme, direkt durch Bejagung.

Von der direkten Bejagung sind insbesondere große Tiere betroffen. Denn erstens dienen sie dem Menschen als direkte Ressource für Nahrung, Kleidung und Nutzgegenstände. Zweitens benötigen große Tiere einen größeren Lebensraum um den sie mit dem Menschen konkurieren und der durch menschliche Eingriffe reduziert wird. Drittens ist die Zahl großer Tiere auch ohne den Menschen begrenzt. Auf einer kleinen Insel kann man sich wohl Tausende von Kleintieren vorstellen, von Elefanten kann man jedoch gedanklich nicht mehr als einige Exemplare auf einer kleinen Insel unterbringen. Weniger begrenzt ist der Lebensraum Meer, weshalb hier wohl auch mit den Walen die größten Tiere der Erde leben. Durch den modernen Walfang hat der Mensch den Bestand der meisten Walarten derart dezimiert, dass einige Tiere schon Schwierigkeiten haben, geeignete Partner für die Paarung zu finden. Insbesondere nach Erfindung der Harpunenkanone 1863 gingen die Walbestände rapide zurück. Im Gegensatz zu großen Landsäugetieren, wie z.B. Rinderarten konnten Wale nicht domestiziert und somit auch nicht gezüchtet werden. Um den Rindfleisch- und Milchbedarf zu decken werden Rinder gezüchtet, wodurch die Zahl der Rinder weltweit enorm angestiegn ist. Um den Bedarf an Waltran oder Walbein zu decken konnte man keine Wale züchten, weshalb die natürlichen Bestände bis an den Rand der Ausrottung bejagt wurden.

Großtierpopulationen sind fragiler als Kleintierpopulationen. Dennoch kann man grob sagen: Je größer eine Tierart, desto länger ist tendenziell die Generationszeit. Das einzelne Individuum wird nicht so schnell ersetzt wie bei Populationen kleiner Arten.

Wale

Ironischerweise spielt die direkte Bejagung bei der ersten vom Menschen ausgerotteten Walart, dem chinesischen Flussdelfin, nur eine untergeordnete Rolle. Vielmehr ist der **Jangtse-Delfin** durch anthropogene Umweltveränderungen und nicht durch direkte Bejagung ausgestorben: Durch den Fischfang wurde dem Jangtse-Delfin die Nahrungsgrundlage entzogen oder er verendete als Beifang in Fischernetzen; durch den Schiffsverkehr wurden die Tiere überfahren oder durch Schiffsschrauben verletzt; durch Staudammprojekte wurde sein Lebensraum zerstückelt und durch Industrieabfälle der Jangtse immer stärker verschmutzt. Da sich der Lebensraum des Jangtse-Delfins auf einen einzigen Fluss, den Jangtse, beschränkte, gab es keine Ausweichmöglichkeiten. Obwohl er eine der kleinste Walarten darstellte, war er im Verhältnis zu seinem Lebensraum ein großes Tier. Dies trug zur Fragilität der Bestände bei: Während der Flussabschnitt zwischen zwei Staustufen für kleinere Arten zum Überleben ausreichen kann, wird es für die großen Tiere schnell zu eng [123].

Aber werfen wir ein Blick auf andere Walarten, insbesondere Arten, die gerade im anthropogen verursachten genetischen Flaschenhals stecken: Der **Grönlandwal** war einer der ersten Wale, der seit dem ausgehenden 17. Jahrhundert intensiv bejagt wurde, nachdem Expeditionen auf der Suche nach der Nordostpassage reiche Vorkommen in den arktischen Gewässern um Spitzbergen entdeckt hatten. Die dicke Fettschicht des Grönlandwals ist eine optimale Anpassung an die kalten arktischen Gewässer. Leider macht sie ihn auch zum attraktiven Ziel der Walfänger. Der aus dem Fett gewonnene Tran war bis ins 20. Jahrhundert ein begehrter Rohstoff zur Herstellung von Speisefetten (Margarine), Schmierfetten, Seifen, Suppen, Salben, Farben, Lederpflegemitteln und insbesondere von Lampenöl für die Beleuchtung. Auch als Rohstoff zur Herstellung von Nitroglycerin wurde ursprünglich Waltran verwendet. Zudem hat der Grönlandwal besonders lange Barten, die ein qualitativ hochwertiges Fischbein ergeben.

Ursprünglich war der Grönlandwal in arktischen Gewässern so häufig, dass englische Walfänger ihn als „Greenland right whale" bezeichneten (neben dem Nord- und Südkaper, die als „right whale" bezeichnet wurden). Von den einst geschätzten mindestens 50.000 (möglicherweise bedeutend mehr) Grönlandwalen leben heute noch etwa 10.000 Exemplare, die meisten im Nordpazifik. Zwischenzeitlich hielt man den nordatlantischen Grönlandwal für ausgerottet, jedoch hat wohl eine kleine Neugründerpopulation überlebt, die dank der zunehmenden Eisöffnung der Nordostpassage von einwandernden Verwandten aus dem Nordpazifik verstärkt wird [124].

Der Grönlandwal war die erste Wildtierart überhaupt, die 1935 vom damaligen Völkerbund unter weltweiten Schutz gestellt wurde. Dennoch ist die Erholung der Bestände nur über mehrere Jahrzehnte möglich. Grönlandwale werden mit 10–18 Jahren (Weibchen) bzw. 25 Jahren (Männchen) recht spät geschlechtsreif, die Weibchen haben eine lange etwa 13 Monate lange Tragezeit und werden nur alle drei bis vier Jahre trächtig. In zeitgenössischen Grönlandwalen wurden Harpunenspitzen aus dem 18. Jahrhundert gefunden, was auf eine lange natürliche Lebenserwartung mit in Einzelfällen extrem langlebigen Tieren schließen lässt. Aufgrund dieser langen Lebenserwartung bei gleichzeitig langwierigen Fortpflanzungsprozessen bekommt die Frage, ob Grönlandwale eine Menopause haben und falls ja, wann diese einsetzt, eine besondere Bedeutung im Hinblick auf die erhoffte Bestandserholung. Die Generationszeit der Grönlandwale wurde auf 52 Jahre geschätzt [124, 125].

Auch andere Walarten wurden sehr stark bejagt. **Pottwale** waren besonders begehrt wegen des Spermaceti, das ihre markante Kopfform ausmacht. Dem Pottwal dient das Spermaceti als Rezeptionsorgan bei der Sonarortung. Die das Spermaceti füllende, namensgebende schleimig-visköse Masse kann zu Walrat und Walratöl weiterverarbeitet werden. Das Walrat hat hervorragende Brenneigenschaften als Lichtgeber und war als Grundlage für Schmierstoffe begehrt. Im 19. Jahrhundert wurden Pottwale wegen dieses begehrten Rohstoffs noch vor der Erfindung der Harpunenkanonen massenhaft bejagt. Die um 1860 groß werdende Vermarktung von auf Erdölbasis hergestellten Brennstoffen machte die Jagd auf Pottwale unrentabel, wohl gerade noch rechtzeitig, bevor die Harpunenkanone zum Einsatz kam.

In den folgenden Jahrzehnten erholten sich die Pottwalbestände wieder. Im Zweiten Weltkrieg wurde Walrat zur Herstellung von Nitroglycerin und Margarine wieder wichtiger. Da die Bestände an Bartenwalen inzwischen so stark zusammengeschrumpft waren, wurde die Jagd auf Pottwale gegen Ende des Zweiten Weltkriegs wieder aufgenommen.

Nach Schätzungen der Internationalen Walfangkommission gab es im Jahr 2008 etwa 360.000 Pottwale. Im Jahr 1864, zu Beginn des industriellen Walfangs, waren es noch geschätzte 1,1 Millionen. Da wie erwähnt die erste Welle des Pottwalfangs zu Beginn des industriellen Walfangs aufgrund des konkurrierenden Erdöls endete, blieben die Pottwale von den katastrophalen Bestandseinbrüchen, die der industrielle Walfang insbesondere in der ersten Hälfte des 20. Jahrhunderts bewirkte, weitgehend verschont [126].

Anders die Bartenwale. Unser drittes und letztes Walfangbeispiel widmet sich dem größten Tier der Welt, dem **Blauwal**. Dieser gehört wie die Finn- und Seiwale zu den Furchenwalen. Vor der Erfindung der Harpunenkanone im Jahr 1863 wurden Furchenwale wenig bejagt, da sie erstens schnell waren und den Harpunisten auf Ruderbooten meist entkamen und zweitens, wenn sie doch erlegt werden konnten, schnell absanken und somit auch nach erfolgreicher Jagd oft verloren gingen. (Buckelwale, die auch zu den Furchenwalen gehören, wurden schon vor dieser Zeit stark bejagt, da sie sich oft in Küstennähe aufhalten und auch langsamer als andere Furchenwale sind.)

Blauwale wurden in den hundert Jahren seit Erfindung der Harpunenkanone an den Rand der Ausrottung gebracht. Technische Neuerungen zu Beginn des 20. Jahrhunderts, wie Explosivharpunen und Fabrikschiffe, auf denen die Walkörper auf See weiterverarbeitet wurden, erhöhten die Effizienz und damit auch die Tödlichkeit der Walfänger. Während die weltweiten Blauwalbestände im 19. Jahrhundert vor der Bejagung auf etwa 275.000 Tiere geschätzt wurden, liegen sie heute bei geschätzt 10.000 Tieren. Diese sind aus dem Restbestand hervorgegangen, der am Tiefpunkt, Mitte der 1960er Jahre, auf etwa 1000 Tiere geschätzt wurde. Die genetische Vielfalt der heutigen Blauwale ist somit sicherlich reduziert, und bei einer Generationszeit von geschätzt 31 Jahren muss man davon ausgehen, dass sich die Blauwale noch in einem genetischen Flaschenhals befinden [125, 127].

Wisente

Auch den Großtieren an Land hat der Mensch schwer zugesetzt. Zwar wurden einige Nutztiere durch gezielte Züchtung und Massentierhaltung enorm zahlreich, gleichzeitig wurden aber verwandte Wildtiere, oft die Vorfahren der Nutztiere, ausgerottet. In Deutschland leben mehr als 12 Millionen Rinder [128], während der Vorfahre der Rinder, der Auerochse ausgerottet wurde und von den ebenfalls verwandten Wisenten nur noch wenige tausend Tiere weltweit leben, die aus einem Restbestand von 12 Tieren hervorgegangen sind. Für Naturliebhaber ist Białystok an der polnischen Ostgrenze zu Weißrussland ein lohnendes Ausflugsziel. Der nahegelegene Białowieża-Urwald besteht aus weitgehend urtümlich belassenen Tiefland-Urwäldern, wie sie in früheren Zeiten für Mitteleuropa typisch waren. Neben diesem verwunschenen Urwald beherbergt der Białowieża-Nationalpark einen weiteren bemerkenswerten Schatz: die arterhaltende Schutzbastion der europäischen Bisons, der Wisente. Im Mittelalter genossen die Białowieża-Urwälder als Jagdgebiet der polnischen Könige und auch im 19. Jahrhundert unter russischer Verwaltung besonderen Schutz. Die Wiederansiedlung der Wisente in Białowieża war möglich, weil im 19. Jahrhundert immer wieder Wisente aus den Białowieża-Herden an Zoos und Privathalter abgegeben worden waren. Zwischenzeitlich waren die Wisente auch in Białowieża ausgestorben: In den Wirren nach dem Ersten Weltkrieg hatten marodierende Soldaten die Tierbestände, die durch Seuchen zwischen 1890 und 1910 von 1900 Tieren (1857) auf 770 Tiere (1915) dezimiert worden waren, endgültig vernichtet. Auch die heute in Białowieża lebenden Wisente sind also wiederangesiedelte und ausgewilderte Tiere, die aus den aus zwölf in Zoos und Gehegen gehaltenen Wisenten hervorgegangen sind [129].

Inzwischen wurden Wisente an zahlreichen anderen Orten ausgewildert: in den slowakisch-polnisch-ukrainischen Karpaten, im Kaukasus nördlich von Sotschi, in der Tschernobyl-Sperrzone in der Ukraine, in Ostrumänien und schließlich im Rothaargebirge in Deutschland. Zudem sind Wisente in vielen Tier-, Wald und Wanderparks und Zoos eine besondere Attraktion.

Alle diese wiederangesiedelten Tiere haben etwas gemeinsam: die Verwandtschaft im Białowieża-Urwald. Ohne die Białowieża-Zuchtlinie wäre der Wisent heute ausgestorben. Nach dem Zuchtbuch der Wisente, das in Białystok geführt wird, stammen alle heute lebenden Wisente von zwölf Tieren ab, die zu Beginn der Wiederaufzucht in europäischen Zoos lebten: sieben Flachlandwisente (*Bison bonasus bonasus*) und fünf Wisente der Kaukasuslinie (*Bison bonasus caucasius*). Reine Bergwisente gibt es heute nicht mehr, lediglich Hybride, zu deren Abstammungslinie eines der fünf ursprünglich an der Zucht beteiligten Bergbisons beigetragen hat. Diese wurden 1940 im Kaukasus ausgewildert und hatten zwischenzeitlich eine Bestandsgröße von 1400 Tieren erreicht. Durch die Staatszerfallserscheinungen nach dem Ende der Sowjetunion wurden diese Wisentpopulationen auf 240 Tiere dezimiert. Inzwischen leben wieder mehr als 500 Wisente im Kaukasus.

Die erfolgreichen Wiederansiedlungsprogramme dürfen nicht über die Fragilität der Wisentbestände hinwegtäuschen, da alle heute lebenden Tiere auf eine Gründerpopulation von nur zwölf Tieren, die reinen Flachlandwisente auf nur sieben Tiere zurückgehen. Wem also das theoretische Konzept des genetischen Flaschenhalses zu wenig anschaulich und abstrakt erscheint: Koffer packen, nach Białowieża fahren und Wisente bestaunen! Die Freude über die Wiederansiedlung dieser wunderbaren Tiere in Deutschland wird aber nicht überall geteilt. So wurde der erste natürlich in Deutschland wiedereingewanderte Wisent, der im September 2017 über die Oder nach Deutschland kam, auf Anordnung des Ordnungsamts Lebus noch am Tag der Sichtung abgeschossen [130].

Weder bei den obengenannten Walen noch bei den Wisenten werden wir zu unseren Lebzeiten erfahren, ob sie langfristig als Art überleben werden. Wenn wir etwas zu Lebzeiten erfahren können, dann ist es nur das Aussterben einer Art. Die größte ursprünglich in Europa beheimatete Rinderart, der Auerochse, ist bereits im 17. Jahrhundert ausgestorben.

Mammuts

Auch die größten Landsäugetiere, die dem Menschen begegnet sind, die Mammuts, sind seit etwa 4000 Jahren (erdgeschichtlich gesehen vor Kurzem!) ausgestorben. War daran auch der Mensch schuld? Die Ansichten hierzu gehen auseinander [131]. Gejagt wurden Mammuts sicherlich. Immer wieder werden fast vollständig erhaltene, im sibirischen Eis konservierte Mammuts gefunden, wodurch nichtfossiliertes Mammutgewebe und sogar noch flüssiges Blut entnommen werden und das Genom sequenziert werden konnte [132]. Vielleicht kann der Mensch, der Hunderte Arten ausgerottet oder an den Rand der Ausrottung gebracht hat, schon bald durch moderne Klonierungstechniken Mammuts wieder zum Leben erwecken? Aber wäre das eine gute Idee? Schließlich stellt ein Großtier einen eigenen Lebensraum für Mikroorganismen dar und wer weiß, was für Bakterien in einem Tier gedeihen, dass unseren Vorfahren noch begegnet ist zwischenzeitlich ganz ausgestorben war und nun durch Besiedelung mit Mikroorganismen der modernen Welt sein Mikrobiom bildet.

Artenschutz

Der Mensch ist zweifellos kausal für das Artensterben mitverantwortlich. Gleichzeitig haben Menschen zahlreiche Initiativen zum Erhalt von Arten ins Leben gerufen. Die meisten Artenschutzaktivitäten bestehen aber aus Schutzmaßnahmen gegenüber direkten oder indirekten Bedrohungen einer Art oder ihres Lebensraums durch den Menschen. Die Weltnaturschutzunion (International Union for Conservation of Nature, IUCN) ist die Organisation, welche die berühmte Rote Liste führt (nicht zu verwechseln mit dem Arzneimittelverzeichnis für Deutschland, das seit 1933 vom Verband Forschender Arzneimittelhersteller als Rote Liste herausgegeben wird). Die Rote Liste gefährdeter Arten wurde erstmals 1962 herausgegeben und ist eine gute Anlaufstelle, wenn man sich rasch informieren möchte, wie es gerade um eine Tierart steht. Der Grad der Gefährdung einer Tierart wird in der roten Liste in zehn Kategorien eingeteilt. Diese Kategorien sind in Tabelle 5 dargestellt und der Grönlandwal, Pottwal, Blauwal und das Wisent darin eingeordnet.

Tabelle 5: Einteilung der Gefährdungsgrade in der Roten Liste der Weltnaturschutzunion (International Union for Conservation of Nature, IUCN, http://www.iucnredlist.org) mit Einordnung der beschriebenen Arten Grönlandwal, Pottwal, Blauwal und Wisent, sowie dem Jangtse Delfin, der in der roten Liste immer noch als CR geführt wird, obwohl seit 2002 kein Exemplar mehr gesichtet wurde. Die Kategorie CR wird manchmal mit dem Hinweis „possibly extinct" ergänzt.

NE	DD	LC	NT	VU	EN	CR	EW	EX
				Wisent				
				Pottwal				
					Blauwal			
		Grön-land-wal						
						Jangtse-Delfin	Jangtse-Delfin	Jangtse-Delfin

NE = Not Evaluated	NT = Near Threatened	CR = Critically Endangered
DD = Data Deficient	VU = Vulnerable	EW = Extinct in the Wild
LC = Least Concern	EN = Endangered	EX = Extinct

7 Massenaussterben

Das Alter der Erde wird auf etwa 4,5 Mrd. Jahre geschätzt. Den modernen Menschen (*Homo sapiens*) gibt es seit etwa 300.000 Jahren.

Um Massenaussterben zu rekonstruieren, die Hunderte Millionen Jahre zurückliegen, muss man erst einmal wissen, was in der Vergangenheit gelebt hat. Hiermit beschäftigt sich die Paläontologie. Damit die vergangene Existenz einer Gattung oder Art erfasst werden kann, müssen sterbliche Überreste, meist in Form von versteinerten Knochen oder Knochenresten (Fossilien) der Art gefunden werden. Der artangebende Fund ist leider selten ein komplett erhaltenes Skelett in anatomisch plausibler Stellung, sondern manchmal nur ein Knochen, Zahn oder nur ein Knochensplitter oder versteinerter Abdruck. Die aus diesen Funden zu ziehenden Schlüsse auf Lebensweise, Vorkommen, Verbreitung und Dauer des Überlebens der Art auf der Erde sind somit immer hochspekulativ. Eine der ersten Fragen, die sich bei einem Fossilienfund stellt, ist: Wie alt ist er? Wann hat das Tier gelebt?

Ein wichtiger Anhaltspunkt ist die geologische Schicht, in der das Fundobjekt liegt. Prinzipiell könnte man denken, je tiefer die Schicht, desto älter der Fund. Dennoch sind auch sehr alte Schichten zugänglich, wenn man an der richtigen Stelle sucht, nämlich da, wo geologische Ereignisse wie das Auftürmen von Bergen mit Grabenbrüchen und Abrisskannten selbige zugänglich machen (Aufschlüsse). Damit kann man für geologische Schichten Referenzsysteme mit Beschreibung der morphologischen Struktur und der Lage der Schichten zueinander erstellen und eine Ordinalskalierung (Ordnung in einer Reihenfolge, ohne Berücksichtigung der Abstandslängen) von Zeitperioden entsprechend der Schichten vornehmen.

Das Alter von Pflanzen oder Tierresten lässt sich durch eine Bestimmung des Isotopenverhältnisses bestimmen. Isotope sind verschieden schwere Atome eines bestimmten Elements. Das Verhältnis der Isotope eines Elements in einem Objekt (Knochen, Stein) verändert sich über die Zeit, da schwere Elemente radioaktiv zerfallen, wodurch wiederum charakteristische Zerfallsprodukte entstehen. Das Kohlenstoffisotop ^{14}C, z.B. wird zu Lebzeiten von allen Tierem und Pflanzen aufgenommen. Stirbt ein Organismus nimmte er kein ^{14}C mehr auf. Durch ^{14}C Bestimmung läßt siche über die Halbwerszeit bestimmen, wann der Organismus gelebt hat. Das ist bis zu einem Alter von etwa 50.000 Jahren möglich. Bei älteren Funden sind jedoch schon zu viele Atome zerfallen, so dass der ^{14}C Gehalt nicht mehr zuverlässig bestimmbar ist. Für junge Funde (< 100.000 Jahre) bieten sich Altersbestimmungen mit schnell zerfallenden Isotopen an (zum Beispiel die C14-Methode, die das Kohlenstoffisotop ^{14}C misst, das eine Halbwertszeit von 5730 Jahren hat). Für paläontologische Messungen, die mehrere hundert Millionen von Jahre zurückreichen, werden langsam zerfallende Isotope mit Halbwertszeiten von mehreren Millionen Jahren verwendet [133].

Erste Spuren von Leben auf der Erde

Die ersten (umstrittenen) Anzeichen für Leben auf der Erde gab es vor etwa 3,8 Mrd. Jahren. Anomalien in Kohlenstoffisotopen und Röhrchenbildung in Gesteinsproben aus Grönland wurden als Anzeichen für Oxidationsprozesse in einer hydrothermalen Umgebung interpretiert, die den Spuren ähneln, die Stoffwechselprozesse heutiger eisenoxidierender Bakterien im Gestein hinterlassen [134].

Etwas sicherer ist man sich bei der Bewertung von Schieferproben aus dem Gunflint-Massiv in Kanada. Die hier gefundenen Spuren einzelliger lebender Organsimen wurden als Spuren 1,9 Mrd. Jahre alter Cyanobakterien interpretiert. Cyanobakterien zeichnen sich im Gegensatz zu anderen Bakterien durch oxydierende Photosynthese aus. Ihnen wird deshalb eine wichtige Rolle beim Umbau der Erdatmosphäre von einer sauerstoffarmen zu einer sauerstoffreichen Atmosphäre, die vor etwa 3 Mrd. Jahren stattgefunden hat, zugeschrieben. (Demnach müssten die Cyanobakterien schon eine Milliarde Jahre länger auf der Erde gewesen sein, als es die Gunflint-Spuren bezeugen – hinsichtlich zeitlicher Genauigkeit kommt es Geologen wohl auf Hunderttausende von Jahren nicht an. Aber eine Milliarde Jahre erscheint mir doch erwähnenswert!).

Die Sauerstoffanreicherung der Atmosphäre und in den Ozeanen machte den damals existierenden anaeroben Organismen den Garaus (gewissermaßen auch ein Massensterben, auf das hier jedoch nicht näher eingegangen werden soll). Das entstehende Sauerstoffangebot öffnete der Evolution vollkommen neue Wege, da der entstandene Sauerstoff durch stufenweise Oxidation energiereicher Moleküle effizientere Möglichkeiten der Energiegewinnung für Leben und Lebensentstehung bot. Die folgenden Betrachtungen beschränken sich auf vielzellige Organismen, die ich zuweilen „komplexe Organismen" nenne. Die einzelligen Prokaryoten möchte ich dennoch als wichtigen Bestandteil der Evolution anerkennen, auch wenn sie im Folgenden ausgelassen werden.

Entstehung vielzelligen Lebens

Vielzelliges Leben entstand vor etwa 1,5 Mrd. Jahren: gemäß der Endosymbiontentheorie durch phagozytische Aufnahme von Bakterien durch andere einzellige Organismen, wohl Archaebakterien, wobei die aufgenommenen Bakterien zu Mitochondrien wurden (bzw. zu Chloroplasten bei photosynthetisch aktiven Pflanzen und Algen) [135].

Wenn wir an Massenaussterben denken, haben wir meist nur die Tierwelt (Fauna) im Kopf, obwohl die Pflanzen aus physikochemischer Sicht fast bemerkenswerter sind. Denn sie entwickelten die Fähigkeit, die Sonnenenergie direkt umzusetzen. Einer der entstandenen biochemischen Prozesse, die von den Chloroplasten bewerkstelligte Photosynthese, ist heute für das gesamte Leben auf der Erde und auch für das Weltklima von zentraler Bedeutung. Pflanzen nutzen die Sonnenenergie zur Synthese komplexer

Moleküle. Bei der oxygenen Photosynthese wird Kohlendioxid gebunden und Sauerstoff gebildet, der sich zum wichtigsten Reaktanten bei der Energiebereitstellung tierischen Lebens entwickelt hat und nach Umbau zu Ozon die Grundlage für die Ausbildung der Ozonschicht wurde. Tiere sind zu derartigen biochemischen Prozessen nicht in der Lage und beuten Pflanzen eigentlich nur aus (indem sie sie verzehren) [136]. (Tierische Stoffwechselprodukte können aber auch die Zusammensetzung der Atmosphäre beeinträchtigen; so produzieren Nutztiere, insbesondere Rinder, in großen Mengen Methan, dem als potentes Treibhausgas eine Mitschuld am Klimawandel gegeben wird.)

Lange blieb das Leben einzellig und klein, bis in den Meeren des Kambriums eine regelrechte Explosion komplexen vielzelligen Lebens stattfand: In den 56 Millionen Jahren des Kambriums (vor etwa 541–485 Millionen Jahren) entstanden die Gründerorganismen vielzelliger Tier- und Pflanzenstämme (Phyla), auch der meisten noch heute erhaltenen Stämme, wie zum Beispiel die Chordatiere, deren Unterstamm die Wirbeltiere bilden. Auch die Trilobiten (Gliederfüßer), die eine recht erfolgreiche Gruppe im Arthropodenstamm waren und etwa 250 Millionen Jahre lang in allen Meeren der Welt lebten, entstanden im Kambrium.

Somit hatte das Leben ein Niveau erreicht, bei dessen massenhafter Vernichtung wir von einem Massensterben, bei massenhaftem Artenverlust von einem Massenaussterben sprechen. Ein massenhaftes Aussterben bakterieller und viraler Mikroorganismen ist schwer zu beobachten, insbesondere wenn es um Ereignisse aus der fernen Vergangenheit geht, von denen auch mehrzellige Organismen nur sehr spärliche fossile Spuren hinterlassen haben. Deswegen beschränke ich mich auf die fünf großen Massenaussterben mehrzelliger, komplexer Organismen.

Die systematische Paläontologie mit Katalogisierung der Funde besteht erst seit etwa 200 Jahren. Nicht nur das Auffinden interessanter Fossilien ist wichtig, sondern auch die Vernetzung der Erkenntnisse und die Einordnung neuer Funde. Wenn man die bekannten Arten über die Zeit aufträgt, fällt auf, dass es immer wieder Einbrüche in der Artenvielfalt gibt: Geologischen Schichten, in denen ständig reichlich Fossilien aller möglichen Arten gefunden werden, liegen Schichten obenauf, die weltweit wie leergefegt wirken. Die nach einem 1999 verstorbenen Paläontologen benannte Sepkoski-Kurve der Artenvielfalt zeigt viele Höhen und Tiefen. Insbesondere fünf Tiefpunkte werden als die fünf großen Massenaussterbeereignisse geführt [137].

Die fünf großen Massenaussterben

Im Folgenden beschränke ich mich wie erwähnt auf die fünf größten bekannten Massenaussterben mehrzelliger, komplexer Organismen. Damit werden die Massenaussterben in der Geschichte irdischen Lebens nur sehr lückenhaft abgebildet. Das Entstehen und Vergehen von Arten auf der Erde ist ein Begleitcharakteristikum des Lebens. Für die fünf im Folgenden dargestellten Massenaussterben ging man davon aus, dass dabei jeweils mehr als 50 % der gerade lebenden komplexen Arten ausstarben. Diese „großen Fünf" sind in Tabelle 6 aufgezählt.

Tabelle 6:   **Fünf große Massenaussterben komplexer Arten**

Zeit	Benennung des Massenaussterbens
vor 444 Mio. Jahren	**Ordovizisch-silurisches** Massenaussterben
vor 372 Mio. Jahren	Kellwasser-Ereignis (**spätdevonisches** Massenaussterben)
vor 252 Mio. Jahren	Massenaussterben an der **Perm-Trias**-Grenze
vor 201 Mio. Jahren	Massenaussterben an der **Trias-Jura**-Grenze
vor 66 Mio. Jahren	Massenaussterben an der **Kreide-Paläogen**-Grenze

Die Geschichte des Lebens ist faszinierend, aber mir als Laie fällt es schwer, mich zeitlich darin zurechtzufinden. Da die meisten

Leser auch Laien sein dürften, nutze ich meine Unbedarftheit, um die Vorgänge in groben Zügen darzustellen. Der Spezialist mag mir die ein oder andere Ungenauigkeit nachsehen. Die Theorien und Erkenntnisse, die wir der Paläontologie und Geologie verdanken, sind bewundernswert, aber hinsichtlich der Zeitpunkte sicherlich nicht präzise. Dafür liegen die Geschehnisse zu lange zurück und haben zu wenig fossile Spuren hinterlassen. In menschlichen Dimensionen von Jahrhunderten oder Jahrtausenden brauchen wir gar nicht erst zu denken. Zeitliche Dimensionen gebe ich in diesem Kapitel in der Regel in Jahrmillionen vor unserer Zeit an. Zur Erinnerung: den modernen Menschen (*Homo sapiens*) gibt es seit etwa 0.3 Millionen (300.000) Jahren.

Geologen haben die Erdgeschichte in Zeitalter eingeteilt und ihnen Namen gegeben. Diese sind hilfreich, wenn man sich in den 4600 Millionen Jahren seit der Erdentstehung grob orientieren möchte. Interessant für das vielzellige, komplexe Leben wird es eigentlich erst vor 541 Millionen Jahren mit Beginn des Paläozoikums, das mit der Explosion der Artenvielfalt im Kambrium beginnt. Zur Orientierung habe ich die im Folgenden verwendete Einteilung der Erdzeitalter in Tabelle 7 dargestellt. Zur Vereinfachung habe ich großzügig gerundet und nur für die Erdära, in der wir leben (Quartär = die Ära seit 2,6 Millionen Jahren), auch Hunderttausend Jahre, also Ziffern hinter dem Komma, berücksichtigt. Angesichts der gewaltig langen Zeiträume und der Ungenauigkeit der Schätzungen ist die Präzision der Zahlen nicht so wichtig.

Tabelle 7: Geologische Zeitperioden der letzten 541 Mio. Jahre (Phanerozoikum). Die fünf großen Massenaussterben sind mit kleinen Ziffern 1–5 neben den Erdären verzeichnet.

	Erdzeitalter	Erdära gemäß geologischer Schicht	Dauer in Mio. Jahren	Beginn vor Mio. Jahren
Phanerozoikum (Zeitalter des sichtbaren Lebens) Dauer 541 Mio. Jahre)	Kanäozoikum (Erdneuzeit) seit 66 Mio. Jahren	Quartär		2,6
		Neogen	20,4	23
		Paläogen [5]	43	66
	Mesozoikum (Erdmittelalter) Dauer 186,2 Mio. Jahre	Kreide [5]	79	145
		Jura [4]	56	201
		Trias [4] [3]	51	252
	Paläozoikum (Erdaltertum) Dauer 288,8 Mio. Jahre	Perm [3]	47	299
		Karbon	61	360
		Devon [2]	59	419
		Silur [1]	25	444
		Ordovizium [1]	41	485
		Kambrium	56	541

[5] [5] Massenaussterben Kreide-Paläogen-Übergang
[4] [4] Massenaussterben Trias-Jura-Übergang
[3] [3] Massenaussterben am Perm-Trias-Übergang
[2] Massenaussterben im Spätdevon
[1] [1] Massenaussterben am Ordovizium-Silur-Übergang

Wenn Massenaussterben beschrieben werden, fallen immer wieder die Begriffe Gattung (Genus) und Art (Spezies). Dies sind Begriffe biologisch-taxonomischer Rangordnungen, wobei die Gattung über der Art steht und die Familie über der Gattung (und mehrere Stufen über der Familie der Stamm). Eine Gattung kann also mehrere Arten umfassen. Der *Homo sapiens* ist die einzig überlebende Art der Gattung *Homo*. Von der Gattung *Pan* (Schimpansen) gibt es zwei Arten: *Pan troglodytes* (Schimpanse) und *Pan paniscus* (Bonobo oder Zwergschimpanse). Mit den Schimpansen gehört die Gattung *Homo* zur übergeordneten Familie der Menschenaffen, der auch noch die Gorillas und die Orang-Utans angehören. An den Gorillas und den Orang-Utans kann man sehen, dass die Einstufung in Gattung und Art von der jeweils gültigen Definition abhängt. Früher sah man Gorillas und Orang-Utans als Gattungen mit je nur einer Art an. Inzwischen werden die Gorillas jedoch in zwei Arten, den Westlichen und den Östlichen Gorilla, und die Orang-Utans in drei Arten unterteilt. Die Familie der Menschenaffen umfasst also vier Gattungen und acht Arten; eine dieser Arten ist der *Homo sapiens*.

Die Definition der Begriffe Gattung und Art ist selbst Gegenstand lebhafter Debatten und unterliegt ständigen Veränderungen. Während die taxonomische Einordnung früher fast ausschließlich phänotypischen Vergleichen unterlag, spielt heute der Genomvergleich eine immer wichtigere Rolle. Sagen wir vereinfacht, dass die Fortpflanzungsfähigkeit untereinander zentral für die Definition einer Art ist. Ganz scharf ist die Abgrenzung zur Gattung dadurch nicht: Zum Beispiel bilden Pferde, Zebras und Esel die Gattung der Pferde (Equus). Bekanntermaßen können Pferde und Esel sich kreuzen, wodurch als Nachkommen Mulis oder Maulesel gezeugt werden, deren Fortpflanzungsfähigkeit jedoch stark eingeschränkt ist, da Pferde 2 x 32 und Esel 2 x 31 Chromosomen haben. Auch Zebras lassen sich mit Pferden oder Eseln kreuzen, wobei wiederum nicht fortpflanzungsfähige Zebroide entstehen.

All die hier als Beispielarten aufgeführten Gattungen und Arten spielten bei den im Folgenden geschilderten fünf Massenaussterben keine Rolle, da es diese Gattungen damals noch nicht gab. Aussterben von Arten war immer ein Bestandteil der Evolution.

(1) Ordovizisch-silurisches Massenaussterben (vor 450–440 Mio. Jahren)

Das Ordovizium folgte vor etwa 480 Millionen Jahren auf das Kambrium und ging vor etwa 443 Millionen Jahren in das Silur über. Im Ordovizium spielte sich das gesamte tierische Leben im Wasser ab, also im Meer und in Seen. Die Flora bestand aus

Grünalgen im Wasser und aus den ersten Moosen an Land. Die vielfältige Meeresfauna bestand aus Muscheln, Korallen und Stachelhäutern, aber auch Kopffüßer gab es. Wenn ich mir das bewundernswerte Lern- und Problemlösungsverhalten heute lebender Kopffüßer (Kraken) vergegenwärtige, spekuliere ich, dass es vielleicht schon vor einer halben Milliarde Jahre bemerkenswert intelligente Lebewesen auf Erden gab. Zahlenmäßig dominiert wurde das Geschehen jedoch durch die im Kambrium entstandenen Trilobiten (Gliederfüßer, deren Aussehen am Ehesten mit dem der heute noch lebenden Asseln vergleichbar ist). Trilobiten waren im Ordovizium häufig und existierten auch sehr lange (mehr als 270 Millionen Jahre), so dass Trilobiten-Fossilien überall auf der Erde reichlich vorhanden sind.

Der durchschnittliche atmosphärische CO_2-Gehalt im Ordovizium lag bei etwa 4200 ppm und war somit etwa 10-fach höher als heute (und 15-fach höher als vor 200 Jahren). Dies entspricht ungefähr dem oberen Grenzwert, der gemäß Arbeitsschutzleitlinien tolerabel ist (siehe Tabelle 3 im Kapitel Klimawandel). Ein Mensch könnte also durchaus mit dieser CO_2-Konzentration leben. Problematisch wäre jedoch die geringe Sauerstoffkonzentration der Atmosphäre von 13 % (heute 21 %). Dies entspricht dem unteren Arbeitsschutz-Grenzwert, der in Bereichen gilt, in denen wegen Feuergefahr der Sauerstoffgehalt reduziert wird (allerdings unter Beibehaltung der CO_2-Konzentration). Arbeiter ermüden unter dieser verminderten Sauerstoffkonzentration schnell; bei einer Sauerstoffkonzentration unter 13 % können ernste Schäden und der Tod eintreten [138].

Angaben zum Umfang des ordovizisch-silurischen Massenaussterbens sind natürlich nur grobe Schätzungen. Daraus kann aber geschlossen werden, dass von den um 450 Millionen Jahren vor unserer Zeit vorhandenen Familien, Genus und Arten 10 Millionen Jahre später viele fehlten. Schätzungsweise gingen etwa 80 % der Arten, 60 % der Gattungen und etwa 100 Familien (25 % der Familien) verloren [139].

Hinsichtlich der Ursache des Massenaussterbens gibt es unterschiedliche Theorien, unter anderem, dass ein Gammablitz von einer Hypernova (Supernova eines zuvor besonders großen Sterns) zur Zerstörung der Ozonschicht geführt hätte, wodurch die UV-Strahlung ungeschützt die Erde getroffen hätte und tödlich geworden wäre. Astronomische Belege für eine passende Hypernova fehlen jedoch. Lebewesen in tieferen Wasserschichten wären vor der UV-Strahlung einigermaßen geschützt gewesen, jedoch waren die belebtesten ökologischen Nischen wohl die Flachwassermeere der Urkontinente.

Vulkanismus könnte die Atmosphäre und das Klima stark verändert haben. Das Driften des Südkontinents Gondwana über den Südpol führte zur Vereisung des Kontinents und der darauf befindlichen Flachwassergewässer, die wohl die wichtigsten Habitate für Leben im Ordivizium waren. Kontinentaldrift als Ursache für ein plötzliches Massenaussterben? Das ordovizisch-silurische Massenaussterben darf man sich nicht als ein Ereignis zu einem bestimmten Zeitpunkt vorstellen (obwohl Entwicklungen, die Millionen von Jahren umfassen, wie ein Augenblick klingen, wenn man einem Geologen zuhört). Vielmehr war das Massenaussterben ein Prozess, dem wir einen Zeitraum von etwa 10 Millionen Jahren zugestehen (wieder zum Vergleich: den modernen Menschen gibt es seit etwa 300.000 Jahren) – also genug Zeit für die nach menschlichem Zeitgefühl unglaublich langsam driftenden Kontinentalplatten Gondwanas, den Südpol zu überqueren. Heutige Kontinentalplatten driften etwa 1–20 cm pro Jahr. Eine mit 10 cm pro Jahr driftende Platte würde in 10 Millionen Jahren 1000 km zurücklegen.

(2) Kellwasser-Ereignis (spätdevonisches Massenaussterben, vor etwa 372 Mio. Jahren)

Das Devon folgte vor etwa 419 Millionen Jahren auf das Silur und ging vor etwa 359 Millionen Jahren in das Karbon über. An Land entwickelte sich die schon im Silur komplexer gewordene Pflanzenwelt weiter und bildete Farne und andere sich deutlich über den Boden erhebende Gewächse. In der Endphase des Devon, dem Oberdevon, entstanden ausgedehnte Sumpfwälder, aus denen die ältesten Kohleflöze der Erde wurden.

Versteinerte Ammoniten stellten meine Kindheitserinnerung für Fossilien dar, da mein Vater ein Ammonitenfossil in seinem Arbeitszimmer hatte und Ammoniten auch die Broschüre des Bad Dürkheimer Naturkundemuseums zierten. Für mich waren das schneckenförmige Fossilien. Aber wenn ich jetzt „Ammoniten" nachschlage, lerne ich, dass Ammoniten Kopffüßer mit einem planspiralen Gehäuse waren, das sich mathematisch als logarithmische Spirale beschreiben lässt. Wieder etwas dazugelernt! Diese Ammoniten – mein Inbegriff für Fossilien – traten auch im Devon vor etwa 407 Millionen Jahren auf die Bildfläche und prägten die Erde etwa 350 Millionen Jahre lang, bis sie vor 66 Millionen Jahren dem jüngsten der fünf Massenaussterben zum Opfer fielen (dazu später mehr).

Der atmosphärische Sauerstoffgehalt im Devon lag bei etwa 15 % (heute 21 %) und der CO_2-Gehalt bei etwa 2200 ppm (heute bei 403 ppm bzw. etwa 280 ppm vor 200 Jahren).

Das Devon wird zuweilen auch Zeitalter der Fische genannt, da sich eine große Arten-, Formen- und Größenvielfalt an Fischen entwickelte [137]. Zu den Fleischflossern gehören die sechs heute noch lebenden Lungenfischarten und zwei heute noch lebende Quastenflosserarten: der Komoren-Quastenflosser und der Manado-Quastenflosser. Gegen Ende des Devon wagten sich die ersten amphibisch lebenden Tiere kurze Zeit an Land. Im Devon erreichten die Pflanzen vorher nie zuvor aufgetretene Entwicklungen und Größen: Vorher reichten Pflanzen vielleicht maximal 30 cm über den Boden. Die Bäume des Oberdevon wurden 30 m hoch.

Das spätdevonische Massenaussterben ist ein zweiphasiges Massenaussterben bestehend aus dem Kellwasser-Ereignis vor etwa 372 Millionen Jahren und dem (nur) 13 Millionen Jahre später stattfindenden Hangenberg-Ereignis, mit dem das Devon vor etwa 359 Millionen Jahren endete (zur Erinnerung: Den modernen Menschen, *Homo sapiens*, gibt es seit etwa 300.000 oder 0,3

Millionen Jahren.). Auch die das Silur prägenden Panzerfische waren nach dem Massenaussterben verschwunden. Die Trilobiten, die im Ordivizium und im Devon überall auf der Erde in großer Zahl lebten, wurden durch das spätdevonische Massenaussterben auf vier Familien (im biologisch-taxonomischen Sinne der Gattung übergeordnete Gruppen) dezimiert. Diese hatten dann immerhin noch weitere 90 Millionen Jahre in den auf das Devon folgenden Karbon- und Permperioden Bestand, bis sie dem größten aller Massenaussterben an der Perm-Trias-Grenze zum Opfer fielen.

Hinsichtlich der Ursache des Kellwasser- und des Hangenberg-Ereignisses gibt es nur Spekulationen. Die Langfristigkeit des Prozesses mit zwei Hauptphasen, zwischen denen 13 Millionen Jahre lagen, lässt ein einmaliges kausales Ereignis unwahrscheinlich erscheinen. Wahrscheinlich war das spätdevonische Massenaussterben ein multifaktorielles Geschehen, bei stark wechselnden atmosphärischen Verhältnissen, an die sich viele Arten nur unzureichend anpassen konnten. Mögliche aufeinanderfolgende Katastrophen wie Asteroideneinschläge oder große Vulkanausbrüche mit Folgen für das Erdklima könnten eine Rolle gespielt haben.

Im Meer ging der Sauerstoffgehalt des Wassers zurück. Die Pflanzen gestalteten durch Photosynthese maßgeblich die Atmosphäre mit. Photosynthese auf den ergrünten Landmassen könnte den CO_2-Gehalt der Atmosphäre verringert und damit die Treibhauswirkung abgeschwächt haben, wozu es zu Kälte und Eisbildung gekommen sein könnte. Die Größe der neuen Landpflanzen mit komplexen, tiefreichenden Wurzelsystemen könnte zu einem Umbau der Oberflächenböden geführt haben. Wahrscheinlich wurden Böden mobiler und stärker mit organischen Substanzen aus abgestorbenen Organsimen durchsetzt. Durch Verwitterungsprozesse wurden diese Böden in die Gewässer gespült und könnten dort zu einer Überdüngnung mit Eutrophierung der Gewässer geführt haben: Durch die Nährstoffüberdüngung wäre es zu einer Algenblüte gekommen und große Mengen organischen Materials wären abgesunken und zersetzt worden, wodurch

Fäulnisgase entstanden und Sauerstoff verbraucht worden wäre. Die vielen Konjunktive in meinen Formulierungen deuten an, dass all diese Theorien faszinierend, aber hochspekulativ sind [140].

(3) Massenaussterben an der Perm-Trias-Grenze (vor 252 Mio. Jahren)

Dem Perm ging das Karbon voraus. Im Karbon lag der Sauerstoffgehalt der Atmosphäre dank einer reichen grünen Pflanzenwelt bei 35 % (heute 21 %), was neben der üppigen Flora auch die Entwicklung von Insekten enormer Größe begünstigte (Libellen mit 70 cm Flügelspannweite, 2 m lange Tausendfüßler). Der in den Lebensformen des Karbons gespeicherte Kohlenstoff lagerte sich nach deren Absterben und Zersetzung im Erdreich ab wodurch die Kohleflöze entstanden, die zum Namensgeber dieser Erdära wurden.

Das Perm folgte vor etwa 299 Millionen Jahren auf das Karbon und ging vor etwa 252 Millionen Jahren in das Trias über. Die Perm-Trias-Grenze markiert das größte Massenaussterben der Erdgeschichte. Zudem entwickelten sich aus den im Karbon gut gedeihenden Lungenfischen viele amphibienartige Tiere, von denen im Perm insbesondere die Amnion- oder Nabeltiere zusehends vom Wasser unabhängig wurden und auch für die Fortpflanzung nicht mehr auf Wasserhabitate angewiesen waren.

Im Perm sank der Sauerstoffgehalt allmählich auf etwa 16 %. Die Insekten wurden wieder kleiner, entwickelten sich ansonsten aber prächtig und waren wohl in jeder Zeit die erfolgreichste Klasse der Evolution. (Wobei man derzeit viel über menschgemachtes Insekten–sterben liest – auch die Erfolgsgeschichte der Insekten muss ja mal zu Ende gehen.) Auch die zu Landgängern gewordenen Wirbeltiere entwickelten sich bei weniger Sauerstoff im Perm gut. Heute noch lebende Amniontiere sind die Schildkröten; sie entstanden vor etwa 220 Millionen Jahren, im Trias, also 30 Millionen Jahre nach dem hier beschriebenen Massen–sterben.

Die Amnioten brachten zwei Entwicklungslinien hervor: Aus den Sauropsiden gingen die Reptilien und die Vögel hervor und aus den Synapsiden die Säugetiere. Im Perm gab es schon Landwirbeltiere beachtlicher Größe: Die Diadectomorpha, eine vor etwa 272 Millionen Jahren ausgestorbene Gruppe, hatten Eigenschaften von Reptilien und Amphibien, einen recht massigen Körperbau und wurden bis zu drei Metern lang. Auch die Säugetiervorläufer (Therapsiden = „säugetierähnliche Reptilien") brachten mit der Gruppe der Gorgonopsia imposante und furchterregende Arten hervor, unter anderem mehr als vier Meter lange und fast zwei Meter hohe Raubtiere mit säbelzahnartig vergrößerten Eckzähnen. Allerdings wurde die komplette Gruppe der Gorgonopsia bei dem Massensterben an der Perm-Trias-Grenze ausgelöscht [141].

Die Perm-Trias-Grenze vor etwa 250 Millionen Jahren wird in der geologischen Zeiteinteilung auch als Übergang von Erdaltertum zu Erdmittelalter betrachtet. An der Perm-Trias-Grenze ereignete sich das größte Massenaussterben der Erdgeschichte. Etwa drei Viertel der an Land lebenden Arten und etwa 95 % der marinen Arten gingen verloren, darunter die letzten vier Trilobitenarten, die das Aussterben des Kellwasser-Ereignisses überstanden hatten, sowie viele Insektenarten, die von Massenaussterbeereignissen sonst weniger betroffen waren. Der überaus erfolgreiche Stamm der Trilobiten war somit unwiederbringlich ausgelöscht, nachdem sie etwa 300 Millionen Jahre lang das komplexere Leben auf der Erde maßgeblich geprägt hatten [137].

Eines der wenigen Großtiere, die im Perm entstanden und das Massensterben überlebten, war der Pflanzenfresser Lystrosaurus, der ungefähr so groß wie ein heutiges Schwein war und das frühe Trias dominierte. Wie die Lystrosaurus-Gruppe das Massensterben überstand, ist Gegenstand von Spekulationen. Möglicherweise kamen die Tiere mit der CO_2-reichen Atmosphäre, die an der Perm-Trias-Grenze entstand, besser zurecht und hatten zudem als wenig spezialisierte Pflanzenfresser genügend Ausweichmöglichkeiten, wenn Lebenshabitate verloren gingen.

Das Perm-Trias-Ereignis geschah vor rund 252 Millionen Jahren in einem für geologische Dimensionen enorm kurzen Zeitraum von etwa 60.000 Jahren (zum Vergleich: Zwischen dem Kellwasser- und des Hangenberg-Ereignis des spätdevonischen Massenaussterbens lagen 13 Millionen Jahre.) [142].

Über die Ursachen für dieses Massenaussterben können wir wieder nur spekulieren. Wahrscheinlich gab es mehrere. Die Lebensbedingungen veränderten sich wohl so schnell, dass sich die meisten Organismen evolutionär nicht anpassen konnten und ausstarben.

Eine kausale Beteiligung eines Meteoriteneinschlags galt bis vor etwas mehr als zehn Jahren als eine eher unwahrscheinliche (Mit-)Ursache des Perm-Trias-Massenaussterbens, da in den entsprechenden geologischen Schichten keine Iridiumspuren, die als typisch für Meteoriteneinschläge gelten, gefunden wurden. Im Jahr 2006 wurden dann jedoch bei Satellitenbeobachtungen der Wilkesland-Region der Antarktis großräumige Gesteinsverdichtungen unter dem Eis entdeckt, wie sie typisch für Meteoritenkrater sind. Der Wilkesland-Krater hat einen Durchmesser von 500 km, der Durchmesser des möglichen verursachenden Meteoriten wurde auf bis zu 50 km geschätzt. Allerdings könnte die Gesteinsverdichtung auch andere Ursachen gehabt haben als einen Meteoriteneinschlag [143]. Direkte Gesteinsproben konnten bisher noch nicht geborgen werden, da das Gestein aufgrund der überliegenden zwei bis drei Kilometer dicken Eisschicht schwer zugänglich ist. Die vermutete Altersangabe des Kraters von 250 Millionen Jahren ist also mit Vorsicht zu genießen. Dieser Zeitpunkt wird gerne mit Verweis auf das Perm-Trias-Massenaussterben genannt. Daraus dann wieder zu schließen, der Meteorit habe das Massenaussterben ausgelöst, wäre ein zirkulärer Schluss und unzulässig.

Auch der vor der australischen Küste liegenden Bedout-Formation wird ein potenzieller Kausalzusammenhang mit dem Perm-Trias-Massenaussterben zugeschrieben. Doch gehen auch hier die Meinungen auseinander, ob Bedout ein Meteoritenkrater oder eher vulkanischen Ursprungs ist. Auch bei der Altersbestimmung ist noch nicht das letzte Wort gesprochen. Kurzum: Ob ein Meteoriteneinschlag am Massenaussterbeprozess an der Perm-Trias-Grenze beteiligt war, ist weiterhin unklar.

Aber auch ohne extraterrestrische Ursachen gab es einige geologische Aktivitäten an der Perm-Trias-Grenze, welche die damaligen Lebensbedingungen dramatisch beeinflusst haben könnten. Der Sibirische Trapp ist eine riesige vulkanische Flutbasalt-Ablagerung. Diese findet sich in Schichten, welche die Zeit des Massenaussterbens vor 252 Millionen Jahren repräsentieren, auf einer Fläche von heute etwa 2 Mio., ursprünglich etwa 7 Mio. km^2 in 3 km dicken Schichten. Um sich eine Vorstellung von der Gewaltigkeit dieser Schichten machen zu können: 7 Mio. km^2 entspricht der 20-fachen Fläche der Bundesrepublik Deutschland (Fläche 357.000 km^2). Diese gewaltigen Magmamassen sind in einer in geologischen Zeitdimensionen kurzen Zeit von wenigen Hunderttausend Jahren entstanden [144]. Durch den Vulkanismus und zusätzlich durch in Brand gesetzte Kohlelagerstätten wurden gewaltige Mengen CO_2 freigesetzt, die zu einer Erwärmung der Atmosphäre (Treibhauseffekt) und einer Übersäuerung der Ozeane führten. Die Meere erwärmten sich rasch (bis zu 8 Grad Celsius in oberen Schichten), wodurch ihr Sauerstoffgehalt sank. Aus einem sauerstoffreichen pH-Wert-optimierten Lebensraum wurde eine lebensfeindliche, anoxisch übersäuerte, trübe Brühe.

Zudem kam es zu einem starken Anstieg von Methan in der Atmosphäre, wahrscheinlich durch Freisetzung der vereisten Methanhydratlagerstätten der ozeanischen Schelfgebiete und möglicherweise auch durch die Ausbreitung eines anaeroben Bakteriums, das durch einen neuen Stoffwechselweg organisches Material in Methan umsetzte [145]. Das zusätzliche Treibhausgas Methan bewirkte eine weitere Erwärmung um geschätzte 5 Grad. Während des Massenaussterbens stieg die durch Sauerstoffisotopenmessung geschätzte Oberflächenwassertemperatur auf über 40 Grad Celsius [146]. Außer in den etwas kühleren gemäßigten Zonen und den Polregionen war für die meisten Organismen in großen Teilen der Erde kein Überleben möglich.

(4) Massenaussterben an der Trias-Jura-Grenze (vor etwa 201 Mio. Jahren)

Das Trias folgte vor etwa 252 Millionen Jahren dem Massensterben am Ende des Perm. Die nun auftauchende Fauna war derart distinkt, dass Geologen im Beginn des Trias mehr als nur den Anbruch einer neuen Periode sahen, sondern den Anbruch einer neuen Ära, das Erdmittelalter (Mesozoikum).

Die Trias war durch das Bestehen des neuen Superkontinents Pangaea charakterisiert, der durch den Zusammenschluss des Südkontinents Gondwana mit dem Nordkontinent Laurussia im Perm entstanden war. Die Überhitzung des Planeten, die zum Massenaussterben am Ende des Perm geführt hatte, war auch im Trias noch zu spüren. In den meisten Gebieten der Erde herrschte ein warmes tropisches oder subtropisches Klima. Die Formation des Superkontinents hatte zu einer Verringerung der in der Vergangenheit für das Leben wichtigen Küstenhabitate geführt. Stattdessen gab es nun große Kontinentalgebiete, die größtenteils durch Wüsten geprägt waren, auch weil Niederschläge das Inland selten erreichten und gleichzeitig die Tiefdruckgebiete an den Küsten heiße, trockene Luft aus dem Inland anzogen.

Die Pflanzenwelt an Land änderte sich, obwohl viele Pflanzen aus vorherigen Perioden im Trias weiterexistierten, teilweise bis zum heutigen Tag, darunter die Baumfarne, die Palmfarne und der im Trias gut gedeihende Ginkgo-Baum. Allerdings gewannen die Nacktsamer und die Vorläufer der Bedecktsamer gegenüber den vorher dominierenden Farnen die Oberhand. Kieferartige Bäume waren durch das Massenaussterbeereignis am Ende des Perms massiv dezimiert worden. Einige Arten erholten sich aber im Trias, und deren Nachfolgearten zieren auch heute noch unsere Wälder und Heiden.

Während des Trias entstanden auch wieder ausgedehnte Korallenbänke. In den Perioden davor waren die Korallen wie erwähnt durch die Wasserübersäuerung, die mit der hohen atmosphärischen CO_2-Konzentration einherging, weitgehend zerstört worden. Conodonten (Kegelzähne) waren eine Klasse von bis zu

40 Zentimeter langen meerbewohnenden aalförmigen Chordatieren, die unter Laien weitgehend unbekannt sind und am Ende des Trias ein für alle Mal ausstarben, nachdem sie das Leben auf der Erde seit dem Kambrium (etwa 541 Millionen Jahre vor unser Zeit) etwa 340 Millionen Jahre lang entscheidend mitgeprägt hatten.

Von den Vorläufern der Landsäugetiere, den Therapsiden, konnten sich nur zwei Gruppen stark dezimiert vom Perm ins Trias retten: die Dicynodontia (u. a. Lystrosaurus) und die Cynodontia. Aus den Cynodontia („Hundezähner") gingen die Säugetiere hervor. Allerdings wurden die Therapsiden von den Eureptilien (Vorläufer der Reptilien und der Vögel), die sich in der Trias prächtig entwickelten, in den Hintergrund gedrängt.

Die Trias endete erneut mit einem Massenaussterben: „Nur" 50 Millionen Jahre nach dem größten Massenaussterben komplexen Lebens auf der Erde an der Perm-Trias-Grenze kam es 201 Millionen Jahre vor unserer Zeit an der Trias-Jura-Grenze erneut zu einem Massenaussterben. Als Ursache wird – wie immer – der Einschlag eines Meteoriten diskutiert. Verdächtige Meteoritenkrater sind der Wells-Creek-Krater im US-Staat Tennessee, der Red-Wing-Krater in North Dakota und der Rochechouart-Chassenon-Krater im französischen Zentralmassiv. Mir fällt auf, dass all diese Kandidatenkrater in Regionen der Erde (USA und Europa) liegen, in denen es viele Geologen gibt, was Raum für Spekulationen über weitere Krater in schlechter bekannten und kartierten Gebieten der Erde läßt.

Die derzeit favorisierte Hypothese ist, dass starker Vulkanismus durch Aufbrechen der zentralatlantischen Spalte das Weltklima destabilisiert und das Massenaussterben verursacht hat. Kohlenstoffisotopmessungen deuten auf einen raschen CO_2-Anstieg im ausgehenden Trias innerhalb weniger Hunderttausend Jahre hin [147].

(5) Massenaussterben an der Kreide-Paläogen-Grenze (vor etwa 66 Mio. Jahren)

Mit Anbrechen der Jura-Periode (im Englischen „Jurassic") brach vor 201 Millionen Jahren das Zeitalter der Dinosaurier an, das sich 165 Millionen Jahre über die Perioden Jura und Kreide erstreckte und vor 66 Millionen Jahren durch das fünfte große Massenaussterben jäh beendet wurde (zum Vergleich: Den *Homo sapiens* gibt es seit gerade mal 300.000 Jahren).

Fast unbemerkt, im Schatten der Dinosaurier, betraten die ersten Säugetiere die Bühne des Lebens. Diese waren aus einigen Cynodontia hervorgegangen, die das letzte Massenaussterben überlebt hatten. Solange die Dinosaurier die Erde beherrschten, entwickelten sich allerdings keine größeren Säugetiere. Während die Dinosaurier die größten jemals auf der Erde lebenden Landtiere waren, kamen unsere zur gleichen Zeit lebenden Säugetiervorfahren nicht über die Größe einer Ratte hinaus.

Die Ära der Dinosaurier endete jäh mit dem Massenaussterben vor etwa 66 Millionen Jahren an der Kreide-Paläogen-Grenze. Dieses Massenaussterben wird dem Einschlag eines gewaltigen Meteoriten angelastet. Im Jahr 1991 wurde vor der Halbinsel Yucatan (Mexiko) ein Krater mit einem Durchmesser von 180 Kilometern gefunden, der heute den Namen Chicxulub-Krater trägt. Die Meteoriteneinschlagshypothese bestand schon seit den 1980er Jahren. In geologischen Schichten, die der Kreide-Paläogen-Grenze entsprechen, hatte man Iridiumspuren gefunden, die auf einen Meteoriteneinschlag hinweisen.

Dem Massenaussterben fielen auch die Dinosaurier zum Opfer. Allerdings gilt die Sicht, dass die Dinosaurier restlos ausgerottet wurden, inzwischen als überholt. Die Dinosaurier werden in der Tat als ausgestorbener Zweig der Reptilien geführt. Allerdings sind Nachfahren bestimmter Dinosaurier, nämlich der theropoden Saurier, heute noch weltweit präsent: die Vögel. Da fragt man sich natürlich sofort, aus welchem exotischen, nur Experten bekannten Zweig der Dinosaurier sich die Vögel entwickelt haben, also welche Dinosaurier sich hinter den theropoden Sauriern verbergen. Nun, tatsächlich ist dies eine Gruppe Saurier, die in der Populärkultur unserer Zeit einen hohen Bekanntheitsgrad erlangt haben: fleischfressende, meist aufrecht laufende Saurier mit starken Beinen und deutlich kleiner ausgeprägten Armen. Eine Art theropoder Saurier, die auch heute Kinder fasziniert, wurde mir, noch bevor ich lesen und schreiben konnte, von Maestro in der wunderbaren Zeichentrickserie „Es war einmal ..." von Albert Barillé vorgestellt: der *Tyrannosaurus rex*.

Das sechste Massenaussterben komplexer Arten

Die fünf dargestellten großen Massenaussterbeereignisse geben nur exemplarisch das Kommen und Gehen der Arten auf unserer Erde wieder. Wie groß ist die Wahrscheinlichkeit, dass die Menschheit ein Massenaussterben komplexer Arten erlebt?

Wenn man nur die Wahrscheinlichkeiten über die Zeit zerlegen würde, wäre diese Wahrscheinlichkeit eher gering, da der *Homo sapiens* erst 300.000 Jahre auf der Erde ist, also ein 220stel der Zeit, die seit dem letzten Massenaussterben vor 66 Millionen Jahren vergangen ist.

Dennoch: Nach allem, was wir über die Entwicklung der Artenvielfalt in den letzten hunderttausend Jahren wissen, könnten wir mittendrin im sechsten Massenaussterben des Phanerozoikums sein. Nicht nur mittendrin, sondern aktiv! Dieses sechste Massenaussterben ist wohl anthropogen – menschgemacht. Die Frage ist, ob die Menschheit dieses Massenaussterben selbst übersteht. Die Zerstörung der Ökosysteme der Erde könnte auch uns die Lebensgrundlage entziehen. Aber kann der Rückgang der Artenvielfalt auch direkte katastrophale Folgen für die Menschen haben? Oder zynisch gefragt: Kann uns das Aussterben von Wildtieren bei unsentimentaler, brutaler Betrachtung gleichgültig sein? Das Aussterben der Wisente hätte wohl für unsere Spezies keine direkten schädlichen Konsequenzen gehabt. Als Rohstofflieferanten brauchen wir schließlich nur wenige Nutztierarten. Allerdings gibt es bei wildlebenden Nutztieren, die eine wichtige Komponente der Welternährung sind Anzeichen bedrohlicher

Rückgänge: bei den Fischen. Die Menschen fangen einfach zu viele Fische. Wir fischen die Meere leer [148]!

Vergleich von Mensch, Nutztier und Wildtiermassen im Anthropozän

Welche Rolle spielen Wildtiere überhaupt noch in Zeiten industrieller Landwirtschaft und Massentierhaltung? Allein durch seine zunehmenden Bevölkerungszahlen wirkt der *Homo sapiens* immer stärker auf die Zusammensetzung der Ökosysteme auf der Erde ein. Um das Verhältnis der Wild- zu den Nutztiere im Anthropozän (Zeitalter des Menschen) zu quantifizieren, hat Vaclav Smil in seinem Artikel „Harvesting the Biosphere: The Human Impact" versucht, die Säugetiermasse (*mammalian biomass*) in drei Kategorien, als Anthropomasse (Masse aller lebenden Menschen) und Zoomasse (Masse aller lebenden Säugetiere) aufgeteilt in Masse domestizierter Landsäugetiere und Masse wilder Landsäugetiere, zu schätzen [149]. Natürlich sind solche Schätzungen ungenau, aber insbesondere der Vergleich der Schätzungen für die Jahre 1900 und 2000 zeigt eine nicht zu leugnende Entwicklung, die drastischer kaum sein könnte (Tabelle 8).

Tabelle 8:   **Massenvergleich Menschen, wilde Landsäugetiere und domestizierte Landsäugetiere**

	Menschen (Mt C)	Wilde Landsäugetiere (Mt C)	Domestizierte Landsäugetiere (Mt C)	Gesamt
1900	13	10	35	58
2000	55	5	120	180

Mt C = Millionen Tonnen Karbontrockenmasse

Beispiel für die Berechnung der globalen Karbontrockenmasse für die im Jahr 2000 auf der Welt lebenden 6,1 Milliarden Menschen: Smil nahm ein globales Durchschnittsgewicht von 50 kg pro Mensch an. Dies ergibt bei 6,1 Milliarden Menschen etwa 300 Millionen Tonnen Mensch im Jahr 2000. Unter der Annahme, dass Wasser etwas mehr als 60 % des menschlichen Körpers ausmacht, bleiben etwa 40 % x 300 Mt = 120 Mt Trockenmasse, von denen etwa 45 % Kohlenstoff (Karbon) sind (45 % x 120 Mt = 54 Mt C; Smil rechnete mit 55 Mt C weiter, um für das vorherige Aufrunden der menschlichen Trockenmasse von etwas weniger als 40 % auf 40 % zu kompensieren.). In der Originaltabelle waren noch Spalten für Elefanten und Viehhaltung enthalten und keine Gesamtsumme angegeben. Ich bin davon ausgegangen, dass Elefanten schon in der Masse der wilden Landsäugetiere enthalten und Viehhaltung schon in den domestizierten Landtieren enthalten waren.

Insgesamt hat sich die Karbontrockenmasse der Landsäugetiere demnach von 58 Mt C (Millionen Tonnen Karbontrockenmasse) auf 180 Mt C verdreifacht (die Säule für das Jahr 2000 in Abbildung 6 müsste eigentlich dreimal so breit sein wie die für das Jahr 1900). Allerdings hat sich die Trockenkarbonmasse der wilden Landsäugetiere von 10 auf 5 Mt C halbiert, die der Menschen von 13 auf 55 Mt C vervierfacht und die der domestizierten Tiere von 35 auf 120 Mt C mehr als verdreifacht (Tabelle 8 und Abbildung 6).

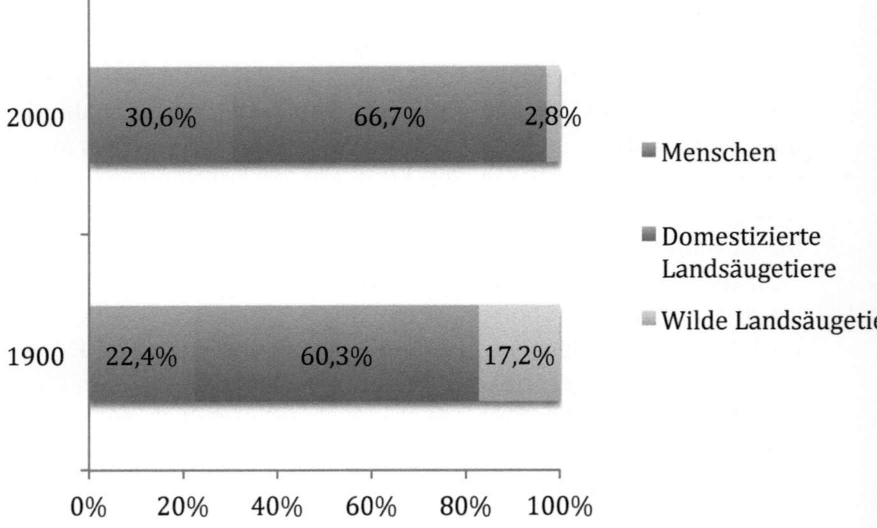

Abbildung 6: Landsäugetierkarbonmasse für Menschen, domestizierte Landsäugetiere und wilde Landsäugetiere im Jahr 1900 und 2000. [149] Datenquelle Smil et al. Population Development Review 2011.

Vor 10.000 Jahre waren die meisten großen Landsäugetiere Wildtiere. Schätzungen, wie hoch der Anteil domestizierter Tiere an der Gesamtmenge aller Großtiere auf der Welt war sind natürlich hochspekulativ. Derart grob geschätzt lag der Anteil des Menschen und der vom Menschen domestizierten Vertebraten an der gesamten Biomasse der Vertebraten vor 10.000 Jahren bei etwa 0,1%. Heute liegt dieser Anteil über 97% [150].

Genetische Flaschenhälse und historische Demografie

Für viele Wildtiere wie Wisente oder Blauwal könnte selbst, wenn das kurzfristige Überleben gesichert scheint, die geringe genetische Vielfalt langfristig zum Verhängnis werden. Populationen, die sich wenige Generationen nach einem Beinahe-

Aussterben auf nur wenige Individuen zurückführen lassen, sind fragiler gegenüber Seuchen. Die nach dem genetischen Flaschenhals geringere genetische Vielfalt reduziert die Wahrscheinlichkeit, dass es in der Population Tiere gibt, die durch genetische Zufälle weniger anfällig für Seuchen sind und diese überstehen. Bei 7,5 Mrd. Exemplaren weltweit sollte dies für den *Homo sapiens* eigentlich kein Problem darstellen, oder? Wenn man die genetische Variabilität einer Art untersuchen möchte, untersucht man gerne die mitochondriale DNA, da diese direkt vom Muttertier auf das Jungtier weitervererbt wird und somit keine Durchmischung zwischen den Erbanlagen beider Elterntiere erfolgt. Je stärker die genetische Variabilität der mitochondrialen DNA einer Art, desto höher die Zahl der Muttertiere von der die Individuen dieser Art abstammen.

Die unerwartet geringe genetische Variabilität der menschlichen mitochondrialen DNA impliziert, dass wir heute lebenden Menschen aus einer sehr kleinen Population von etwa 1000 bis 30.000 Individuen hervorgegangen sind, die ein katastrophales Massensterben unserer Spezies vor etwa 70–80.000 Jahren überlebt haben. Wurde dieses Massensterben durch eine Katastrophe ausgelöst oder war es Folge eines allmählichen Bevölkerungsrückgangs durch langfristig widrige Umstände [151, 152]?

Der Ausbruch des Toba-Vulkans auf Sumatra mit dem folgenden vulkanischen Winter wurde Ende der 1990er Jahre als mögliche Ursache für ein solches Massensterben ins Spiel gebracht [153]. Demnach überlebten nur wenige Menschen der Gattung *Homo sapiens* im tropischen Afrika die Katastrophe. Die scheinbare Plausibilität dieser Geschichte darf nicht darüber hinwegtäuschen, dass sie viele spekulative Elemente enthält. Eiskerne, die in Nordpolnähe gewonnen wurden, enthalten deutliche Störungen im Eisaufbau vor etwa 71.000 Jahren, jedoch finden sich diese nicht in Bohrkernen der südpolnahen Antarktis. In Südindien (Jwalapuram) wurden Werkzeugspuren in Schichten unmittelbar über und unter der Toba-Tuffschicht gefunden. Dies spricht für eine regional kontinuierliche menschliche Besiedlung, die vom Ausbruch des Toba nicht nennenswert gestört wurde [154]. Welche menschliche Spezies diese Werkzeuge erstellt hat, ist allerdings umstritten. Neben *Homo sapiens* kommen auch Menschen der ausgestorbenen Arten *Homo erectus* oder *Homo neanderthalensis* in Frage. Die Out-of-Africa-I-Hypothese bezieht sich auf die von Afrika ausgehende vor etwa 1,8 Millionen Jahren erfolgende Ausbreitung des *Homo erectus* über den eurasischen Kontinent, inklusive des indischen Subkontinents.

Eine Urheberschaft der Werkzeuge vor 70.000 Jahren durch den *Homo sapiens* wäre im Widerspruch zur „Recent-African-Origin-Hypothese", nach der die Besiedlung des eurasischen Kontinents vor etwa 40.000 Jahren durch den *Homo sapiens* von Afrika ausging, weshalb zur Zeit des Toba Ausbruchs noch keine *Homo sapiens* auf dem indischen Kontinent gelebt hätten.

Während das Alter des *Homo sapiens* als eigene Art früher auf etwa 200.000 Jahre geschätzt wurde, weisen neuere Untersuchungen von *Homo-sapiens*-Fossilienfunden aus Marokko, die etwa 300.000 Jahre alt sind, auf eine früher einsetzende Existenz der modernen Menschen hin [155, 156]. Die Fundorte der drei ältesten *Homo-sapiens*-Fossilien bislang sind Äthiopien, Südafrika und Marokko. Dies bestätigt die bislang gültige Theorie, welche die Wiege der Menschheit in Afrika verortet. Offenbar hatte sich *Homo sapiens* auch schon früh über den gesamten afrikanischen Kontinent verbreitet. Die meisten *Homo-sapiens*-Siedlungsweltkarten zeigen Pfeile, die von Äthiopien ihren Ausgang nehmend auf die Arabische Halbinsel und von dort nach Europa und Zentralasien zeigen. Die mutmaßlich von der Kaltzeit vor 70.000 Jahren stärker betroffenen Regionen Europas wurden demnach vor etwa 40.000 und Eurasien und Asien vor etwa 60–25.000 Jahren durch den *Homo sapiens* besiedelt, also deutlich nach dem genetischen Flaschenhals vor 70.000 Jahren.

Die Nachfolger der aus dem genetischen Flaschenhals hervorgehenden Gründerpopulation besiedelten in der Folgezeit in Übereinstimmung mit der gängigen Recent-African-Origin-Theorie von Afrika aus die Welt [157].

Zeitlich fällt der genetische Flaschenhals vor etwa 70.000 Jahren mitten in die letzte für Europa beschriebene Kaltzeit, die vor ca. 115.000 Jahren begann und vor etwa 11.600 Jahren endete. Ein allmählicher Zurückgang der menschlichen Populationen durch die widrigen Umstände ist somit auch gut ohne ein markantes Katastrophenereignis denkbar. Allerdings würde dies vorraussetzen, dass die Lebensbedingungen auf dem Afrikanischen Kontinent ebenfalls so stark betroffen waren, dass die dort lebenden Homo sapiens Populationen beeinträchtige wurden. Vielleicht waren es einfach lolake Prozesse, die den Menschen das Leben schwer machten oder die Sozialstrukturen der damals lebenden Homo sapiens waren so angelegt, dass die Fortpflanzung sistierte.

Unter der Annahme, dass die Recent-African-Origin-Hypothese mit den geschilderten zeitlichen Einordnungen in groben Zügen zutrifft, muss der zum genetischen Flaschenhals des *Homo sapiens* führende Bevölkerungsrückgang auf dem afrikanischen Kontinent stattgefunden haben. Klimaänderungen können natürlich dazu beigetragen haben und zum Beispiel durch Dürre die Nahrungsgrundlagen unserer Vorfahren eingeengt haben. Ein genetischer Flaschenhals muss ja auch nicht unbedingt durch ein Massensterben hervorgerufen worden sein, sondern kann auch einfach das Resultat einer niedrigeren Fertilität sein. Aber vielleicht gab es den für die Zeit vor 70.000 Jahren postulierten genetischen Flaschenhals auch gar nicht. Möglicherweise war die *Homosapiens*-Population über Jahrtausende auf niedrigem Niveau einigermaßen stabil.

Wir wissen es nicht. Wir wissen nur, dass unsere genetische Vielfalt geringer ist als man es nach 300.000 Jahren Ausbreitung unserer Spezies über den Planeten erwarten sollte.

Leider sind die Grundlagen für Schätzungen prähistorischer Demografie sehr dünn. Aufzeichnungen gibt es nicht und anhand der sehr seltenen Fossilienfunde lässt sich nur auf die Existenz einer Art schließen, was oftmals in Abgrenzungen zu anderen verwandten Arten für sich allein schon schwierig ist. Anhand der Fossilienfunde direkt abzuschätzen, wie groß die Populationen waren, ist schlicht nicht möglich. Durch moderne Genomvergleichsverfahren lässt sich aber immerhin die genetische verwandtschaftliche Nähe zwischen Individuen abschätzen, woraus man dann wiederum auf die Größe der Population, von der die Individuen abstammen, schließen kann: Durch Abschätzung phylogenetischer Abstände (genetische Variabilität ist umso geringer, je näher verwandt Individuen sind) lässt sich auch abschätzen, wie viele gemeinsame Vorfahren die heute lebenden Menschen hatten. Eine Schätzung der Weltpopulationsgröße der direkten Vorfahren des *Homo sapiens* (*Homo erectus* und *Homo heidelbergensis*) vor 1,2 Millionen Jahren ergab etwa 18.500, aber nicht mehr als 26.000 Individuen [158]. Diese Schätzzahl – 18.500 Individuen vor 1,2 Millionen Jahren – mit der Schätzzahl 1000– 30.000 Individuen vor 70.000 Jahren zu vergleichen erscheint mir aber aufgrund des enormen Zeitraums, der dazwischen liegt, nicht ratsam. Auch war *Homo erectus* weit über Afrika hinaus verbreitet, wie schon die Bezeichnungen entsprechender Fossilienfunde andeuten (Java-Mensch, Peking-Mensch).

Die heutigen *Homo sapiens* stammen wohl nur von einem Bruchteil der vor 1,2 Millionen Jahren weltweit lebenden *Homo erectus* ab. Nach der Out-of-Africa-Hypothese müssen unsere *Homoerectus*-Vorfahren zu den in Afrika verbreiteten Populationen gehört haben. Entsprechende *Homo-erectus*-Funde wurden in Algerien und Südafrika gemacht.

Eine naheliegende und plausible Erklärung für einen durch ein Massensterben entstandenen genetischen Flaschenhals ist die Ausbreitung einer tödlichen Seuche. Unsere Vorfahren wären dann Individuen, die diese Seuche überlebt hatten. Angesichts der vor 70.000 Jahren sehr dünnen menschlichen Populationsdichte können diese Vorfahren tatsächlich Überlebende sein, also Individuen, die zwar infiziert wurden, jedoch die Krankheit überstanden hatten oder aber zu Gruppen gehörten, die von der Seuche ganz verschont blieben.

Das Paläozän-Eozän-Temperaturmaximum (vor 56 Mio. Jahren)

Das Paläozän-Eozän-Temperaturmaximum (PETM) wird nicht zu den fünf großen Massenaussterben der Geschichte komplexeren Lebens gezählt. Dennoch möchte ich hier kurz auf das PETM eingehen, da es von Klimawissenschaftlern gerne als erdgeschichtliches Vergleichsobjekt für einen rasch ablaufenden Treibhauseffekt herangezogen wird.

Warum aber wird das PETM nicht zu den fünf Massenaussterben gezählt? Nun, zunächst ereignete es sich gerade einmal 10 Millionen Jahre nach dem zuvor beschriebenen Massenaussterben, dem auch die Dinosaurier zum Opfer gefallen waren, also noch in einem Zeitraum, der bei vorherigen Massenaussterben in der Zeitspanne des Ereignisses hätte liegen können. (Man denke an das spätdevonische Massenaussterben vor etwa 372 Millionen Jahren, das nach den paläontologischen Beschreibungen in zwei etwa 13 Millionen Jahre auseinanderliegenden Wellen erfolgte).

Die Organismen, deren Aussterben das PETM laut Paläontologen charakterisiert, sind für den Laien auch alles andere als spektakulär. Dinosaurier kennt jeder, aber wer hat schon von „benthischen Foraminiferen" gehört? Dies sind einzellige Eukaryoten, die aufgrund ihrer versteinernden Schalen zahlreiche Fossilien hinterlassen haben, aber ob ihrer Einzelligkeit wohl nicht zu den komplexen Lebewesen gezählt werden, denen das Interesse der Massenaussterben galt. Dinosaurier sind die Stars in Kinderbüchern und Hollywood-Blockbustern, in Zoos gibt es sie als Plüschtiere oder Modelle. Ähnliche Produkte mit benthischen Foraminiferen würden sich wohl nicht halb so gut verkaufen.

Benthiforme Foraminiferen besiedeln den Meeresgrund in allen Tiefen. Vor 56 Millionen Jahren kam es unter diesen Lebensformen zu einem Massenaussterben mit einem Artenschwund von etwa 30–50 % [159].

Während des PETM stieg die CO_2-Konzentration der Atmosphäre von etwa 800 ppm auf über 2000 ppm in einem sehr kurzen Zeitraum von etwa 10.000 Jahren und die Temperaturen stiegen um

5–8 Grad Celsius. Derzeit liegt die CO_2-Konzentration bei etwas über 400 ppm. Vor 200 Jahren lag sie noch bei 280 ppm [160]. Im Kapitel über den menschgemachten CO_2-Konzentrationsanstieg haben wir den derzeit stattfindenden Anstieg auf etwa 0,5 % pro Jahr geschätzt. Bei stabilem jährlichem CO_2-Anstieg von 0,5 % läge die CO_2-Konzentration im Jahr 2083 bei etwa 560 ppm, was in etwa der doppelten präindustriellen CO_2-Konzentration entspricht – einer Verdoppelung der CO_2-Konzentration in etwas mehr als 300 Jahren.

Natürlich lässt sich das PETM nicht eins zu eins mit heute vergleichen. Die Polkappen waren eisfrei und die gesamte Erde war ein sehr warmer Ort mit feuchtwarmer tropischer Vegetation oder trockenen Wüsten. Die Mischung aus Tropenklima und hohem Kohlenstoffangebot ließ das pflanzliche Leben auf der Erde geradezu explodieren und machte die Landmassen der Erde zu einer grünen Hölle. In den Ozeanen hatte die Erwärmung jedoch wesentlich lebensfeindlichere Effekte. Viele Zooplanktonarten waren für die hohen Wassertemperaturen einfach nicht gemacht; zudem wurde das Wasser durch den Kohlensäure-bildenden CO_2-Eintrag saurer. Hierdurch wurden zum Beispiel die Gehäuse der erwähnten benthiformen Foraminiferen instabil. Für die Landsäugetiere und Reptilien war das PETM jedoch eine gute Zeit. Die Primaten zum Beispiel entwickelten sich während des PETM prächtig.

Wie kam es zu diesem unheimlichen schnellen Anstieg an kohlenstoffhaltigen Treibhausgasen wie CO_2 und Methan? Hierzu gibt es verschiedene Theorien, bei denen die Freisetzung von gebundenem Kohlenstoff eine Rolle spielt. Bei der üppigen Vegetation würden großflächige, weitverbreitete Waldbrände viel CO_2 freisetzen, ebenso das Abfackeln von Kohleflözen. Durch den Temperaturanstieg könnte es zu einer Freisetzung von Methan in den im Permafrost und an den ozeanischen Kontinentalschelfen gelegenen Methanhydratfeldern gekommen sein, was den Treibhauseffekt wiederum verstärkte. In geologischen Zeitdimensionen hielt das PETM nicht sonderlich lange an. Schon nach 3 Millionen Jahren vor etwa 53 Millionen Jahren fielen die Temperaturen wieder und vor 34 Millionen Jahren waren die Polkappen wieder vollkommen vereist. Wie es hierzu kam, ist ebenfalls Gegenstand von Spekulationen. Chlorophyllhaltige Wasserpflanzen (Azola), die vor 49 Millionen Jahren die Meere überwucherten, banden demnach CO_2 und nahmen es beim Absterben mit in die Tiefe. Der Entzug des Treibhausgases CO_2 aus der Atmosphäre hätte demnach zu einer Abkühlung geführt.

In der Erdvergangenheit gab es immer mal wieder Zeiten, in denen die CO_2-Konzentration und die Temperaturen deutlich höher waren als heute. Zuweilen waren dies Jahrmillionen, in denen das Leben florierte und zum Beispiel im Kambrium geradezu explodierte. Warum sind wir dann ob des menschgemachten CO_2-Anstiegs so beunruhigt? Das Einmalige an diesem Anstieg ist die Schnelligkeit, mit der er erfolgt. Selbst in geologischen Zeitdimensionen sehr schnelle Anstiege wie der PETM erfolgten um mehrere Zehnerpotenzen langsamer als der jetzige Anstieg. Für eine evolutionäre Anpassung der menschlichen Spezies (und anderer Spezies) ist dieser CO_2-Anstieg viel zu schnell. Vielleicht können wir uns durch (bio)technologischen Fortschritt und intelligente Lösungen anpassen.

Extraterrestrische Bedrohungen

Das letzte Massenaussterben vor 66 Millionen Jahren, dem auch die Dinosaurier zum Opfer fielen, wurde wie erwähnt wahrscheinlich durch den Einschlag eines Kometen verursacht, dessen Größe anhand des vor Yucatan liegenden etwa 180 km durchmessenden Chicxulub-Kraters auf etwa 10–15 Kilometer geschätzt wurde. Könnte auch die Menschheit durch einen Kometeneinschlag ausgelöscht werden? In Boulevardblättern erscheinen immer mal wieder Artikel über Kometen, die in naher Zukunft die Erde treffen könnten, da ihre Umlaufbahn die der Erde kreuzt. Derzeit ist „Bennu" ein heißgehandelter Kandidat, um im Jahr 2135 mit der Erde zu kollidieren.

Aufmerksam geworden bin ich auf Bennu durch einen Artikel in der *Hamburger Morgenpost*, einem Boulevardblatt, das in Altonaer

Cafés ausliegt. In dem Artikel wurden auch gleich Initiativen amerikanischer Weltraumorganisationen erwähnt, ballistische Abwehrkapazitäten zu entwickeln, mit denen sich ein bedrohlicher Komet im Anflug abschießen ließe. Natürlich liefern die Erdumlaufbahn kreuzende Kometen Rüstungslobbyisten willkommene Argumente zur Entwicklung und Herstellung von Langstreckenraketen mit mächtigen Sprengköpfen. Die Möglichkeit, einen Kometen aufzuhalten, mag bei oberflächlicher Betrachtung beruhigend wirken, wenn man panische Angst vor einem Kometeneinschlag hat. Allerdings ist auch die Möglichkeit nicht von der Hand zu weisen, dass sich die Menschheit durch ein gewaltiges selbstinszeniertes Feuerwerk selbst vernichtet.

Aber wie gefährlich ist Bennu und wer beurteilt das wie? Astronomen stoßen immer wieder auf Asteroiden, deren Umlaufbahn um die Sonne potenzielle Kreuzungen mit der Erdumlaufbahn impliziert. Allerdings lässt sich selbst mit Daten aus wochenlangen Beobachtungen kaum vorhersagen, ob ein Objekt der Erde in einigen Jahren, Jahrzehnten oder Jahrhunderten gefährlich nahe kommen könnte.

Wenn aber vor 66 Millionen Jahren die Dinosaurier durch einen Meteoriteneinschlag ausstarben, kann uns das doch jederzeit auch passieren, oder? Selbstverständlich kann so etwas wieder passieren, aber die Wahrscheinlichkeit, dass wir so etwas erleben (und dann nicht überleben), ist aufgrund der kurzen Lebenszeit, die wir als Spezies auf der Erde verbringen, recht gering. Je länger der Zeitraum, umso wahrscheinlicher, dass ein großer gefährlicher Meteoriteneinschlag in diesen Zeitraum fällt. Das liegt auf der Hand. Die Dinosaurier eroberten im Obertrias vor etwa 235 Millionen Jahren die Erde und starben vor 66 Millionen Jahren aus. Somit gab es etwa 169 Millionen Jahre lang Dinosaurier auf der Erde. (Mit den Vögeln und Reptilien gibt es heute noch Nachfahren der Dinosaurier.) Wenn wir Individuen der Gattung *Homo rudolfensis* als die ersten Exemplare der Gattung *Homo* ansehen, ist die Gattung *Homo*, die sich in der Familie der Menschenaffen entwickelte, etwa 2,5 Millionen Jahre alt. Das entspricht einem 68stel der Lebenszeit der Dinosaurier auf Erden. Den modernen

Menschen *Homo sapiens* gibt es seit etwa 300.000 Jahren, das entspricht einem 563stel der Lebenszeit der Dinosaurier auf Erden.

Taxonomen mögen mir verzeihen, dass ich hier undifferenziert die Bestehenszeiten verschiedener taxonomischer Ränge verglichen habe. Mein Punkt war, dass es uns Menschen noch nicht sehr lange gibt. Wenn wir als Menschheit die Wahrscheinlichkeit erhöhen wollen, eines Tages durch einen Meteoriteneinschlag ausgelöscht zu werden, müssen wir lange genug auf der Erde überleben, ohne durch andere Faktoren ausgelöscht zu werden, wie z. B. durch unsere eigenen Massenvernichtungswaffen.

8   Die atomare Bedrohung

Gibt es eine andere Art auf Erden, die es geschafft hat, die eigene Existenz durch bewundernswerte Leistungen aufs Spiel zu setzen?

Das Gleichgewicht des Schreckens

Im Jahr 1983 erreichte der kalte Krieg eine heiße Phase. Im Gegensatz zur Kubakrise 20 Jahre zuvor, blieb diese bedrohliche Zuspitzung, obwohl sie beinahe zum Atomkrieg geführt hätte, weitgehend unbemerkt von der Bevölkerung. Was mir noch deutlich in Erinnerung geblieben ist, sind die Fernsehbilder der Friedensbewegung, die gegen die Stationierung der Pershing-II-Mittelstreckenraketen demonstrierte, und dass mir damals erklärt wurde, dass diese Proteste unvernünftig seien, da die Pershing II wegen der russischen Mittelstreckenrakete SS-20 nötig sei und die Demonstranten sich außerdem schlecht benähmen. Wer mir das erklärte, kann ich nicht mehr genau sagen. Wahrscheinlich war das einfach das Ergebnis meiner Wahrnehmung der Fernsehbilder und Kommentare sowie der regelmäßigen Lektüre der Bildzeitung, die durch ihr ansprechendes Äußeres und den Sportteil eine größere Anziehung auf einen Zehnjährigen ausübte als die textüberladenen Handzettel der Friedensbewegung.

Die Stationierung der Pershing-II-Raketen war Bestandteil des NATO-Doppelbeschlusses von 1979, nach dem das Nukleararsenal in Westeuropa um neue atomar bestückte Marschflugkörper und Raketen ergänzt werden sollte, um ein atomares Gleichgewicht mit den russischen SS-20-Raketen herzustellen. Zuvor hatte die NATO bzw. der ihr untergeordnete westdeutsche Staat den Vorschlag der russischen Seite abgelehnt, die Zahl der SS-20-Raketen von 250 auf 162 zu reduzieren und diese hinter den Ural zurückzuziehen. Die Bevölkerung Deutschlands (und anderer NATO-Staaten) war mehrheitlich gegen die Stationierung weiterer amerikanischer Atomwaffen. Dennoch stimmte der Bundestag im November 1983 der Stationierung zu. Der der Mittelstreckenraketenabrüstung dienende, zwischen Russland und den USA 1987 geschlossene INF-Vertrag (INF = Intermediate Range Nucleaar Forces) ist einer der wichtigsten Abrüstungsverträge. Europa wäre von einem mit Mittelstrecken ausgeführten Raketenschlagabtausch besonders betroffenen. Der INF Vertrag wurde Anfang Februar 2019 von den USA aufgekündigt, die durch Stationierung von (vermeintlichen „Abwehr") Raketen in Osteuropa ohnehin schon de facto gegen den Vertrag verstossen oder ihn zumindest unterlaufen hatten.

Im März 1983 verkündete der amerikanische Präsident Ronald Reagan die Strategic Defense Initiative (SDI), ein Entwicklungsprogramm für ein satellitengestütztes Raketenabwehrsystem, das in der Lage sein soll, russische Raketen im Anflug abzufangen. Ein solches Programm hätte das atomare Gleichgewicht gestört, weshalb es aus russischer Sicht eine massive Sicherheitsbedrohung bedeutete. Die Gefahr eines Atomkriegs wäre durch das SDI-System stark gestiegen, da die Amerikaner das Gleichgewicht des Schreckens zu ihren Gunsten verschieben wollten. Amerika wäre in der Lage, die Sowjetunion mit einem Erstschlag zu vernichten und den nuklearen Gegenschlag abzuwehren. Der Zweitschlagoption beraubt (zumindest nicht mehr sicher), wäre auch der Anreiz für die Sowjetunion zum massiv geführten Erstschlag erhöht gewesen.

SDI scheint wie eine ferne Erinnerung, jedoch ist das Gleichgewicht des Schreckens heute wieder in Gefahr. Im Jahr 2001 kündigte der damalige US-Präsident Bush einseitig den ABM-Vertrag (Antiballistic Missiles Treaty). Dieser Vertrag regelte die Nichtweiterentwicklung von Raketenabwehrsystemen und sicherte somit das atomare Gleichgewicht. Wenn eine Seite sich in der Lage sieht, gegnerische Raketen abzuwehren, steigt die Gefahr eines Atomschlags.

Angeblich um gegen iranische Raketenangriffe gewappnet zu sein (was natürlich Unsinn ist), baut die NATO derzeit Raketenstellungen in Polen und Tschechien auf. Diese sind auf zweifache

Art eine Bedrohung für Russland: Erstens wären Abwehrraketen in der Lage, russische Raketen abzufangen und den Russen die für das Gleichgewicht des Schreckens essenzielle Zweitschlagoption zu nehmen, und zweitens steht den Russen bei einem Offensivschlag der NATO weniger Reaktionszeit zur Verfügung, da die Raketen sehr nahe an den wichtigsten russischen Städten stationiert sind. Die vermeintlich defensiven Abwehrraketen erhöhen also das Risiko eines Atomkriegs [30]. Inzwischen hat die russische Seite mit der Entwicklung von erdbasierten Marschflugkörpersystemen reagiert, die amerikanische Abwehrraketen überwinden können. Hiermit ist zwar das atomare Gleichgewicht wiederhergestellt, aber jahrzehntelange atomare Abrüstungsbemühungen scheinen zunichte gemacht zu werden. Nach der Kündigung des ABM-Vertrags durch die Amerikaner im Jahr 2001 ist nun wohl ein weiterer Vertrag wertlos geworden, nämlich der 1987 unterzeichnete Washingtoner Vertrag über nukleare Mittelstreckensysteme.

Man könnte argumentieren, dass die russischen Marschflugkörper auch lange Strecken zurücklegen können und somit keine Mittelstreckensysteme sind. Aber die Tatsache, dass der obengenannte, Ende der 1980er Jahre als großer Erfolg gefeierte Vertrag nur noch Makulatur ist, lässt sich nicht von der Hand weisen. Zu allem Überfluss hat der amerikanische Präsident Trump den Vorschlag des russischen Präsidenten Putin abgelehnt, die 2021 auslaufenden START-Verträge zu verlängern (START = Strategic Arms Reduction Treaty, Vertrag zur Verringerung strategischer Waffen). Diese Verträge sahen eine beidseitige Halbierung der Atomraketen mit gegenseitigen Verifikationszugeständnissen vor.

Die START-Verträge sind die bislang größten Abrüstungsverträge (bzw. werden es gewesen sein). Leider hat der amerikanische Präsident Trump hierbei auch den Rückhalt des Senats, wo einige republikanische Senatoren sogar fordern, die START-Verträge einzustampfen, als Reaktion auf die nach ihrer Ansicht erfolgten russischen Verletzungen des Vertrags über nukleare Mittelstreckensysteme. Die Russen wiederum weigern sich, über diesen Vertrag zu verhandeln, solange der ABM-Vertrag inaktiv ist.

Wer nun erwartet, dass hier irgendwann Vernunft einkehrt und beide Seiten zu Abrüstungsverhandlungen zurückkehren lässt, der möge sich die Logik der Macht und der ökonomischen Vernunft vor Augen führen. Für den amerikanischen militärisch-industriellen Komplex ist ein neues Wettrüsten eine attraktive Perspektive: Neben Großaufträgen zum Bau neuer Raketen zeichnen sich neue Waffenentwicklungen ab, die bei entsprechender Argumentation unter keine der bestehenden, auf ballistische Raketen konzipierten Abrüstungsverträge fallen würden (zum Beispiel *hypersonic weapons*).

Auch die Gesamtstrategie der letzten verbleibenden Supermacht ist seit der Jahrtausendwende (bzw. eigentlich schon seit 1990) darauf ausgerichtet, aus einem Gleichgewicht des Schreckens eine US-Dominanz der Zerstörungsoption unter Ausschaltung der Wehrhaftigkeit des Opfers (Gegners) zu machen. Die 2003 schriftlich vorgelegte Prompt-Gobal-Strike (PGS)-Strategie sieht vor, die USA in die Lage zu versetzen, jedes Ziel auf der Erde innerhalb einer Stunde treffen und zerstören zu können. Die Reaktionszeit für Angegriffene (oder sich angegriffen Fühlende) wird hierdurch weiter verkürzt.

Da der Entscheidungszeitrahmen allmählich in einen Bereich gerät, der für von Menschen durchgeführte Entscheidungsprozesse zu kurz wird, ist davon auszugehen, dass Entscheidungsalgorithmen zum Gegenschlag mehr und mehr automatisiert werden. Sollte es irgendwann zu einem vernichtenden mit Massenvernichtungswaffen geführten Krieg kommen, könnte es gut sein, dass dieser durch einen Computerfehler ausgelöst worden ist!

Für das PGS-Konzept spielen neben Abschussmöglichkeiten überall auf der Welt (zum Beispiel von Drohnen, US-Stützpunkten und Schiffen) Hyperschallwaffen (*hypersonic weapons*) eine zentrale Rolle. Hierbei handelt es sich um extrem schnell fliegende Flugkörper. Diese können eine Luftreibungshitze von über 1000 Grad Celsius aushalten und mit fünffacher Schallgeschwindigkeit fliegen. Die Boeing X-51 „Waverider" überschritt bei einem erfolgreichen Versuchsflug im Mai 2013 Mach 5 und legte in sechs Minuten etwa 425 km zurück. Ein solcher Flugkörper könnte von US-Raketenbasen in Polen aus in etwa einer Viertelstunde Moskau erreichen. Von US-Vorposten in Estland aus abgeschossen betrüge die Flugzeit bis St. Petersburg fünf Minuten.

Stanislaw Petrow

Am 19. Mai 2017 starb im Alter von 77 Jahren Stanislaw Jewgrafowitsch Petrow, der zurückgezogen in einer Kleinstadt in der Nähe von Moskau gelebt hatte. Vielleicht kennen Sie seine Geschichte – sie wurde in den letzten Jahre auch in der Populärkultur erzählt – vielleicht auch nicht. Petrow war Sowjetoffizier, verheiratet und hatte einen Sohn. Ein recht gewöhnliches Leben. Doch Petrow hat einen Atomkrieg verhindert.

Am 25. September 1983 musste er für einen Kollegen im Stützpunkt der sowjetischen Luftverteidigung südlich von Moskau für eine Nachtschicht in der Zentrale des satellitengestützten Raketenwarnsystems „Oko" einspringen. Petrow war Oberst und in dieser Nacht verantwortlich für die Zentrale. Kurz vor Mitternacht heulten die Alarmsirenen: Raketenangriff auf das Staatsgebiet der Sowjetunion. Ein Satellit hatte den Start einer Rakete aus einem amerikanischen Raketensilo detektiert. Petrow blieben nur wenige Minuten für Entscheidungen. Nach 20 bis 25 Minuten würde die Rakete irgendwo in der Sowjetunion einschlagen. Die damalige Strategie auf beiden Seiten sah im Falle eines Angriffs mit Interkontinentalraketen vor, sofort einen großangelegten atomaren Vernichtungsgegenschlag auszuführen (*mutual assured destruction*). Da man von einem Erstschlag einen Entwaffnungseffekt befürchten musste (Zerstörung der Raketensilos), mussten die eigenen Raketen für den Gegenschlag vor Einschlag der Erstschlagsraketen gestartet werden. Diese Entscheidung musste anhand der gelieferten Satellitendaten erfolgen. Das Oko-System meldete nun den Abschuss einer Rakete im amerikanischen Mittleren Westen.

Im Herbst 1983 war die internationale Anspannung besonders hoch, da die NATO für Ende November ein Großmanöver geplant hatte, das die Simulation eines Atomkriegs beinhaltete („Able Archer"). Dessen Vorbereitungen wurden jedoch geheim gehalten, sodass sowjetische Geheimdienste nur Indizien und Gerüchte auffingen und in Moskau die Angst vor einem NATO-Großangriff wuchs.

Zudem waren die Spannungen durch das Fleetex-Manöver der NATO im Pazifik im April 1983 schon einmal eskaliert. Gezielte NATO-Aufklärungsflüge unter Verletzung des russischen Luftraums im Gebiet der Halbinseln Kamtschatka und der Insel Sachalin waren Bestandteil des Manövers und sollten die Sowjetunion dazu bringen, Radaranlagen zur Detektion der NATO-Flugzeuge anzuschalten, womit diese für die NATO-Aufklärung sichtbar würden (und auch als Ziel eventueller Nuklearschläge erfasst werden könnten).

Am 1. September 1983 detektierte das russische Radar ein großes Flugzeug und veranlasste dessen Abschuss durch einen russischen Abfangjäger. Ob der russischen Seite im Moment des Abschusses klar war, dass es sich um eine zivile Boeing 747 handelte, nämlich Korean Airways Flug 007 von New York nach Seoul, ist bis heute umstritten. Am selben Tag befanden sich zum Abschusszeitpunkt auch NATO-Militärflugzeuge, darunter ein vierstrahliges Großflugzeug vom Typ RC-135, zur militärischen Aufklärung im Luftraum um Sachalin. Theorien zum Hergang reichen von einem gezielten Abschuss durch das russische Militär über einen versehentlichen Abschuss der Passagiermaschine bei klarer Abschussabsicht militärischer Flugzeuge. Diskutiert wird auch die Theorie, dass es sich bei dem Flugzeug tatsächlich um ein Spionageflugzeug gehandelt hat. Die Spekulationen gehen so weit, dass auch eine Luftschlacht mit mehreren russischen und amerikanischen Flugzeugen stattgefunden habe könnte, bei der schließlich Korean Airways 007 als Kollateralschaden von japanischen Streitkräften oder einem amerikanischen Kriegsschiff (ähnliche wie Iran Air 655 fünf Jahre später) abgeschossen worden sei. Ich denke, die Russen hatten das Flugzeug für ein militärisches Ziel gehalten. So genau lässt sich das im Radar nicht immer sagen. Wenn dann Entscheidungen aufgrund von Fehlinterpretationen fallen, ist das Desaster nahe.

Die Schuldfrage soll nicht Gegenstand dieses Buches sein, aber wir stellen fest, dass die auf den Abschuss folgenden gegenseitigen Schuldzuweisungen die Spannungen zwischen den Blöcken erhöhten.

In dieser angespannten Situation war ein Raketenalarm am 25. September natürlich nicht vollkommen undenkbar. Der Abschuss der südkoreanischen Passagiermaschine hatte ja schon gezeigt, wie locker die Akteure die Finger am Abzug hatten.

Im Kontrollzentrum bei Moskau waren 200 Menschen beschäftigt. Stanislaw Petrow war der verantwortliche Offizier. Seine erste Reaktion war, für Ruhe zu sorgen, indem er alle Anwesenden anwies, sich hinzusetzen und weiterzuarbeiten. Petrow dachte an Teelöffel: „Niemand wird einen Eimer mit einem Teelöffel auslöffeln." Warum sollten die USA einen Vernichtungsschlag gegen die Sowjetunion mit nur einer einzelnen Rakete führen? An seinen Vorgesetzten meldete er Fehlalarm. Die Sirenen wurden abgestellt.

Einen Moment später heulten sie erneut. Das Satellitensystem meldete einen weiteren Raketenstart und darauf noch drei weitere. Stanislaw stand zu seiner Entscheidung: Fehlalarm. Abfangmöglichkeiten hätte es nicht gegeben. Nach dem *mutual-assured-destruction*-Konzept war als Reaktion auf einen Raketenangriff ein unmittelbarer möglichst vernichtender Gegenschlag mit allen mobilisierbaren Atomraketen vorgesehen. Hätte es sich tatsächlich um einen echten Angriff gehandelt, wäre die Gegenschlagskapazität der Sowjetunion möglicherweise nur bis zum Einschlag der Raketen voll erhalten gewesen. Auch hatte Petrow weniger Zeit als die veranschlagten 25 Minuten, da seine Rolle gewesen wäre, einen Raketenangriff umgehend an das Oberkommando und die Staatsführung zu melden, denen die Befehlsgewalt für einen Nuklearschlag obliegt [161].

Der Petrow-Beinahe-Atomkrieg wurde erst im Jahr 1990 weltweit bekannt. Vielleicht noch beunruhigender als der Zwischenfall selbst ist die Tatsache, dass es sich nicht um einen Ausnahmefall handelte. Der Wikipedia-Artikel „List of nuclear close calls" listet (Anfang März 2018) 11 Beinah-Atomkatastrophen zwischen 1950 und 2010 auf: eine in den 1950er Jahren, fünf in den 1960er Jahren, darunter die Kuba-Krise, eine in den 1970er Jahren und zwei in den 1980er Jahren. Auch nach Ende des Kalten Krieges kam es zu Beinah-Katastrophen, zum Beispiel 1995, als eine norwegische Forschungsrakete zur Erforschung von Polarlichtern einen Alarm auslöste, der so weit ging, dass der damalige russische Präsident Jelzin das erste Staatsoberhaupt wurde, das seine Schlüssel für den Nuklearkoffer aktivierte. Der Wikipedia-Artikel zählt nur die wenigen Beinahe-Atomkatastrophen auf, die bekannt wurden. Aufgrund der Geheimhaltungsbemühungen, die bei Nuklearwaffenbelangen anzunehmen sind, müssen wir davon ausgehen, dass diese nur die Spitze des Eisbergs darstellen.

Der britische Satiriker John Oliver moderiert mit „Last Week Tonight" eine überaus erfolgreiche und informative wöchentliche Satireshow, darunter auch eine Folge über die Sicherheit (oder Unsicherheit) der amerikanischen Atomwaffen und den zuweilen leichtsinnigen Umgang damit. Hierin erfahren wir zum Beispiel etwas über den Absturz eines B52-Bombers über Goldsboro/North Carolina im Jahr 1961, der in der Luft auseinandergebrochen war und dabei zwei Wasserstoffbomben verloren hatte. Eine fiel ungebremst zu Boden und verursachte einen mehrere Meter tiefen Krater, ohne dass Explosionsgefahr bestand. Die andere schwebte sanft am Fallschirm zu Boden, wo sie beinahe detoniert wäre (drei von vier Aktivierungsmechanismen waren aktiviert). John Oliver kommentiert die Beinahe Atomkatastrophe in North-Carolina mit der süffisanten Bemerkung: „You might be thinking: Ok, we nearly blew up one of the Carolinas, but that is why we have two." Durch die große Zahl der Atomwaffen in den USA und in Russland, muss man davon ausgehen, dass es schwierig ist, einen Gesamtüberblick über die Atomwaffen, deren Lagerorte und Einsatzbereitschaft zu behalten. So erzählt John Oliver, dass es wohl zuweilen vorkommt, dass Atomwaffen übers Land geflogen werden, ohne dass die Empfängerbasis darüber ausreichend informiert wird. So kann dann schon mal ein nuklear bewaffneter B52-Bomber stundenlang auf einem Flugfeld herumstehen, ohne dass die Beteiligten etwas von der gefährlichen Fracht wissen.

Die Schlussfolgerung ist einleuchtend: Wenn es so viele Atomsprengköpfe gibt, dass selbst die damit bewaffneten Streitkräfte zuweilen mal den Überblick verlieren, dann ist allein die Zahl der vorhandenen Sprengköpfe eine Bedrohung. John Oliver schließt den Themenschwerpunkt dann auch mit der Schlussfolgerung, dass man die Zahl der Atomsprengköpfe auf eine Zahl reduzieren sollte, die man im Auge behalten kann und für die man genug gut qualifizierte Leute finden kann, die darauf aufpassen [162]. Nuklearunfälle, also Bedrohungen durch eigene Waffen, sind eine reale Bedrohung. Und dass ein Atomkrieg auch aus Versehen zustande kommen kann, haben die obigen Beispiele sicherlich eindrucksvoll gezeigt.

Sprengköpfe zählen

Die Internationale Kampagne zur Abschaffung von Atomwaffen (ICAN) setzt sich für völkerrechtliche Verträge zur atomaren Abrüstung ein mit dem Ziel, Atomwaffen abzuschaffen; für dieses Engagement erhielt sie 2017 den Friedensnobelpreis. Diese Ehrung darf aber nicht darüber hinwegtäuschen, dass die Organisation von ihren Zielen meilenweit entfernt ist. Ein Teil des mühsamen Engagements besteht darin, den Überblick zu behalten, welche Länder wie viele Atomwaffen haben (deren Standorte zu kennen ist für ICAN aufgrund militärischer Geheimhaltung nicht möglich). Zum jetzigen Zeitpunkt (März 2018) haben laut ICAN neun Länder insgesamt etwa 15.000 Atomsprengköpfe. Die Angaben in der folgenden Tabelle 9 stammen von der ICAN-Webseite [163].

Tabelle 9: **Offizielle und faktische Atommächte mit geschätzter Zahl der Atomsprengköpfe laut der Internationalen Kampagne zur Abschaffung von Atomwaffen (ICAN)**

	Land	Atomwaffenprogramm	Zahl der Atomsprengköpfe
Offizielle Atommächte	USA	Die erste Atommacht und die einzige, die Atomwaffen eingesetzt hat (Hiroshima- und Nagasaki-Bomben 1945). Die USA geben mehr Geld für ihr Nukleararsenal aus als alle anderen Atommächte zusammen.	6.800
	Russland	Die zweite Atommacht (seit 1949) mit dem zum jetzigen Zeitpunkt größten Atomwaffenarsenal. Investiert derzeit stark in dessen Modernisierung.	7.000
	Groß-britannien	Die dritte Atommacht (seit 1952) hat vier Atom-U-Boote mit je 16 von den USA geliehenen Trident-Raketen.	215
	Frankreich	Die vierte Atommacht (seit 1960) setzt auch im Wesentlichen auf mit M45- und M51-Raketen bewaffnete Atom-U-Boote, hat jedoch auch die Kapazität für atomare Luftangriffe durch Flugzeuge. Landgestützte Kapazitäten wurden abgebaut.	300
	China	Die fünfte Atommacht (seit 1964) hat wenige hundert luft-, land- und seegestützte Atomwaffen. China hat zugesichert, Kernwaffen nie für einen Erstschlag einzusetzen.	270

Faktische Atommächte	Israel	Die sechste Atommacht (seit 1967) gibt den Besitz von Atomwaffen nicht offiziell zu, bestreitet diesen jedoch auch nicht. Israel hat den Atomwaffensperrvertrag nicht unterschrieben.	80
	Indien	Die siebte Atommacht (seit 1974) hat bislang nur Kurz- und Mittelstreckenraketen, entwickelt aber auch Interkontinentalraketen. Indien hat den Atomwaffensperrvertrag nicht unterschrieben, jedoch zugesichert, Kernwaffen nie für einen Erstschlag einzusetzen.	110–120
	Pakistan	Die achte Atommacht (seit 1998) hat in den 1980ern Atomwaffen entwickelt und 1998 erstmals getestet. Abdul Kadir Khan, der als Vater des pakistanischen Atomprogramms gilt, hat während seiner Zeit als Physiker in Holland relevante Kompetenzen erworben. Ihm wird die Wissensweitergabe an Libyen, den Iran und Nordkorea vorgeworfen. Pakistan behält sich ausdrücklich auch eine Erstschlagoption vor.	120–130
	Nordkorea	Die neunte Atommacht (seit 2005) hat 2006 einen Atomwaffenversuch durchgeführt. Vermutlich erfolgte die Entwicklung mit pakistanischer Hilfe.	< 10

Offizielle Atommächte gemäß Atomwaffensperrvertrag sind Staaten, die vor dem 1. Januar 1967 eine Atomwaffe gezündet haben, namentlich die USA, Russland (als Nachfolgestaat der Sowjetunion), Großbritannien, Frankreich und China. Faktische Atommächte sind Staaten, die im Atomwaffensperrvertrag nicht als Atommächte aufgeführt sind, jedoch Atomwaffen besitzen, namentlich Israel, Indien, Pakistan und Nordkorea. Israel, Indien und Pakistan haben den Atomwaffensperrvertrag 1969 gar nicht erst unterschrieben, während Nordkorea 2003 ausgetreten ist.

Belgien, Deutschland, Italien, die Niederlande und die Türkei besitzen zwar keine eigenen Atomwaffen, haben jedoch amerikanische Atomwaffen auf ihrem Staatsgebiet und auch die infrastrukturelle Ausstattung, um diese ins Zielgebiet zu bringen. In Deutschland werden Tornado-Kampfflugzeuge zum Abwurf amerikanischer B61-Atombomben, deren Lagerung im Fliegerhorst Büchel bekannt ist, bereitgehalten. Diese sogenannte nukleare Teilhabe ist eigentlich nicht mit dem im Atomwaffensperrvertrag verankerten Nichtverbreitungsprinzip vereinbar. Den Atomwaffensperrvertrag hat Deutschland dennoch unterzeichnet.

An den internationalen Verhandlungen für einen Atomwaffenverbotsvertrag, der von der bereits erwähnten Organisation ICAN vorangetrieben wurde, nahmen keine Atommächte und keine NATO-Staaten (mit Ausnahme der Niederlande) teil. Der nur symbolisch wirksame Atomwaffenverbotsvertrag wurde im Juli 2017 von der UNO-Generalversammlung mit 122 Stimmen angenommen und im September 2017 von zunächst (nur) 53 Staaten unterzeichnet.

Wie überlebt man eine Atombombenexplosion?

Die unmittelbaren Überlebenschancen sind umso höher, je weiter entfernt man von einer Atombombenexplosion ist (Abstandsquadratgesetz). Die Wirkung einer Atombombe ist auf folgende physikalischen Phänomene zurückzuführen:

- Hitze
- Druck
- Thermische Strahlung (UV-Strahlung, sichtbares Licht, Infrarotstrahlung)
- Direkt von der Explosion ausgehende ionisierende Strahlung (Neutronen-, Gamma- und Röntgenstrahlung)
- Radioaktiver Niederschlag durch an Staub gebundene radioaktive Elemente, der auch in weiter Entfernung von „Ground Zero" niederkommen kann
- Nuklearer elektromagnetischer Impuls (führt zur Störung elektrischer Geräte)

Kurzfristiges Überleben

Für das unmittelbare Überleben ist der Schutz vor der Exposition gegenüber der Hitze und der Druckwelle entscheidend. Die Überlebenschancen sind in soliden Betongebäuden oder tief unter der Erde besser. Generell steigen die Überlebenschancen mit der Entfernung zum Detonationsort. Unter keinen Umständen sollte man die Explosion beobachten, da die extreme Leuchtdichte zur Erblindung oder zum vorübergehenden Sehverlust führen kann. Erblindungsgefahr besteht auch bei großer Entfernung, da das Licht von der Augenlinse auf der Netzhaut gebündelt wird. Vom Ort der Explosion breitet sich eine Druckwelle aus. Um diese im Freien zu überstehen, wird empfohlen, sich möglichst in Deckung (zum Beispiel in einem Graben) flach mit dem Gesicht nach unten auf den Boden zu legen und Kopf und Ohren mit den Armen zusätzlich abzuschirmen.

Mittelfristiges Überleben

Für Menschen, die durch die Explosion direkte Hitzeschäden (Verbrennungen) oder Druckschäden erlitten haben, ist für das mittel- und langfristige Überleben entscheidend, wie gut die erlittenen Verletzungen ausheilen und wie stark diese ein Nachteil im Überlebenskampf nach einer Atombombenexplosion oder einem ausgedehnten Atomkrieg sind. Generell ist für das mittelfristige Überleben die schützende Unterkunft in den ersten Stunden und Tagen nach der Explosion entscheidend. Wer sich in einer mangelhaften Unterkunft befindet und in wenigen Minuten (5 Minuten) eine gut schützende Unterkunft erreichen kann, sollte diese sofort aufsuchen, auch wenn er sich dafür kurz im Freien der starken Strahlung aussetzen muss. Bei längeren Transitzeiten (5–15 Minuten) von einer mangelhaft zu einer gut schützenden Unterkunft empfiehlt es, etwa die erste halbe Stunde nach der Explosion in der mangelhaft schützenden Unterkunft zu bleiben und sich dann möglichst rasch in die besser schützende Unterkunft zu begeben [164].

Je dicker die Mauern und je massiver das schützende Material, desto besser. Wer zum Ereigniszeitpunkt in einem Betonbüroturm bei der Arbeit ist, findet im Keller oder in der Mitte des Gebäudes (fensterloses Zentralaufzugs- und Treppenhaus) den besten Schutz. Zu Hause ist der fensterlose Keller sicherer als das lichtdurchflutete Dachgeschoss. Wie bereits erwähnt, sinkt der Schaden durch eine Atombombenexplosion mit dem Abstand zum Explosionsort. Dies gilt sowohl für den räumlichen als auch den zeitlichen Abstand. Je besser die Abschirmung gegenüber der initialen Schadwirkung (Hitze, Druck, direkte ionisierende Strahlung), desto besser die Überlebenschancen. Abbildung 7 stammt aus einer Broschüre der amerikanischen Federal Emergency Management Agency und zeigt, wo in verschiedenen Räumen eines Gebäudes der beste Schutz vor Strahlung besteht, wobei die Zahlen den ungefähren Strahlenreduktionsfaktor darstellen.

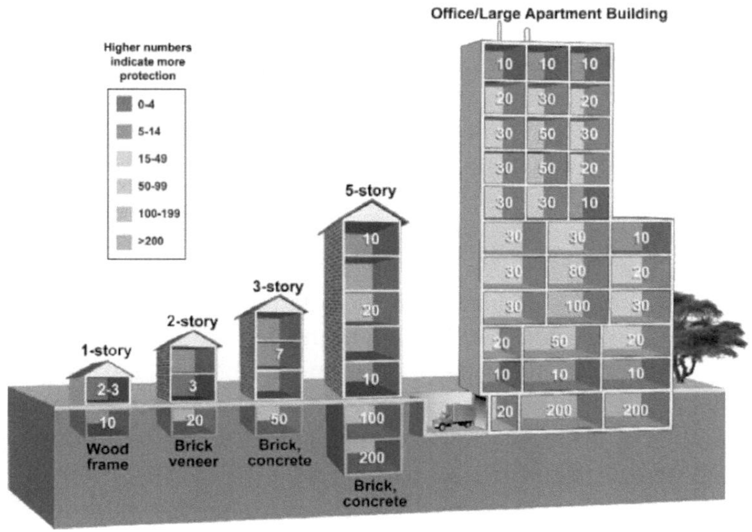

Abbildung 7: Strahlenschutzwirkung verschiedener Räume in verschieden konstruierten Gebäuden. Quelle: US-Federal Emergency Management Agency [165].

Auch für die Schadwirkung durch direkt von der Explosion ausgehende ionisierende Strahlung (Neutronen-, Gamma- und Röntgenstrahlung) gilt, dass die größte Gefahr unmittelbar nach der Explosion besteht und diese mit Zeit und Entfernung abnimmt.

Nach einer Atombombenexplosion sollte man einige Wochen in der Betonunterkunft verbringen, da die Strahlung in den Tagen bis Wochen nach der Detonation im Freien noch zu hoch ist. Der größte Abfall der Strahlung erfolgt in den ersten Stunden, weshalb man am ersten Tag auf keinen Fall ins Freie gehen sollte. Nach etwa einer Woche sinkt die Strahlung im radioaktiven Gebiet unter ein tödliches Niveau. Um es lange in einem solch geschlossenen Raum aushalten zu können, benötigt man natürlich Essens- und Trinkwasservorräte für 14 Tage. Leitungswasser, falls überhaupt noch abzapfbar, könnte verstrahlt sein.

Um nicht vollkommen unvorbereitet zu sein, empfiehlt es sich, einen Raum, der potenziell als Schutzraum dienen kann, zum Lagerraum zu machen und dort genug Essens- und Trinkwasservorräte für mindestens zwei Wochen zu lagern. Im Katastrophenfall kann man sich nicht darauf verlassen, dass die Stromversorgung aufrechterhalten werden kann. Es empfiehlt sich also, stromnetzunabhängige Notleuchten sowie einen kleinen batteriebetriebenen Radioempfänger, um Nachrichten hören zu können, bereitzuhalten. Gegebenenfalls sollte man auch ein kleines Unterhaltungspaket gegen Langeweile bereithalten, zum Beispiel ein paar Bücher. Im als potenzielle Notunterkunft dienenden Vorratskeller sollte auch warme Kleidung deponiert sein, sodass man vor Betreten der Notunterkunft kontaminierte Kleidung ablegen kann. Es empfielt sich schon frühzeitig klare Absprachen hinsichtlich Toilettengängen mit anderen „Mitbewohnern" zu treffen, idealerweise bevor es zu Verschmutzungen an strategisch ungünstigen Stellen kommt. Idealerweise gibt es eine Toilette, jedoch sollte die Möglichkeit des Ausfalls der Spülung und des Fäkalabflusses rechtzeitig bedacht werden. Nicht zu unterschätzen ist auch die soziale Organisation der entstehenden Bunkergemeinschaften und der sich langfristig entwickelnden Postapokalyptischen Gesellschaft. Obgleich es hierzu genug utopische Szenarien gibt sehe ich mich nicht in der Lage, auszumalen, welche Entwicklung die postapokalyptischen Gesellschaften nehmen würden und wie man als Individuum oder als Familie am besten überleben könnte.

Wer bei der Explosion in exponierter Position, zum Beispiel im Freien war, ist potenziell kontaminiert und sollte vor Betreten der Langzeitunterkunft die Kleidung ablegen und sich idealerweise duschen. So weit die Theorie. Problematisch wird diese Konzept, wenn keine Alternativkleidung vorhanden ist. Wie oben beschrieben kann man in der eigenen Vorratskellerkammer auch Kleidung deponieren. Aber wie sieht es im öffentlichen Raum, zum Beispiel am Arbeitsplatz aus? Bei ehrlicher Betrachtung eher schlecht, da kaum jemand am Arbeitsplatz ähnliche Vorbereitungen auf einen Fall treffen kann, von dem man ja eigentlich hofft, dass er niemals eintritt. Um als Gesellschaft gerüstet zu sein, müssten wir also auch im öffentlichen Raum und vor allem am Arbeitsplatz Notvorräte in Schutzräumen mit Notinfrastruktur bereithalten. Oder als Gesellschaft auf ein friedliches Miteinander hinarbeiten. Dies setzt jedoch gute friedenspolitisch umsichtige Führung im Interesse der Bevölkerung voraus. Diese ist leider nicht gegeben.

Wie überlebt man einen ausgedehnten Atomkrieg (und lohnt sich das)?

Wie und ob ein Atomkrieg zu überleben ist, darüber gibt es zahlreiche Szenarien.

Schon ein „lokaler" Atomkrieg hätte katastrophale Folgen für das Leben auf der Welt. Die Auswirkungen eines begrenzten nuklearen Schlagabtausches zwischen Indien und Pakistan mit beidseits etwa 50 Sprengköpfen von der Sprengkraft der Hiroshima-Bombe auf das Weltklima und die Lebensbedingungen auf der Erde waren Gegenstand von Klimasimulationen:

Durch Rußeintrag in die Atmosphäre würde es zur Abschirmung der Sonnenenergie mit einem weltweiten Temperaturabfall kommen, der uns als „nuklearer Winter" aus vorherigen theoretischen Atomkriegsszenarien vertraut ist. Neben einem weltweiten

Abfall der Temperaturen würde der Rußeintrag in der Stratosphäre zu einer Erhitzung dieser Schicht führen, die zu einem Abbau der Ozonschicht führte, wodurch wiederum das Leben auf der Erde durch UV-Strahlen zusätzlich geschädigt würde. Hinzu kommt selbstverständlich noch der radioaktive Niederschlag mit seinen Folgen für Mensch und Tier (Strahlenkrankheit, meist tödlich). Zweifellos würde also schon ein begrenzter Atomkrieg Millionen von Menschen das Leben kosten [166].

Der Roman *On the Beach* von Nevil Shute aus dem Jahr 1953 spielt in der Umgebung von Melbourne, Südaustralien, nach einem Atomkrieg, der die Menschen auf der nördlichen Hemisphäre vernichtet hat. Die tödliche Wolke mit radioaktivem Niederschlag zieht langsam weiter gen Süden, sodass nach und nach auch die Menschen der südlichen Hemisphäre an der Strahlenkrankheit sterben und dies zum Schluss auch den Protagonisten des Romans unmittelbar bevorsteht. Der Roman schildert den Alltag der Menschen in Melbourne in den letzten Wochen vor der Ankunft der tödlichen Wolke, die, wissend, dass ihr Tod nicht nur das eigene Ende, sondern das der ganzen Menschheit besiegeln wird, ihren Alltagsbeschäftigungen nachgehen. Versuche, sich diesem Tod zu entziehen, spielen in diesem Roman keine Rolle; die Handlung ist eher ruhig und unaufgeregt. Dennoch oder gerade deswegen stellt der Roman ein eindrückliches Szenario dar, wie sich Menschen in den letzten Tagen in Erwartung des Endes der Menschheit verhalten könnten.

Allerdings würde ein Atomkrieg in der Realität wohl eher nicht zu einer derart elegant-würdevollen Auslöschung der Menschheit führen. Dem Roman lag die Annahme zugrunde, dass es nach einem großangelegten Atomkrieg zu einer Ausbreitung einer tödlichen Strahlenwolke um den ganzen Erdball kommt, diese Tödlichkeit innerhalb von Stunden, maximal Tagen nach Eintreffen der Wolke manifest wird und dass die Tödlichkeit der Strahlung langfristig ist, sodass das Ausharren in Schutzgebäuden (Bunkern) keine Rettung bedeutet.

In dem in *On the Beach* beschriebenen vorangegangenen Atomkrieg sind Kobaltbomben eingesetzt worden, die aufgrund der langen Halbwertszeit zu einer dauerhaften radioaktiven Verseuchung führen. Es ist nicht bekannt, dass solche Bomben gebaut wurden und sich irgendwo in den Atomarsenalen befinden, aber in den 50er Jahren gab es durchaus Pläne für solche Bomben.

Abklingen von Radioaktivität: Die Halbwertszeit

Um sich die Abklingzeit radioaktiver Isotope vor Augen zu führen, wird das Konzept der Halbwertszeit verwendet: Die Halbwertszeit ist die Zeit, nach der sich die Menge des radioaktiven Isotops und entsprechend dessen Strahlungsintensität durch Zerfall halbiert hat.

Das bei einer Kobaltbombe anfallende radioaktive ^{60}Co hat eine Halbwertszeit von etwas mehr als 5 Jahren. Dies bedeutet, dass es 5 Jahre dauert, bis sich die Strahlung halbiert hat. Bei hohen Ausgangsdosen ist die Strahlung dann wohl immer noch tödlich. Nach 10 Jahren besteht immer noch ein Viertel der Ausgangsstrahlung und nach 15 Jahren ein Achtel. Nach welcher Zeit wäre die Strahlung kleiner als ein Hundertstel? Oder, um sicherzugehen, gar ein Tausendstel der Ausgangsstrahlung? Tabelle 10 spielt den Zerfall eines Strahlers mit einer Halbwertszeit von 5 Jahren über 10 Halbwertszeiten (50 Jahre) durch.

Tabelle 10: Strahlungsreduktion für eine Strahlungsquelle mit einer Halbwertszeit von 5 Jahren. Dargestellt sind die Zahl der Halbwertszeiten, die dazugehörige Dauer und die nach entsprechender Zeit zu erwartende Strahlungsreduktion.

Halbwertszeiten (t ½)	1	2	3	4	5
Strahlungsreduktion	1/2	1/4	1/8	1/16	1/32
Dauer t ½ = 5 Jahre	5 Jahre	10 Jahre	15 Jahre	20 Jahre	25 Jahre
Halbwertszeiten (t ½)	6	7	8	9	10
Strahlungsreduktion	1/64	1/128	1/256	1/512	1/1024
Dauer t ½ = 5 Jahre	30 Jahre	35 Jahre	40 Jahre	45 Jahre	50 Jahre

Nach dieser Tabelle wird die 1/100-Grenze zwischen der 6. und 7. Halbwertszeit unterschritten, also bei einer ^{60}Co-Halbwertszeit von 5 Jahren nach mehr als 30 Jahren. Die 1/1000-Grenze wird nach etwa 10 Halbwertszeiten, also für ^{60}Co nach etwa 50 Jahren unterschritten. So lange kann man in einem Atombunker schwerlich überleben.

Strahlungsarten und deren Schadwirkung

Wenn ^{60}Co durch Betazerfall zu ^{60}Ni zerfällt, entstehen hochenergetische Gammaquanten, die eine stark schädigende Wirkung auf Zellteilungsprozesse haben. In der Tumortherapie macht man sich diese Wirkung zunutze, indem man Tumoren mit sogenannten Kobaltkanonen bestrahlt. Dies vor Augen wird auch klar, welch verheerende Wirkung ^{60}Co auf den gesunden Körper hat: Gewebe, dessen Funktion und ständige Regeneration von Zellteilungsprozessen abhängt, wird enorm geschädigt (zum Beispiel Darm, Haut, Blutbildung im Knochenmark). Der betroffene Mensch erkrankt an der Strahlenkrankheit, die bald zum Tod führt.

Die wichtigsten radioaktiven Strahlungsarten sind Alpha-, Beta- und Gammastrahlung (ionisierende Strahlungsarten).

Strahlung entsteht beim Zerfall komplexer Atomkerne als Energiewelle (Gammastrahlung) oder in Form von freiwerdenden Teilchen, nämlich der Alphastrahlung, die aus Heliumkernen (zwei Protonen und zwei Neutronen) besteht. Zwischen Energiewelle und Teilchenstrahlung gibt es die Betastrahlung. Diese wird meist unter Teilchenstrahlung geführt, da sie aus Elektronen oder Positronen besteht, die sich jedoch beim Zusammentreffen gegenseitig auslöschen und zu zwei Energiequanten werden (Welle-Teilchen-Dualismus).

Allen drei Strahlungsarten ist gemeinsam, dass sie ionisierend wirken können, also Teilchen, Energiequanten oder Wellen aus Atomen herausschlagen können. Hierdurch werden weitere radioaktive Zerfälle angeregt, die zum Beispiel zu den Kettenreaktionen bei Atombombenexplosionen führen oder der Gewebeschädigung bei Strahlenopfern zugrunde liegen. Rein mechanistisch gedacht ist es naheliegend, dass die großen Heliumkerne der Alphastrahlung durch ihre schiere Masse das größte Potenzial zur Zerschlagung anderer Atome haben. Dafür ist ihre Reichweite wesentlich geringer als bei der Beta- und Gammastrahlung. Außerdem kann hochenergetische Gammastrahlung, obwohl sie im Vergleich zur Alphastrahlung quasi ohne Masse auskommt, allein durch Energie ein Atom zerschlagen und dessen Zerfall anregen. Man kann also nicht eindeutig sagen, welche der drei Arten ionisierender Strahlung die schlimmste ist.

Für Schutzkonzepte spielt neben der unmittelbar ionisierenden Wirkung die Reichweite der Strahlung eine entscheidende Rolle.

Unser Beispiel ^{60}Co ist ein **Betastrahler**, sendet also Elektronen und Positronen aus, die sich unter Generierung von energetischen Gammaquanten beim Aufeinandertreffen gegenseitig auslöschen. Betastrahlung dringt oberflächlich ins Gewebe ein und schädigt somit in erster Linie die Haut (Hautverbrennungen) und die Augenlinse. Betastrahlung kann durch dünne Eisen- oder Aluminiumbleche wirksam abgeschirmt werden.

Die **Gammastrahlung** besteht nicht aus Teilchen, sondern aus elektromagnetischen Wellen (genauso wie UV- und Röntgenstrahlung, aber auch Licht- und Radiowellen). Allerdings ist Gammastrahlung viel energiereicher als Röntgenstrahlung. Gammastrahlung hat in Luft eine Reichweite von mehreren hundert Metern. Zur Abschirmung sind meterdicke Blei- oder Betonwände notwendig.

Die massige **Alphastrahlung**, die wie erwähnt aus Heliumkernen (zwei Protonen und zwei Neutronen) besteht, verursacht zwar auf kurzer Wegstrecke einen großen Schaden, hat jedoch eine sehr geringe Reichweite von wenigen Zentimetern in Luft. Sie wird allein durch die oberste, aus abgestorbenen Hautzellen bestehende Hautschicht oder ein Blatt Papier wirksam abgeschirmt und kann somit von außen nicht in den Körper eindringen. Dafür sind Alphastrahler besonders gefährlich, wenn sie durch die Atemluft in die Lunge oder durch Schlucken in den Verdauungstrakt geraten.

Die Eigenschaft „gute Abschirmbarkeit, aber bei oraler Aufnahme absolut tödlich" macht den Alphastrahler Polonium zu einer in Geheimdienstkreisen zuweilen benutzten Mordsubstanz. Bekannt geworden ist Polonium durch den bis heute nicht aufgeklärten Mord an dem ehemaligen russischen Agenten Alexander Litwinenko, der zum britischen Geheimdienst übergelaufen war. Anfang November 2006 zeigten sich bei Litwinenko Erbrechen, Übelkeit, Bauchschmerzen und Atemnot. In den folgenden drei Wochen bis zu seinem Tod entwickelte er das Vollbild der Strahlenkrankheit. Kurz vor seinem Tod wurde ^{210}Polonium in seinem Urin nachgewiesen. Es wird vermutet, dass ihm sein Mörder das Polonium in die Nahrung oder ein Getränk geschüttet hatte. Auch der ehemalige Palästinenserführer Jassir Arafat ist vermutlich an dem Alphastrahler ^{210}Polonium gestorben [167].

Die in den Arsenalen befindlichen Atomwaffen zeichnen sich durch radioaktive Zerfallsprodukte mit relativ kurzer Halbwertszeit aus. Hierdurch würden auch hoch verstrahlte Gebiete nach einigen Wochen oder Monaten wieder begehbar, ohne eine tödliche Strahlendosis zu riskieren. (Deshalb konnten Hiroshima und

Nagasaki nach den Atombombenabwürfen der Amerikaner wieder aufgebaut und besiedelt werden.) Allerdings ist der radioaktive Zerfall nach einer Atombombenexplosion ein komplexer Prozess, bei dem verschiedene Zerfallsreihen zu vielen verschiedenen, teils radioaktiven, Zerfallsprodukten führen. Entsprechend vielgestaltig ist der radioaktive Niederschlag.

Für die langfristige Belastung und Verseuchung des Ausfallgebiets sind Spaltprodukte im radioaktiven Niederschlag verantwortlich, die eine längere Halbwertszeit haben und deswegen zu langfristiger Exposition und Anreicherung in der Nahrungskette führen, wie die Isotope von Cäsium, Iod und Strontium.

Strontium wird ähnlich wie Calcium verstoffwechselt (im Periodensystem findet es sich in der zweiten Hauptgruppe der Erdalkalimetalle im Quadrat direkt unter dem Calcium). Strontium lagert sich wie Calcium in den Knochen ab. Die Folge der Einlagerung radioaktiver Strontiumisotope sind Knochen- und Blutkrebs (die Blutbildung findet im Knochenmark statt). Im radioaktiven Niederschlag spielt insbesondere ^{90}Sr eine Rolle, ein Betastrahler mit einer Halbwertszeit von 29 Jahren. Durch diese lange Halbwertszeit führt radioaktiver Niederschlag mit ^{90}Sr zu einer Langzeitverseuchung.

Cäsium-137 wird als Alternative zu ^{60}Co in Strahlenkanonen zur Tumorbestrahlung verwendet. Es hat also eine ähnliche schädigende Wirkung auf die Zellteilung, jedoch mit 30 Jahren auch eine sechsmal längere Halbwertszeit. Eine Cäsiumquelle für Strahlentherapiegeräte bleibt entsprechend etwa sechsmal länger nutzbar als eine Kobaltquelle. Als Bestandteil radioaktiven Niederschlags ist ^{137}Cs aber leider ein Langzeitproblem. Aufgrund seiner Ähnlichkeit mit Kalium wird ^{137}Cs gut im Darm resorbiert und verteilt sich im Wesentlichen im Muskelgewebe. Bei hohen Dosierungen kann ^{137}Cs zur Strahlenkrankheit führen. Die biologische Halbwertszeit (also die Zeit, nachdem die im Körper vorhandene Cäsiummenge durch Ausscheidung halbiert worden ist) beträgt durchschnittlich etwa 110 Tage.

Iod assoziieren wir automatisch mit der Schilddrüse und radioaktive Iodisotope werden auch tatsächlich zur Schilddrüsendiagnostik und -therapie verwendet (vor allem ^{131}I). Leider gehören Iodisotope auch zum nuklearen Niederschlagsausfall nach einer Atombombenexplosion. Die Belastung durch radioaktives Jod ist hierbei eher ein kurz- oder mittelfristiges Problem (im Gegensatz zur Langzeitverseuchungen mit radioaktivem Cäsium oder Strontium), da radioaktive Jodisotope kürzere Halbwertszeiten haben. ^{131}I zum Beispiel hat eine Halbwertszeit von 8 Tagen und ^{123}I von 13 Stunden. Die für Atomkraftwerksunfälle und Atombombenexplosionen vom Katastrophenschutz vorgehaltenen Kaliumjodidtabletten sollten also möglichst unmittelbar nach dem Ereignis verteilt werden. Das in den Jodtabletten enthaltene stabile Jodisotop ^{127}I verdrängt radioaktivere und somit gefährliche Jodisotope aus der Schilddrüse.

Die schmutzigen Kriegspläne mit sauberen Bomben

Das Gleichgewicht des Schreckens hat wohl deshalb funktioniert, weil die Atommächte wussten, dass sie nicht in der Lage sein würden, einen Atomkrieg zu führen, ohne selbst einen enormen Schaden davonzutragen. Selbst mit einem völlig einseitigen Atomkrieg – der denkbar ist, wenn eine Seite die andere der Option zum Gegenschlag beraubt oder aus humanitären Gründen auf die Realisierung des Gegenschlags verzichtet – würden die globalen Folgen des radioaktiven Niederschlags und der atmosphärischen Staubverunreinigung (nuklearer Winter) auch die „Siegermacht" vernichten oder zumindest langfristig enorm schädigen.

In den 1950er Jahren wurde die Entwicklung sauberer Bomben (*clean bombs*) vorangetrieben. „Sauber" bezog sich zunächst darauf, dass der radioaktive Niederschlag geringer sein sollte. Dies war ein nützliches Argument, um Atomwaffentests weiterhin zu rechtfertigen [168]. Bei „sauberen Atombomben" nach dem Teller-Ulam-Design fallen zwar im Vergleich zur klassischen Atombombe weniger und kurzlebigere radioaktive Isotope an. Ganz frei von radioaktivem Niederschlag ist jedoch auch diese Bombe nicht.

Wenn wir den Euphemismus der „sauberen Bombe" skrupellos weiterdenken, wird klar, dass wirklich „saubere" Massenvernichtungswaffen das Ziel haben, den Gegner maximal zu schädigen, selbst aber unbeschadet zu bleiben und nach dem Krieg alle Ressourcen des vernichteten Gegners nutzen zu können. Dies bedeutet, dass eine „saubere" Massenvernichtungswaffe die Menschen tötet, ohne jedoch die Infrastruktur und das Ökosystem zu zerstören und ohne globale Nebenwirkungen auszulösen, wie zum Beispiel einen nuklearen Winter. Solange dem Gegner noch genug Zeit bleibt, einen Gegenschlag (mit herkömmlichen Atomwaffen) auszuführen, würde das Konzept des mit „sauberen" Massenvernichtungswaffen geführten Aneignungskrieges nicht aufgehen, da der mit normalen „schmutzigen" Atomwaffen geführte Gegenschlag den Aggressor mit in den Abgrund ziehen kann.

Zweifellos würde ein Atomkrieg zu einem Massensterben führen. Wäre ein Atomkrieg existenziell, also würde er das Ende der Menschheit bedeuten oder kann eine Restpopulation *Homo sapiens* überleben und sich dann als Neugründerpopulation wieder fortpflanzen? Hoffen wir, dass Atomwaffen nie wieder eingesetzt werden, womit die Frage im Raum bleibt: Kann die Menschheit mit Atomwaffen leben, ohne sie irgendwann (wieder) zu benutzen?

9 Die Besonderheit des *Homo sapiens*

Yuval Harari hat in einem mit „Cognitive Revolution" überschriebenen Kapitel seines Buches *Sapiens* die Hypothese aufgestellt, dass die Erlangung der besonderen kognitiven Fähigkeiten des *Homo sapiens*, die vor etwa 70.000 Jahren einsetzte, nicht auf massive genetische und biochemische Veränderungen zurückzuführen sei, sondern eher ein gesellschaftspsychologischer Vorgang war. Was den *Homo sapiens* auch von anderen zu diesem Zeitpunkt lebenden *Homo*-Arten (*H. neanderthalensis, H, rudolfensis, H. erectus*) unterschied, war demnach die sich entwickelnde Fähigkeit, Geschichten zu erzählen und an diese zu glauben. Durch diese Fähigkeit, an nichtobjektivierbare, nichtgegenständliche Entitäten zu glauben, wurde die Grundlage für Kooperationen gelegt, die weit über familiäre oder freundschaftliche Bande hinausgehen [169].

Kommunikation durch Laute (Sprache) ist nicht etwas einmalig Menschliches. Was den Menschen aber wohl von anderen Tieren unterscheidet, ist die Fähigkeit, über nicht Gegenständliches zu kommunizieren und damit Institutionen, die nur als gemeinsame Idee bestehen, aber nicht gegenständlich sind, als imaginierte Realität existent zu machen. Die Bezeichnung „kognitive Revolution" impliziert einen schnell einsetzenden Prozess. Allerdings scheint ein allmählicher, gradueller Prozess über mehrere Generationen mit Entstehung von vielen verschiedenen, kleinen Mythen in verschiedenen Populationen wahrscheinlicher. Inzwischen gibt es in unserer Welt viele nicht gegenständlichen Institutionen (zum Beispiel Gott, Nation, Ehe, Unternehmen, Regierungen, Geld, Ideologien). Durch gemeinsame Ideen ist es dem Menschen möglich, in großen Gruppen auch mit Fremdem und Nichtverwandten zu kooperieren und somit, z.B. für die Nation Krieg zu führen, für die Religion zu Missionieren und Standards des Zusammenlebens zu definieren. Der gemeinsame Glaube an den Wert des Geldes ist die Grundlage der gesamten heutigen

Weltwirtschaft. In großen Unternehmen entwickelt der Mensch komplexe Maschinen

Durch die Kooperation in einer nicht objektivierbaren, lediglich imaginierten Sozialstruktur der Zusammenarbeit entwickelte der Mensch auch etwas, das die Auslöschung der ganzen Menschheit ermöglicht: die Atombombe.

„Auserwählte Nationen" und „saubere" Massenvernichtungswaffen

Wie ich in diesem Buch ausgeführt habe, sind einige existenzielle Probleme der Menschheit bedingt durch das massive Weltbevölkerungswachstum des *Homo sapiens* und den damit einhergehenden Ressourcenverbrauch und Schadstoffausstoß. Gleichzeitig bestehen Konkurrenzsituationen auf verschiedenen menschlichen Organisationsebenen: zwischen Individuen, zwischen ökonomischen Schichten, zwischen Machtgruppen und – traditionell für bewaffnete Auseinandersetzungen besonders bedeutungsvoll – zwischen Nationen bzw. Staaten. Ein Staat, der an die eigene privilegierte Stellung in der Welt glaubt, könnte versucht sein, sich andere Teile der Welt unter Vernichtung der dort lebenden Menschen durch „saubere" Massenvernichtungswaffen anzueignen. Durch die Verringerung der Weltbevölkerung wären dann für die Bürger dieses Staates auch wieder mehr Ressourcen für die Fortführung eines Lebens in Wohlstand vorhanden. Solch ein Vorgehen ist ethisch und moralisch verwerflich, aber die menschliche Geschichte ist voll mit Völkermorden.

Nach dem Konzept des atomaren Gleichgewichts des Schreckens ist wohl die Rückschlagskapazität der angegriffenen „Restwelt" mit der Fähigkeit, die angreifende Nation mit in den Abgrund zu ziehen, die zuverlässigere Versicherung gegen den Einsatz „sauberer" Massenvernichtungswaffen, als das Vertrauen auf die ethisch-moralische Integrität menschlichen Handelns.

Globale Eliten und „saubere" Massenvernichtungswaffen

Denkbar wäre aber auch ein Einsatz biologischer Massenvernichtungswaffen zur Dezimierung der Weltbevölkerung durch internationale Eliten. Als gebildeter Mensch ist mein erster Impuls, ein solches Szenario als undenkbar zu deklarieren. Mein Argument wäre, dass der Humanismus derart stark in den gebildeten Schichten und auch bei Angehörigen heutiger Macht- und Reichtumseliten verankert ist, dass sich diese gegen ein derart monströses Verbrechen stellen würden. – Oder?

Mit dem Humanismus und der Hervorhebung des menschlichen Lebens geht ein selbstverständlich gesellschaftlich akzeptierter Speziesismus einher. Andere Arten als den *Homo sapiens* züchten und töten wir in großindustriell organisierten Fabriken, um sie zu verspeisen. Bei Tierseuchen ist das Keulen gesamter Bestände ein gängiges Vorgehen. Auch wenn eine Tierpopulation zu groß wird oder als Schädling eingestuft wird, greifen wir Menschen zu drastischen Dezimierungsmaßnahmen (zum Beispiel Kaninchenbekämpfung in Australien, Rotwildabschuss in Europa).

Fleischfresser anderer Arten töten andere Arten auch. Dennoch ist unsere Nutzung tierischer Lebewesen von einer anderen Qualität. Im Kapitel über die geschätzte Masse an Nutztieren und Wildtieren hat sich gezeigt, dass der Massenanteil an Nutztieren (also Tieren, deren Existenz allein dadurch bedingt ist, uns nützlich zu sein) beständig zunimmt. Die meisten derzeit lebenden Großsäugetierindividuen würden gar nicht existieren, wenn sie uns nicht nützlich wären.

Nicht die Tatsache, dass der Mensch Fleisch isst, unterscheidet uns qualitativ von anderen Fleischfressern, sondern die systematische großindustrielle Ausbeutung anderer Arten, die wiederum nur durch die Kooperation in nichtgegenständlichen (nichtexistenten) Kooperationsentitäten (Netzwerken) möglich ist. Ethisch und moralisch rechtfertigen wir dies durch Abgrenzung zu anderen Arten mit einer humanistisch privilegierten Sonderstellung des Menschen. Worauf ist diese eigentlich begründet? Haben nur Menschen ein Bewusstsein? Viele, die einen Hund haben, würden hier wohl schon widersprechen. Hat der Mensch ein Bewusstsein höherer Qualität? Vielleicht. Ist es die Intelligenz, die den Menschen zu etwas Besonderem macht?

Aus der intellektuellen Überlegenheit des *Homo sapiens* gegenüber anderen Arten leiten wir alle möglichen Artprivilegien und Rechte ab, die wir anderen Arten nicht zugestehen. Der Maßstab für unsere Überlegenheit sind kognitive Fähigkeiten, bei denen *Homo sapiens* besser abschneidet als andere Arten. Dabei gibt es viele neurologische, zerebrale und kognitive Fähigkeiten, bei denen *Homo sapiens* anderen Arten unterlegen ist. Bei einem von Hunden entworfenen Intelligenztest würde ein *Homo sapiens* wahrscheinlich sehr schlecht abschneiden, da unser mangelhaft ausgeprägter Riechsinn nicht durch unsere Fähigkeit, Gedichte zu interpretieren, ausgeglichen werden könnte. Sprachliche Fähigkeiten würden in einem von Hunden entworfenen Intelligenztest keine Rolle spielen, genauso wie olfaktorische Fähigkeiten in von Menschen entworfenen Intelligenztests keine Rolle spielen.

Letztendlich müssen wir uns eingestehen, dass die priviligierte Sonderstellung nur das Ergebnis der faktischen Macht des *Homo sapiens* über andere Kreaturen ist.

Was aber, wenn ein Teil der Menschheit durch genetische Optimierung zu einer deutlich von normalen Menschen zu unterscheidenden Art wird, die sich dem *Homo sapiens* ähnlich überlegen fühlt, wie sich der *Homo sapiens* anderen Arten überlegen fühlt? Dieser „*Homo deus*" könnte sich mit seiner Artüberlegenheit als Legitimation das Recht herausnehmen, die Art *Homo sapiens* auszubeuten und deren Populationen zu kontrollieren [170].

Die Frage, was die Sonderstellung des Menschen ausmacht, ist objektiv kaum befriedigend zu beantworten. Die Sonderstellung des Menschen, wie sie in der Weltanschauung des Humanismus in seiner aufklärerisch-menschenrechtsorientierten Prägung verankert ist, bildet derzeit die Grundlage der Sonderstellung des Menschen in der Gesellschaft, in der ich aufgewachsen bin. In vielen Religionen ist die Sonderstellung des Menschen theologisch verankert. Kurzum: Die Sonderstellung des Menschen ist wieder ein Produkt unserer Fähigkeit, an nichtobjektivierbare, nichtgegenständliche (nichtdingliche) Dinge zu glauben.

In Form des Rassismus haben sich immer wieder Völker über andere erhoben und grässliche Massenmorde verübt. Die dabei stattfindende Aneignung von Ressourcen oder Ausbeutung der unterworfenen Menschen wurde immer mit Ideologien begleitet, denen die Überlegenheit der eigenen Gruppe gegenüber der unterworfenen gemein war. Ob es rassistische, missionarische oder demokratisierende Argumentationslinien waren: Immer handelte es sich um die Instrumentalisierung unserer Fähigkeit, an nichtobjektivierbare, nichtgegenständliche Dinge zu glauben.

Eugenik

Die Tatsache, dass es seit dem Verschwinden des Neandertalers nur noch eine Art der Gattung *Homo* gibt, macht es uns einfacher, unsere ethisch-moralischen Werte ohne allzu viel kognitive Dissonanz mit der für die Ausbeutung anderer Tiere notwendigen Artabgrenzung (Speziesismus) in Einklang zu bringen. Allerdings dürfen wir nicht übersehen, dass auch innerhalb der Art *Homo sapiens* und gegen humanistische Prinzipien Menschengruppen als wertvoll und andere als weniger wertvoll erklärt werden und dann brutal gegen Letztere vorgegangen wird. Wenn dies über biologi(sti)sche Spaltungskriterien passiert, sprechen wir von Rassismus. Der Aufbau wirksamer Feindbilder gehört zum kleinen Einmaleins der Kriegspropaganda, wobei immer die – früher rassistische, heute meist ethisch-moralische – Überlegenheit der eigenen Gruppe in den Vordergrund gestellt wird.

Rassistische Überlegenheitsansprüche waren immer Legitimationsgrund für Gruppen des *Homo sapiens*, andere Gruppen wirtschaftlich auszubeuten, zu vertreiben oder zu vernichten (man denke an die Eroberung Amerikas unter Ausrottung der meisten Ureinwohner und den darauf folgenden transatlantischen Sklavenhandel). Falls moralische Bedenken gegen solch ausbeuterisches Tun aufkamen, fanden sich in der Regel Ausweichnarrative für die eigene Überlegenheit, zum Beispiel die Religion. Dann wurden die anderen (jetzt immerhin als Menschen anerkannten) Menschen eben unterdrückt oder massakriert, um deren Seele zu retten. Man konnte sich der Ressourcen bemächtigen und sich zugleich als guter (zumindest besser als die anderen) Mensch fühlen.

Im Kalten Krieg war es dann die Überlegenheit der eigenen Gesellschafts- oder Staatsform, welche die Spaltungsnarrative beherrschte. Inzwischen werden die (eigenen) ethisch-moralisch-religiös höherstehenden Werte verwendet, um andere Gruppen (Völker, Länder) abzuwerten. Ressourcenkriege durch westliche Mächte werden in der Öffentlichkeit nicht mit der Aneignung von Rohstoffen oder der Steuerung von Pipelinerouten begründet, sondern mit dem Ziel, den Menschen im angegriffenen Land die Demokratie und die humanistischen Werte der Aufklärung zu bringen.

Damit sich die entstehende kognitive Dissonanz nicht vollkommen überschlägt, werden Feindbilder auf Personen oder in dem Land herrschende Gruppen gelenkt, von denen die Bevölkerung befreit werden müsse (zum Beispiel Saddam Hussein, Muammar al-Gaddafi). Besonders wirksam ist der Feindbildaufbau, wenn er sich gegen Personen richtet. Den Hass der Bevölkerung auf abstraktere Gruppen zu lenken (Moslems, Kommunisten) erfordert höhere kontinuierliche Propagandaanstrengungen [122].

Der Rassismus des 20. Jahrhunderts, der in rassistischen Massenmorden in meinem Land (Deutschland) und eroberten Gebieten, insbesondere in der Sowjetunion gipfelte, war auch von Wissenschaftlern getragen. Rassistische Theorien und wissenschaftliche Projekte mit dem Ziel, bessere Menschen zu züchten, waren in der ersten Hälfte des 20. Jahrhunderts nicht nur in Deutschland verbreitet. Die renommierten „Cold Spring Harbour Laboratories" an der amerikanischen Ostküste hatten erklärtermaßen eugenische Zielsetzungen. Die Eugenik-Konzepte der Nationalsozialisten beruhten auf Selektion, in der brutalsten Ausprägung durch „Ausmerzen unwerten Lebens". Letztendlich zielte die Bewegung auf die Höherzüchtung des Menschen zu einer besseren Art ab.

Nun zeichnet sich eine neue Eugenik-Bewegung ab. Jedoch wird diese nicht auf brutaler Selektion beruhen, sondern auf gezielter genetischer Modifikation des menschlichen Genoms. Zu Beginn werden durch gezielte Genommodifikation nur Krankheitsanlagen korrigiert werden, jedoch wird es nicht lange dauern, bis auch der gezielte Einbau positiver, Vorteile bringender Merkmale etabliert und verbreitet wird.

Die Rolle der Wissenschaften ist somit mindestens ebenso prominent wie bei der selektierend mordenden Eugenik des 20. Jahrhunderts. Die sich mit der genetischen Verbesserung des Menschen abzeichnenden ethisch-moralischen und gesellschaftlichen Probleme und Fragen könnten unser humanistisches, also menschzentriertes Weltbild aus den Fugen heben. Derzeit ist die Ungleichheit der Menschen auf der Welt rein sozialer und wirtschaftlicher Natur. Die biologische Gleichwertigkeit aller Menschen ist eine Grundsäule des Humanismus. Rassismus scheint mit Humanismus nicht vereinbar. (Es sei denn man erkennt den sozialdarwinistisch und eugenisch geprägten „evolutionären Humanismus" als eine Form des Humanismus an). Die Unterdrückung und Ausbeutung von Tieren anderer Arten ist allerdings sehr wohl mit unserem Humanismus vereinbar.. Aus der selbsterklärten Überlegenheit der Art Mensch leiten wir die Legitimation zur Ausbeutung anderer Arten ab. Sollte es eines Tages mehrere Arten der Gattung *Homo* geben, könnte dies zu ähnlichen Ausbeutungshierarchien führen

Es ist nur noch eine Frage der Zeit, bis der Mensch gezielt in die Evolution der eigenen Art eingreifen wird. Diese Verbesserung einfach geschehen zu lassen könnte aber zu schweren gesellschaftlichen Verwerfungen führen, wenn biologisch überlegene Menschenarten mit biologisch unterlegenen Menschenarten zusammenleben müssen. Aldous Huxley hat in seinem utopischen Roman „Brave New World" eine fiktive Gesellschaft, die durch genetische Klassen strukturiert ist beschrieben, wobei die Zufriedentheit mit der eigenen Klassenzugehörigkeit genetisch mitverankert ist, so dass die Menschen zwar unfrei aber zufrieden sind.

Entscheidend ist auch, ob genetische Verbesserungen im Wesentlichen über die Keimbahn erfolgen werden („Designerbabys") oder ob ein lebender *Homo sapiens* verbessert werden kann (kann ich mich durch Genmodifikation zu Lebzeiten intelligenter machen, den Alterungsprozess aufhalten und unsterblich werden?).

Der Weg über die Keimbahn erfordert eine altruistische Elterngeneration, die den Kindern einen Vorteil verschaffen möchte. Der Vorteil des Weges über die Keimbahn wäre jedoch die bessere Kontrollierbarkeit der Verbesserung der menschlichen Art. Theoretisch wäre die allmähliche Verbesserung der gesamten Menschheit von Generation zu Generation möglich, sozusagen als gemeinsames Menschheitsprojekt. Auch könnte so die Unterdrückung und Ausbeutung der jeweilig lebenden unterlegenen Art durch die zeitgleich lebende überlegene Art verhindert werden, da es sich bei der unterlegenen Art um die Eltern oder Großeltern der überlegenen Art handelte. Durch diese von Generation zu Generation erfolgende Optimierung könnte ich mir die Höherzüchtung des Menschen sogar als einigermaßen harmonisch ablaufende Utopie jenseits der grauenhaften faschistoiden Szenarien, die ich mir sonst bei diesem Begriff ausmalen würde, vorstellen. Voraussetzung wäre aber ein weltweit koordiniertes Vorgehen.

Wenn wir aber die anstehende Eugenik den „Kräften des Marktes" überlassen, wird die Höherzüchtung des Menschen zu einem reinen Elitenprojekt werden. Genetische Optimierungen werden nur von reichen Menschen der globalen Oberschichten wahrgenommen werden. Die der Erklärung der Menschenrechte zugrunde liegende Annahme, dass alle Menschen frei und wertgleich sind, würde hinfällig werden.

Genozid

Ich habe in der zweiten Hälfte der 1990er Jahre, von 1994 bis 2001, Medizin studiert und war im Jahr 2000 im Praktischen Jahr, das in Deutschland gänzlich im Krankenhaus stattfand.

Im Jahr 2000 gehörten Patienten, die zwischen 90 und 100 Jahre alt waren, zu den Geburtskohorten 1910–1900, die zwischen 80 und 89 Jahre alt waren, zu den Geburtskohorten 1920–1911 und die zwischen 70 und 79 Jahre alt waren, zu den Geburtskohorten 1930–1921. Im Jahr 1940 waren die Geburtskohorten 1910–1900 zwischen 30 und 40 Jahre alt, die Geburtskohorten 1920–1911 zwischen 20 und 29 Jahre alt und die Geburtskohorten 1930–1921 zwischen 10 und 19 Jahre alt. Somit gehörten die meisten Patienten, die ich im Jahr 2000 kennengelernt habe, zu den Generationen, welche die Zeit der Nationalsozialisten miterlebt haben, und in dieser Zeit zu einer produktiven, die Gesellschaft mitgestaltenden Altersklasse.

Die meisten Patienten, die ich damals kennengelernt habe, waren ganz normale Menschen mit Stärken und Schwächen, mit guten Manieren und normal höflichem und freundlichem Verhalten.

Der durch einen Angriff Deutschlands auf Polen im September 1939 begonnene Zweite Weltkrieg hat über 65 Millionen Menschen das Leben gekostet, wobei die meisten Toten (etwa 27 Millionen) in der Sowjetunion zu beklagen waren. Die nationalsozialistische Ideologie war sozialdarwinistisch und rassistisch, wobei der Begriff Rasse als Sammelkategorie für recht willkürliche Gruppenunterscheidungs- und Spaltungsmerkmale verwendet wurde. Insbesondere die Juden und Slawische Völker gerieten ins Fadenkreuz der Hetzpropaganda und wurden zum Ziel einer teils industriell betriebenen Massenmordkampagne. Dem Holocaust fielen mehr als 6 Millionen Menschen zum Opfer. Die meisten Opfer des Holocaust sind in Polen und der Sowjetunion zu beklagen.

Der Roman *Les Bienveillantes* von Jonathan Little beschreibt fiktiv, jedoch mit gut recherchierten Bezügen zu realen Ereignissen den Osteuropa- und Russlandfeldzug aus der Perspektive eines jungen SS-Offiziers namens Dr. Max Aue. In der Romanhandlung ist Aue an Einsätzen zur Ermordung von Juden und anderen zu Feinden oder unwertem Leben erklärten Menschen beteiligt, erlebt und überlebt Stalingrad und arbeitet und mordet im Konzentrationslager Auschwitz.

Am beunruhigendsten war die starke Identifikation mit Max Aue, die man beim Lesen dieses Buches empfindet (oder ich zumindest). Im Fluss des Romans erscheinen die Motive und Handlungen des Akteurs plausibel, obwohl auch monströse Verbrechen beschrieben werden, zum Beispiel die Reihenerschießung von Zivilisten aus der Perspektive des in führenden und ausführenden Positionen mitmordenden Max Aue. Dem Leser, der sich mit einem Massenmörder identifiziert, wird nicht einmal die Möglichkeit gegeben, das Handeln Aues durch die Kontextualisierung der nationalsozialistischen Ideologie zu relativieren, da Aue mit der Ermordung der eigenen Mutter etwas getan hat, was jeder (also der überzeugte Nationalsozialist genauso wie der moralisch gefestigte Humanist) unabhängig von der ideologischen Einordnung als böse bezeichnen würde. Mit seinen inzestuösen Neigungen zu seiner Zwillingsschwester hat er Anlagen, die auch von zahlreichen Menschen mit religiös motivierten Wertvorstellungen abgelehnt werden, auch dies in Übereinstimmung mit der nationalsozialistischen Ideologie. Und dennoch identifiziert man sich (oder ich zumindest) mit diesem bei objektiver Betrachtung seiner Handlungen schlechten Menschen.

Das Buch, das in Frankreich hochgelobt und mit dem renommierten Prix Goncourt ausgezeichnet wurde, wurde in anderen Ländern, darunter Deutschland und Israel, äußerst kontrovers diskutiert. Kritiker hielten es für amoralisch, fiktiv den Holocaust zu beschreiben und dies dann auch noch durch einen Ich-Erzähler, der das Vertrauen des Lesers gewinnt, obwohl er ein Schwerverbrecher ist. Interessanter ist vielleicht, dass einige Kritiker sich am Stil des Buches abarbeiteten und diesen als von „niedriger Qualität" bezeichneten. Nun, vielleicht waren die deutschen Übersetzungen grottenschlecht. In französischer Sprache habe ich den Stil (allerdings als Nicht-Muttersprachler) nicht als kitschig empfunden. Auch die in der französischen Kritik vorkommenden Vergleiche mit Tolstoi, Pasternak und Dostojewski sprechen gegen einen schlechten Schreibstil und den Vorwurf, es handle sich um Schundliteratur. Offenbar hatte der Roman einen wunden Punkt berührt, etwas Unbewusstes, was wir uns nur ungern selbst eingestehen, von dem wir aber wissen oder es erahnen.

Das Unterbewusstsein anderer Leute und insbesondere einiger mit wütenden Verrissen reagierender Literaturkritiker kann ich nicht ergründen. Ich kann mich nur fragen, welches unbewusste Unbehagen dieses Buch in mir ausgelöst hat. Mir wurde bewusst, dass ich möglicherweise ähnliche Verbrechen begangen hätte, wäre ich 60 Jahre früher geboren und durch die Umstände in solch eine Organisation geraten. Natürlich stelle ich mir lieber vor, wie ich als Widerständler ein Unrechtssystem bekämpfe oder als verdeckt operierender Held im bösen System Menschenleben rette. Ein Roman, der mir vor Augen führt, dass ich unter entsprechenden Umständen statt zum Helden zum Verbrecher werden könnte, macht mich wütend. Ich möchte ein Szenario, das mich in meinem Selbstverständnis angreift, nicht einfach stehen lassen und werde Gegenargumente aufbauen und betonen, dass man nicht alles auf die Umstände schieben kann, sondern dass ich die Fähigkeit habe, moralisch fundierte Entscheidungen für das Gute und gegen das Böse zu treffen (natürlich implizierend, dass ich selbst moralisch besser gehandelt hätte).

Ich denke, dass auch ich eigentlich wissen kann, dass auch ich zu bösen amoralischen Taten fähig bin, ich das aber eigentlich gar nicht wissen können will. So etwas Ähnliches dürfte der slowenische Philosoph Slavoj Žižek mit der Kategorie des „unbekannten Bekannten" (im Englischen *unknown knowns*) gemeint haben.

Wie eingangs beschrieben, machten die der Kriegsgeneration angehörenden Menschen, denen ich im Krankenhaus begegnet bin, nicht den Eindruck, schlechtere Menschen zu sein als Menschen der Geburtskohorten, denen man jetzt in deutschen Krankenhäusern begegnet. Auch über die drei meiner vier Großeltern, die ich kennengelernt habe, möchte ich nichts Schlechtes sagen. Es braucht keine wirklich bösen Menschen, damit böse Dinge geschehen. Das Böse ist in jedem Menschen. Waffenlieferungen befeuern Krieg. Dennoch unterstelle ich den für die Herstellung der Waffen und deren Auslieferung verantwortlichen Menschen nicht automatisch, dass sie mehr Böses in sich haben als ich. Geld ist ein weltweit akzeptierter Anreiz. Deutsche Waffen werden in alle Welt geliefert [171] und im Zweiten Weltkrieg hätten die

Deutschen ohne amerikanische Öllieferungen nicht genug Öl für den deutschen Blitzkrieg gehabt [171, 172].

Zu sagen, der Holocaust sei nicht einmalig, kann leicht als Relativierungsversuch dieses verbrecherischen Massenmords missverstanden werden. Zweifellos hatte der Holocaust einige besonders abscheuliche Aspekte, insbesondere die fabrikartige Menschenvernichtung wurde zur perversen Perfektion getrieben. Dennoch möchte ich betonen, dass ich den Holocaust nicht in dem Sinne als einzigartig ansehe, dass sich Verbrechen solchen Ausmaßes nicht jederzeit wiederholen könnten.

10 Armut & Hunger

Über das Wesen der Armut und verschiedene Definitionen von
Armut ließe sich ein eigenes Buch schreiben. Hier sei nur kurz auf
die konzeptionelle Unterscheidung zwischen relativen und abo-
luten Kriterien zur Armutsbewertung hingewiesen.

Relative Armut

Deutschland gilt als ein reiches Land. Gemessen am Bruttoinlandsprodukt (BIP) ist das im Vergleich zu anderen Ländern der
Welt zweifellos richtig. Dennoch wurde 2001 erstmals angeregt,
einen Armuts- und Reichtumsbericht zu erstellen. Seitdem wurden fünf Armutsberichte erstellt, der letzte im Jahr 2017 [173,
174]. Angesichts dessen, dass für die kleine Gruppe der Superreichen so gut wie keine Daten erhoben werden, ist die gängige
Bezeichnung „Armutsbericht" wohl treffender als „Armuts- und
Reichtumsbericht". Ob die Unterschlagung der Superreichen
geschehen ist, weil deren Zahl so klein ist, dass es sich nicht
lohnt, sich ihrer anzunehmen, oder ob diese Auslassung Folge
gezielter politischer Einflussnahme ist, mag der Leser selbst be-
urteilen.

Das Konzept der relativen Armut wurde von Bertolt Brecht gut
auf den Punkt gebracht:

> Reicher Mann und armer Mann
> standen da und sah'n sich an.
> Und der Arme sagte bleich:
> „Wär ich nicht arm, wärst du nicht reich."
> (Bertolt Brecht, 1934)

Der reiche Mann könnte noch entgegnen: „Wär ich nicht reich,
wärst du nicht arm".

Existenzielle Armut

Existenzielle Armut mit Hungersnöten findet sich immer wieder in den Aufzeichnungen sesshafter Kulturen, und im christlichen Mittelalter galt Hunger neben Krieg, Seuche und Tod als eine der vier apokalyptischen Bedrohungen der Offenbarung des Johannes.

Thomas Robert Malthus prognostizierte 1798 in seinem Werk „The Principle of Population"ein sich entwickelndes Missverhältnis zwischen Bevölkerungswachstum und möglicher Steigerung der Nahrungsmittelproduktion. Zuvor wurde eine wachsende Bevölkerung als ausschließlich positiv gewertet, da diese zwangsläufig eine leistungsfähigere Wirtschaft bedinge. Die Steigerung der weltweiten Nahrungsmittelproduktion hat dafür gesorgt, dass die Malthus'schen Prognosen sich nicht voll bewahrheitet haben. Das Prinzip, dass Überbevölkerung immer die Sorge von Hungersnöten mit sich bringt, ist jedoch nach wie vor eine die Zukunft bestimmende Debatte.

Hunger heute

Die Ernährungs- und Landwirtschaftsorganisation der Vereinten Nationen (FAO = Food and Agricultural Organisation) definiert Hunger als eine länger andauernde reduzierte Kalorienzufuhr von weniger als 2100 kcal pro Tag. Im Jahr 2015 litten gemäß der Statistik des Welternährungsprogramms der Vereinten Nationen in fünf Ländern mehr als 35 % der Bevölkerung an Hunger: Haiti, Namibia, Sambia, Zentralafrikanische Republik und Nordkorea. Zwischen 25 und 35 % der Bevölkerung waren es in Afghanistan, im Jemen, in Madagaskar, Uganda, Ruanda, Tansania, Äthiopien, Mozambique, Tschad, Republik Kongo, Zimbabwe und Liberia. In den beiden bevölkerungsreichsten Ländern der Erde leiden mehr als 5 % (China) und sogar mehr als 15 % (Indien) der Bevölkerung an Hunger. Sicherlich gibt es auch in den Ländern, die in die Kategorie „keine Daten verfügbar" fallen, viele Menschen, die an Hunger leiden: Somalia, Sudan, Südsudan, Eritrea, Demokratische Republik Kongo, Burundi, Libyen, Syrien und Palästina [175]. Zwei dieser Staaten, Libyen und Syrien, waren 2010 noch in derselben Kategorie (unter 5 % Hungernde) wie zum Beispiel die europäischen Länder.

In absoluten Zahlen ist die Zahl der Hungernden auf der Erde seit 1990 von 991 Millionen (23,3 % der Weltbevölkerung) um etwa 211 Millionen auf 780 Millionen (12,9 % der Weltbevölkerung) 2016 zurückgegangen. Allerdings ist die Zahl der Hungernden im Jahr 2017 erstmals seit Langem wieder gestiegen und liegt jetzt bei etwa 815 Millionen [176]. Etwa zwei Drittel des Rückgangs (2/3 x 211 Mio. = 140,5 Mio.) zwischen 1990 und 2016 sind den Verbesserungen der Nahrungsmittelversorgung im bevölkerungsreichen China zu verdanken.

China wurde zuvor immer wieder von katastrophalen Hungersnöten heimgesucht. Zwischen 1958 und 1961 verhungerten zwischen 20 und 43 Millionen Menschen. Neben natürlichen Widrigkeiten war der Kollaps der landwirtschaftlichen Produktionsstrukturen aufgrund radikaler Wirtschaftsreformen Auslöser der Hungersnot. Der „Große Sprung nach vorn" war ein wirtschaftliches und Strukturreformprogramm, das den radikalen Umbau der Landwirtschaft vorsah. Kern der „Reform" war das absolute Verbot von Privateigentum. Widerstand wurde im Keim erstickt und „Rechtsabweichler" verfolgt, inhaftiert und auch gefoltert und getötet. Den meist ärmlich lebenden Bauern, die durch Subsistenzwirtschaft (Anbau größtenteils für den Eigenbedarf) um das Überleben ihrer Familie kämpften, wurde somit untersagt, ihrem Lebensunterhalt nachzugehen, wodurch zunächst die landwirtschaftliche Produktion kollabierte. Die mit dem großen Sprung nach vorn einhergehende Zwangskollektivierung vollkommen unvorbereiteter Bauern, meist mit geringer Bildung, führte zudem zu enormer Verwirrung hinsichtlich Verantwortlichkeiten und Aufgaben Einzelner. Zudem wurden die Bauern zur Mitarbeit in großindustriellen Projekten zwangsverpflichtet. Hierdurch wurde der Anbau von Nahrungsmitteln vernachlässigt und die zuvor einigermaßen funktionierende Subsistenzwirtschaft zerstört [177].

Die chinesischen Hungersnöte des „Großen Sprung nach vorn" sind durch ihren Katastrophencharakter in kollektiver Erinnerung geblieben, jedoch war Hunger im 20. Jahrhundert auch in Indien eher die Regel als die Ausnahme. Der indische Wirtschaftswissenschaftler Amartya Sen soll gesagt haben, dass die gigantische Überschusssterblichkeit der Hungersnot in China durch die reguläre hungerbedingte Überschusssterblichkeit in Indien in den Schatten gestellt werde [178]. Was in China als große Katastrophe in Erinnerung geblieben ist, sei demnach in Indien im 20. Jahrhundert der Normalzustand gewesen. Im Jahr 1969 hatte Indien eine Bevölkerung von 523 Millionen Menschen [179].

Nach jahrzehntelangem Bevölkerungswachstum über 2 % lag die Bevölkerung Indiens 1990, als das Bevölkerungswachstum erstmals unter 2 % sank, bei 870 Millionen. Inzwischen (2017) leben 1,32 Milliarden Menschen in Indien. Das Bevölkerungswachstum ist inzwischen auf 1,2 % gesunken, sodass einige die Bevölkerungsexplosion in Indien als entschärft ansehen [180]. Allerdings würde sich die Bevölkerung bei einem anhaltenden Wachstum von 1,2 % in 58 Jahren (bis 2076) auf 2,64 Milliarden verdoppeln (Verdoppelungszeit nach Al Bartlett = 70/1,2 = 58,3). Zwischen 15 % und 25 % der Bevölkerung Indiens gelten als unterernährt. Somit lebt etwa ein Vierteil der weltweit unterernährten Menschen in Indien.

China hatte 1980 durch die Ein-Kind-Politik drastische Maßnahmen zur Verringerung des Bevölkerungswachstums ergriffen und gleichzeitig eine enorme wirtschaftliche Entwicklung durchgemacht. Der Anteil der unterernährten Bevölkerung lag 1990 bei 23,9 % und ist inzwischen auf unter 10 % gesunken [181].

Tabelle 11 zeigt einen Vergleich der Bevölkerungs–projektionen für Indien und China für die nächsten 10 Jahre unter der Annahme, dass die Bevölkerung Indiens mit 1,2 % und die Chinas mit 0,5 % wächst.

Tabelle 11: Bevölkerungsentwicklung in Indien und China 2016–2026 in Milliarden. Projektionen basierend auf einem Bevölkerungswachstum von 1,2 % in Indien und 0,5 % in China.

	2016	2017	2018	2019	2020	2021	2022	2023	2024	2025	2026
China	1,379	1,386	1,393	1,400	1,407	1,414	**1,421**	1,428	1,435	1,442	1,450
Indien	1,324	1,340	1,356	1,372	1,389	1,405	**1,422**	1,439	1,457	1,474	1,492

Demnach wird die Bevölkerung Indiens im Jahr 2022 erstmals die Chinas übersteigen. Das drittbevölkerungsreichste Land der Erde sind übrigens die USA mit 324 Millionen Einwohnern, gefolgt von Indonesien mit 260 Millionen, Brasilien mit 206 Millionen, Pakistan mit 203 Millionen, Nigeria mit 187 Millionen und Bangladesch mit 163 Millionen Einwohnern.

China (bzw. chinesische Firmen) kauft weltweit Agrarflächen ein, insbesondere in Südostasien, aber auch in Afrika. Der Großteil (etwa drei Viertel) der chinesischen Landkäufe findet in Südostasien inklusive Papua-Neuguinea statt. Das weit verbreitete Vorurteil, China sei der größte Landkäufer in Afrika, ist allerdings nicht richtig.

Wenn man die chinesischen Landkäufe in den Kontext der Landkäufe anderer Länder (bzw. deren Firmen) setzt, ist China weltweit nicht der größte Landkäufer. Die Organisation Land Matrix (landmatrix.org) führt hervorragend aufgearbeitete Statistiken über internationale Landkäufe. Bei den Top 10 der Investorenländer liegt China nur auf Platz 4 (Stand März 2018). Angeführt wird die Liste von den USA, die 9,9 Millionen Hektar aufgekauft haben, gefolgt von Malaysia, Singapur und schließlich China. Die Tatsache, dass der kleine Stadtstaat Singapur auf dem dritten Platz der Landeinkäufer steht, zeigt, dass Nationen beim internationalen Landhandel gar nicht unbedingt die direkten Akteure sind, sondern dass international operierende Konzerne eine große Rolle spielen, die ihren Sitz in einem bestimmten Land, zum Beispiel in Singapur, haben (warum ausgerechnet Singapur, kann ich nicht sagen, aber wahrscheinlich ergeben sich hier Steuersparmöglichkeiten) [182]. Da Land immer auch Zugang zu ausbeutbaren Ressourcen bedeutet, ist davon auszugehen, dass bei den Landkäufen Verflechtungen zwischen staatlichen Machtstrukturen und Großinvestoren bestehen.

Unter den Zielländern für Landkäufe sind afrikanische Länder prominent vertreten, darunter zahlreiche Länder mit hohem Anteil Hungernder an der Bevölkerung. Die Landkäufe in afrikanischen Ländern können natürlich auch vorteilhaft für Afrika sein, wo viele Länder über ein großes noch nicht genutztes Anbaupotenzial verfügen. Die Investitionen aus dem Ausland mobilisieren dieses Potenzial und können damit auch beitragen, die lokale Bevölkerung zu ernähren. Ob sich die Landkäufe zum Guten oder Schlechten auswirken, hängt somit auch von internationalen Handelsregeln ab. Diese sollten einen profitorientierten Anbau ermöglichen, ohne dass dies auf Kosten der verfügbaren Nahrungsmittel für die Bevölkerung geht. Auch der lokale Arbeitsmarkt ist zu integrieren. Vorherige Subsistenzbauern, die mit großen Agrabetrieben konkurieren können werden (zwangsläufig) in ein Angestelltenverhältnis wechseln und für die internationalen Agrarkonzerne arbeiten. Solide Arbeitnehmerschutzregeln dürfen also kein Luxusgut in entwickelten Ländern sein, sondern müssen gerade in Entwicklungsländern etabliert und durchgesetzt werden.

Damit der internationale Wettbewerb um die billigsten Arbeitskräfte nicht zum Maß aller Dinge wird, bedarf es internationaler Abkommen und Vereinbarungen zum Angestelltenschutz und Mechanismen, diese durchzusetzen. Aber auch auf nationaler Ebene sind Regierungen internationalen Konzernen nicht machtlos ausgeliefert. Zwar mag das Land dem internationalen Konzern gehören, de facto gehört es aber immer noch zum Staatsgebiet des Gastlandes und unterliegt dem dort gültigen Rechtsrahmen. Wenn nationale Regierungen den Angestelltenschutz stärken, können die internationalen Konzerne dies nicht einfach ignorieren. Natürlich werden nationale Arbeitnehmerrechtsverbesserungen wirksamer, wenn mehrere Staaten einer Region ihren Rechtsrahmen aufeinander abstimmen. Dies setzt aber einen funktionierenden, nicht zu korrupten Staats- und Verwaltungsapparat voraus, da sich die Konzerne selbst für die Ernährung der Lokalbevölkerung nicht verantwortlich fühlen. Der von Bürgerkrieg und mangelnder Staatlichkeit geplagte Südsudan gehört beispielsweise zu den Hauptzielländern für Landinvestoren, aber auch zu den Hauptempfängerländern des Welternährungsprogramms.

Im Jahr 2017 waren neben dem Südsudan 36 weitere Länder auf Nahrungsmittelhilfen angewiesen, 30 davon auf dem afrikanischen Kontinent. In diesem Zusammenhang erscheint das starke Bevölkerungswachstum auf dem Afrikanischen Kontinent von 1,2 Mrd. Menschen im Jahr 2015 auf 2,5 Mrd. im Jahr 2050 besonders besorgniserregend. Aktuelle Statistiken zum Hunger auf der Welt lassen sich auf der Internetseite des Welternährungsprogramms abrufen (http://de.wfp.org/). Wenn man die restlichen sieben auf Nahrungsmittelhilfen angewiesenen nicht-afrikanischen Länder aufzählt, springt einen der typische Zusammenhang zwischen Hunger und Krieg geradezu an: Irak, Syrien, Afghanistan, Jemen, Pakistan, Myanmar und Nordkorea.

Aus Sicht der westlichen Länder, die vorgeben, sich den Werten der Aufklärung verpflichtet zu fühlen, ist diese Liste besonders beschämend: Im Irak hat eine westlich geführte „Koalition der Willigen" einen völkerrechtswidrigen Angriffskrieg vom Zaun gebrochen und einen vorher funktionierenden Staat zu einem gescheiterten Staat gemacht [37, 183, 184]. In Syrien hat der Westen ebenfalls die Staatlichkeit massiv untergraben, unter anderem durch Waffenverschiebung aus Libyien nach Syrien zur Aufrüstung der „moderaten Rebellen", wovon die radikal-islamistischen Oppositionskräfte profitierten. Nur mit russischer und iranischer Unterstützung konnten syrische Regierungstruppen wieder die Oberhand im Land gewinnen, wodurch wohl ein weiterer „Failed State" neben dem Irak (noch) verhindert wurde [50]. Afghanistan wurde nach 9/11 besetzt, um ... Das kann ich auch nicht so genau sagen, aber ich bin mir sicher, es hatte etwas mit Demokratie, Brunnen bohren und Menschenrechten zu tun.

Der Jemen wird seit 2015 mit westlicher Unterstützung (USA, Frankreich und Großbritannien) von Saudi-Arabien bombardiert und ausgehungert (Seeblockade, auch mit Patrouillenbooten aus deutscher Produktion [171]). Pakistan, Myanmar und Nordkorea sind auch ohne direkte westlich geführte Aggressionen auf Nahrungsmittelhilfen angewiesen. Fairerweise sollte jedoch auch hier erwähnt werden, dass in Pakistan die meisten Mordmissionen amerikanischer Drohnen stattfinden [185] und Nordkoreas ohnehin meist schwache Ernteerträge durch die immer zur Erntezeit in Grenznähe stattfindenden amerikanisch-südkoreanischen Manöver beeinträchtigt werden [186, 187].

In Afrika hungern etwa 232 Millionen der 1,2 Milliarden Menschen. Der Anteil Hungernder ist somit auf dem afrikanischen Kontinent am größten (etwa 20 % – jeder Fünfte). Die Bevölkerungsprojektionen für Afrika sagen eine Verdoppelung der Bevölkerung auf ca. 2,5 Mrd. Menschen im Jahr 2050 voraus. Auch bei den afrikanischen Hungersnöten spielen Kriege eine entscheidende Rolle; so ereigneten sich 2017 schlimme Hungersnöte im bürgerkriegsgeplagten Südsudan und im Nordosten Nigerias, der von den berüchtigten Boko-Haram-Milizen terrorisiert wird. Hungernotstände wurden in der Zentralafrikanischen Republik, in Somalia und im Jemen ausgerufen. Eine Hungersnot wird ausgerufen, wenn mehr als 30 % der Bevölkerung akut unterernährt sind und pro Person weniger als 4 Liter Wasser täglich zur Verfügung stehen. Ein Hungernotstand besteht, wenn mehr als 15 % der Bevölkerung akut unterernährt sind und gilt bereits als humanitärer Notfall [188].

Aber auch ohne Krieg- und Staatszerfall ist die Nahrungsmittelversorgung in weiten Gebieten Afrikas problematisch. Die Sahelzone ist ein semiarider Vegetationsgürtel, der sich nach Süden hin an die lebensfeindlichen Wüsten Nordafrikas anschließt und sich mit einer Breite von 150 bis 800 Kilometern vom Roten Meer bis zum Atlantik zieht. Das arabische Wort „Sahil" bedeutet so viel wie Ufer oder Küste (des Sandmeeres der Sahara). Die klimatischen Voraussetzungen für Landwirtschaft sind in der Sahelzone schlecht. Die Sahelzone, insbesondere der breitere Westteil mit den Ländern Mauretanien, Mali, Burkina Faso, Niger und Tschad, war in den Jahren 1968–72 Ort einer desaströsen Hungerkatastrophe, die dazu beitrug, dass auch heute noch der Begriff „Sahelzone" spontan mit Hunger assoziiert wird. Äthiopien, das streng genommen südlich der Sahelzone liegt und auch nicht unbedingt die klimatischen Charakteristika der Sahelzone erfüllt, wurde in den Jahren 1984 und 1985 zum Sinnbild afrikanischer Hungerkrisen. Die geschätzte Opferzahl liegt für beide Hungerkrisen bei je etwa einer Million Toten.

Die Zahl der weltweit Hungernden ist zwischen 1990 und 2016 zurückgegangen, jedoch ist die Zahl der Nahrungsmittelkrisen, die um die mediale Aufmerksamkeit buhlen, gestiegen. Im vom Staatszerfall gebeutelten Somalia kam es 1991/92 und 2011/12 zu akuten Nahrungsmittelkrisen, in der Demokratischen Republik Kongo zwischen 1998 und 2000 und in der westlichen Sahelzone im Jahr 2012. In diesen von Krisen und schwierigen klimatischen Bedingungen geplagten Ländern ist die Nahrungsmittelsituation jedoch auch dann problematisch, wenn gerade keine Hungerkrise ausgerufen worden ist.

Dass Krieg und Hungersnot Hand in Hand gehen, ist somit deutlich geworden. Allerdings müssen auch ungünstige klimatische Rahmenbedingungen und Bodenfruchtbarkeit sowie das zu schnelle Bevölkerungswachstum in afrikanischen Ländern als Hungerfaktoren betrachtet werden. Wie bereits erwähnt, wird für Afrika eine Verdoppelung der Bevölkerung zwischen 2015 und 2050 auf ca. 2,5 Mrd. Menschen im Jahr 2050 erwartet. Zudem wird mit einer Ausbreitung von Wüsten und semiariden Trockenzonen gerechnet. Wie sich ein sich erwärmendes Weltklima hierbei auswirkt, ist schwer abzusehen. Ganz abgesehen vom Klima besteht schon durch die lokale Ausbeutung von Anbauressourcen wie Wasser und Boden die Gefahr der Versteppung, Austrocknung und Verwüstung großer landwirtschaftlicher Nutzflächen. Wie oben beschrieben, werden weite Teile bislang wenig effektiv benutzter Flächen von internationalen Agrarkonzernen aufgekauft. Dies führt unweigerlich zur Verdrängung der Lokalbevölkerung. Wenn man diesen Landkäufen etwas Positives abgewinnen möchte, dann die Hoffnung, dass die Investoren dafür sorgen, große Flächen, die im Moment kaum oder gar nicht genutzt werden, zu erschließen und neue landwirtschaftlich produktive Flächen zu schaffen.

Allerdings benötigt Plantagenwirtschaft viel Wasser. In den letzten Monaten wurde immer wieder berichtet, dass der südafrikanischen Stadt Kapstadt das Süßwasser auszugehen droht. Südafrika ist das reichste Land des subsaharischen Afrikas und seitdem Libyen ausgeschaltet wurde, möglicherweise sogar das reichste Land Afrikas. Vielleicht ist es Glück im Unglück, dass sich hier der Wassermangel zuerst manifestierte. Denn dies lässt hoffen, dass tatsächlich politische und technische Maßnahmen gegen die Wasserknappheit getroffen werden.

11 Seuchen

Wenn die vier apokalyptischen Reiter Krieg und Tod (erste beiden Reiter), Hunger und Tod (dritter Reiter) und Krankheit und Tod (vierter Reiter) repräsentieren fehlt in unserer Gesamtbetrachtung nur noch der vierte Reiter: Krankheit und Tod.

Die großen Pestzüge des Mittelalters kosteten Millionen Menschen das Leben. Es wird geschätzt, dass etwa 20-25 Millionen Menschen, mindestens ein Drittel der europäischen Bevölkerung der Pest des 14. Jahrhunderts zum Opfer fielen [189, 190]. Die Pest wird durch den Pestfloh übertragen, bei Lungenbefall (Lungenpest) auch direkt aerogen (über die Luft) von Mensch zu Mensch. In Albert Camus' Roman *La Peste* geht dem Ausbruch der Pest unter den Menschen das Sterben der Ratten voraus. Wenn eine Ratte nach ihrem Pesttod erkaltet, wird sich ein infizierter Pestfloh, der diese Ratte besiedelt hat, einen neuen Wirt suchen – zum Beispiel einen Menschen.

Seuchenausbreitung zu Land und zu Wasser

Die Fliegerei entwickelte sich zu Beginn des 20. Jahrhunderts, aber erst nach Ende des Zweiten Weltkriegs wurden Flugzeuge zu Massentransportmitteln. Vorher reiste man zu Land oder zu Wasser und entsprechend breiteten sich Seuchen entlang von Landfernverkehrswegen und Schiffsrouten aus. Auch Heereszüge trugen zur Ausbreitung von Seuchen bei, wobei in den Heereslagern aufgrund schlechter hygienischer Bedingungen beste Voraussetzungen zur Ausbreitung der Erreger bestanden.

Die Ausbreitung der Pest des 14. Jahrhunderts [191] begann wohl in den Nagetierpopulationen Ostasiens; von dort breitete sie sich im nach dem Mongolensturm etablierten Machtbereich der Goldenen Horde aus. Dieser reichte nach Unterwerfung des Kiewer Rus bis ans Schwarze Meer und an die Wolga. Saray, die Hauptstadt der Goldenen Horde an der Wolga, Seidenstraßenstadt und mit mehr als einer halben Million Einwohner eine der größten Städte der Zeit, wurde 1345 von der Pest heimgesucht (Saray existiert heute nicht mehr).

Am Schwarzen Meer hatten norditalienische Kaufleute Handelsposten, unter anderem die Genueser in Kaffa (heute Feodossija) auf der Krim-Halbinsel. Als die Tartaren 1347 Kaffa belagerten, brach unter den Soldaten die Pest aus. Pestleichen wurden über die Stadtmauer in die Stadt katapultiert, wodurch auch unter den Bewohnern Kaffas die Pest ausbrach. Den Fall der Stadt vor Augen, flohen einige Einwohner und italienische Kaufleute mit Segelschiffen aufs Schwarze Meer und reisten nach Italien – die Pest an Bord [192].

Die Geschichte mit den Pestleichen ist plausibel und wird auch gern als Beispiel für einen frühen Einsatz von Biowaffen erzählt. Wir können davon ausgehen, dass der Weg über die aus Kaffa fliehenden Seeleute eine Rolle bei der Seuchenausbreitung gespielt hat, aber wahrscheinlich ist die Pest auf mehreren Land- und Seewegen nach Europa gekommen.

Der früheste Bericht über die Pest des 14. Jahrhunderts in einer europäischen Stadt kommt aus Messina in Sizilien, wo die Pest bereits im September 1347 ausbrach, im Januar 1348 in Pisa und Venedig, im März 1348 in Florenz, Genua und Marseille [193]. Die Pest fiel also über die gut entwickelten Handelsstädte Italiens über Schiffe nach Europa ein. Sicherlich waren darunter auch Schiffe mit Pestkranken aus Kaffa, aber wahrscheinlich auch aus anderen Städten, wie zum Beispiel Konstantinopel (dort könnte sie aber auch aus Kaffa eingeschleppt worden sein; so gesehen kann man die Kaffa-Ereignisse durchaus als „Superspreader" der Pest des 14. Jahrhunderts ansehen) [190].

Von Italien aus breitete sich die Pest 1348 nach Frankreich und in deutschen Lande aus und überwand auf dem Schiffsweg mühelos den Ärmelkanal, um auch in England zu wüten. Auf dem Schiffs- und Landweg erreichte die Pest auch Skandinavien, Spanien und Nordafrika [194].

Nach den Erfahrungen der Pestepidemie entwickelten bedeutende Handelsstädte Konzepte zum Schutz vor Seuchen. Lazaretto Nuovo ist eine Insel in der Bucht von Venedig, die als Schiffsquarantänestation errichtet wurde. Potenziell seuchentragende Schiffe wurden samt Besatzung und Fracht für vierzig Tage (italienisch: *quarantina* = vierzig) auf der Insel interniert, bevor sie in Venedig einreisen durften.

Im Rahmen meiner Epidemiologenausbildung verbrachte ich drei Wochen auf der Isla de Lazaretto in der Bucht von Mahon (Menorca), die uns vom spanischen Gesundheitsministerium für ein Seminar zur Verfügung gestellt wurde. Lazaretto wurde Ende des 18. Jahrhunderts als Schiffsquarantänezentrum für das spanische Mittelmeer gebaut. Schiffe, auf denen Seuchen ausgebrochen waren, sollten also Barcelona gar nicht erst anlaufen, sondern wurden direkt nach Menorca in die Bucht von Mahon umgeleitet.

Per Schiff war die Cholera auch Mitte des 19. Jahrhunderts nach London gekommen, wo sie Jahr für Jahr schlimme Epidemien auslöste. Gelöst hatte London das Choleraproblem durch den Bau des Londoner Abwassersystems zwischen 1859 und 1865, dessen Infrastruktur auch heute noch das Rückgrat der Londoner Kanalisation bildet. Die Cholera wurde im Jahr 1848 durch einen an Cholera erkrankten Matrosen nach London gebracht. Dieser war auf dem Dampfschiff Elbe nach London gekommen – aus Hamburg.

An der Architektur unseres 1910 erbauten Hamburger Tropeninstitutes, das über den Landungsbrücken von St. Pauli über dem Hafen thront, zeigt sich die Bedeutung, die dem internationalen Schiffsverkehr für die Seuchenausbreitung beigemessen wurde: Der höchste Punkt des altehrwürdigen Gebäudes ist ein kleines rundes Türmchen, von wo aus sich der Hafen überblicken lässt. Wenn ich mir's aussuchen könnte, würde ich da oben mein Büro einrichten. Aber leider ist das Türmchen seit Langem nicht mehr in Gebrauch und in entsprechend schlechtem Zustand.

Falls Sie mal jemand fragen sollte, in welcher Stadt die bislang letzte große Choleraepidemie in Europa wütete, und Sie sich fragen, in welchem unhygienischen Dreckloch das wohl war, dann ist die Antwort: Hamburg! [195] Im Jahr 1892 war Hamburg einer der wichtigsten Auswandererhäfen Europas. Wahrscheinlich wurde die Cholera von Auswanderern aus Russland nach Hamburg gebracht. Dort gab es aber immer wieder auch autochthone (vor Ort entstandene) Cholerafälle (siehe die Einschleppung der Cholera aus Hamburg nach London im Jahr 1848). In Hamburg wurde das Trinkwasser immer noch direkt aus der Elbe entnommen, da der von sparsamen Kaufleuten geprägte Hamburger Senat nicht die finanziellen Mittel für eine Sandfilteranlage aufbringen wollte. Mehr als 8600 Menschen starben im Sommer 1892 in Hamburg an der Cholera. Im zu Preußen gehörenden Altona, wo es eine Sandfilteranlage für die Wasserversorgung gab, waren es deutlich weniger.

Pandemie

Wenn sich eine gefährliche Krankheit über Länder und Kontinente ausbreitet, spricht man von einer Pandemie (griechisch *pan* = alles, *demos* = Volk). Krankheiten globalisieren sich regelmäßig. So gibt es zum Beispiel jedes Jahr einen Grippevirusstamm (Influenza), der um die ganze Welt geht.

Hätte sich der Ebolaausbruch in Westafrika 2014 zu einer katastrophalen Pandemie ausweiten können? Möglich wäre so etwas natürlich, ist aber für Ebola aufgrund einiger Krankheitseigenschaften eher unwahrscheinlich. Ebola ist zwar ein für den Infizierten unheimlich gefährliches Virus, aber dessen Ausbreitung ist im Vergleich zu manch anderen Mikroorganismen eher wenig effizient. Bis vor 2014 habe ich in Studentenkursen Ebola als ein Beispiel für ein Virus genannt, von dem wir keine großen Epidemien erwarten müssten, da es erstens die Infizierten derart schnell schwer krank werden lässt, dass sich diese aus dem Sozialleben in ihr Bett zurückziehen, und zweitens die Übertragung des Ebolavirus über direkten Kontakt mit Körpersekreten eines Infizierten und nicht aerogen erfolgt. Die Neuinfektionen in Guinea, Liberia und Sierra Leone in den Jahren 2014 und 15 erfolgten in der Regel durch solche Kontakte und betrafen enge Angehörige, die Kranke pflegten. Durch bei Beerdigung durchgeführte Verabschiedungsberührungen steckten sich allerdings auch größere Zahlen von Menschen an einem Infizierten an [196, 197].

Meinen Studenten sage ich heute nicht mehr, dass man von Ebola keine großen Ausbrüche erwarten sollte, dafür war der Ausbruch in Westafrika zu groß und katastrophal. Undenkbar ist eine Ebola-Pandemie nicht; das muss man nach dem Ausbruch von 2014/15 eingestehen.

Dennoch ist es nicht direkt die Angst vor einer Ebola-Pandemie, die mich beunruhigt. Wenn Ebola mit seinen wenig effizienten Ausbreitungseigenschaften schon solch eine katastrophalen Epidemie auslösen kann, dann stellen wir uns mal einen gefährlichen aerogen übertragbaren Organismus vor, der schon infektiös ist, bevor die Infizierten schwer erkranken. SARS 2002/03 war durch seine aerogene effiziente Ausbreitung brandgefährlich. SARS steht für „Severe Acute Respiratory Syndrome", also schweres akutes Atemnotsyndrom. Die anhand der Symptome, also des klinischen Erscheinungsbildes erfolgende Benennung einer neu auftretenden Erkrankung ist übrigens typisch. Auch die Bezeichnung AIDS (Acquired Immune Deficiency Syndrome) wurde vor der Benennung des HI-Virus (Human Immunodeficiency Virus) geprägt. Das klinische Syndrom wurde also bemerkt und beschrieben, bevor man das passende Virus dazu gefunden hatte. SARS führte recht schnell zu Symptomen. Die Menschen waren also schon kurz nach Infektion schwer krank. Wäre das Virus hochinfektiös gewesen, lange bevor die Infizierten symptomatisch wurden, hätte sich eine katastrophale Pandemie entwickeln können [198].

Einige Symptome erhöhen die Übertragungswahrscheinlichkeit, zum Beispiel werden aerogen übertragbare Viren durch Husten und Niesen sehr effizient in die Umgebung geblasen. Man könnte also denken, dass das Einsetzen der Infektiosität funktionell mit den Symptomen verknüpft ist. Dies wäre ein beruhigender Gedanke, da sich alle neuen gefährlichen Erreger rechtzeitig bemerkbar machen würden.

Was aber, wenn ein „Killervirus" beim Erstkontakt mit den Schleimhäuten der Atemwege zunächst nur einen leichten, harmlos erscheinenden Reizhusten auslöst, der in Kürze von einem Fließschnupfen und häufigem Niesen begleitet wird? Bald schon wird der Husten bronchialbetonter, wobei der Infizierte aber immer noch gesund und mobil ist und selbstverständlich zur Arbeit geht (man kann die Kollegen ja nicht hängen lassen). Durch den Husten und den Fließschnupfen mit Niesattacken wird das Virus in der Umgebung verteilt und steckt andere Menschen an. Eine Erkältung halt. Nach einigen Tagen hat sich die Infektion in die Lunge ausgebreitet, überwindet hier die dünnen Alveolarwände und gelangt ins Blut. Was, wenn das Virus, das in den Atemwegen wie eines der typischen Atemwegsinfektionsviren agierte, nach Übertritt in die Blutbahn zu einer schwersten, potenziell tödlichen Erkrankung führt?

SARS hatte einige dieser Eigenschaften. Ein älteres kanadisches Paar infizierte sich in Hongkong und brachte das SARS-Virus nach Kanada. Dort erkrankte die ältere Frau schwer und verstarb. Jedoch waren sie und ihr Mann zuvor, obgleich schon infektiös, noch gesund genug, um einen 15-stündigen Flug nach Toronto einigermaßen unauffällig zu bewältigen. In Toronto wurde jedoch ein großer, schwer zu kontrollierender Ausbruch der Krankheit im Krankenhaus ausgelöst. Auch in anderen Ländern verursachte SARS Ausbrüche. Zu einer außer Kontrolle geratenen Pandemie kam es jedoch nicht. Vielleicht hatten wir bei SARS gerade noch mal Glück gehabt [199-201].

Fassen wir zusammen: Wie sieht ein Hochrisikopathogen aus?

- Leichte Übertragbarkeit von Mensch zu Mensch
- Schwere Erkrankung mit hohem Sterberisiko
- Infektion junger, mobiler, sonst gesunder Menschen
- Schwere Behandelbarkeit
- Keine Impfung verfügbar
- Lässt Infizierte lang genug gesund erscheinen, um andere anzustecken

Welche Faktoren machen die heutige Welt Pandemie-vulnerabel?

- Hohe Bevölkerungsdichte auch in Ländern mit Urbanisierung
- Zersiedlung zuvor nichtbevölkerter Landstriche, in denen eine Seuche „auslaufen" konnte
- Reise- und Migrationsintensität
- Mangelhafte Wasser- und Sanitärinfrastruktur

Biowaffen

Hinter ‚Operation Vegetarian' steckt mitnichten eine großstädtische Bürgerinitiative, mit der Menschen zu Vegetariern gemacht werden sollen, sondern das britische Biowaffenprogramm im Zweiten Weltkrieg. Zentraler Bestandteil waren Pläne, der deutschen Bevölkerung Schaden durch Milzbrandsporen zuzufügen. Diese sollten in Form von milzbrandverseuchten Leinsam-Futterkuchen über Nutztierweidegebieten abgeworfen werden, um Nutztiere zu infizieren. Die Briten erhofften sich über die Tiere zoonotische Masseninfektionen der Bevölkerung mit Tausenden, vielleicht gar Millionen von Opfern. Zudem würde der Nutztierbestand dezimiert werden und eine panische Angst der Bevölkerung vor dem Fleischkonsum entstehen (deshalb der Programmname ‚Operation Vegetarian' [202]). Getestet wurde die Ausbringung der Milzbrandbakterien auf Gruinard Island, einer kleinen, baumlosen grünen Insel in einer Bucht an der schottischen Westküste, etwa einen Kilometer vom Festland entfernt. Die Ausbringung verlief außerordentlich erfolgreich. Die achtzig auf der Insel angesiedelten Versuchsschafe wurden alle infiziert und starben an Milzbrand. Mehr als vierzig Jahre lang war die Insel unbewohnbar und stand unter Quarantäne.

Zwar wurden unmittelbar nach Durchführung der Tests Versuche unternommen, die Insel zu dekontaminieren, jedoch wurden diese bald aufgegeben, da sich die Milzbrandsporen als außerordentlich widerstandsfähig erwiesen und die Bakterien und deren Sporen sich dauerhaft im Erdboden von Gruinard Island angesiedelt hatten. Der verwendete, besonderes virulente Milzbrandstamm war sozusagen auf der Insel endemisch geworden.

Erst durch erpresserischen (nicht ganz legalen) Druck einer Aktivistengruppe aus anonymen Universitätsmikrobiologen und Anwohnern in den 1980er Jahren wurde die Regierung veranlasst, die Insel zu dekontaminieren: Die Gruppe „Operation Dark Harvest" hatte gedroht, milzbrandverseuchte Erde von Gruinard Island an „angemessenen Punkten" zu deponieren. Daraufhin wurde die Regierung schnell aktiv. Die Dekontamination wurde 1986 mit 280 Tonnen Formaldehydlösung und Abtragung der Oberflächenerde durchgeführt. Die Schafe, die nach der Dekontamination angesiedelt wurden, blieben gesund. Die Dekontamination der Insel war also erfolgreich, aber recht aufwendig.

Gruinard Island hat eine Fläche von 196 Hektar. Das entspricht der Fläche eines Quadrats mit einer Seitenlänge von 1400 Metern. Man möchte sich nicht ausmalen, welcher Aufwand nach wirklich großflächiger Ausbringung notwendig gewesen wäre, vielleicht noch in einem Areal mit einer wesentlich komplexeren Oberflächengeografie. Berlin hat eine Fläche von etwas weniger als 90.000 Hektar; dies entspricht einem Quadrat mit einer Seitenläge von 30 km (30.000 m).

Obwohl die deutsche Armee im Ersten Weltkrieg die ersten Chemie- und Biowaffen entwickelt und verwendet hatte, gab es im Zweiten Weltkrieg kein nennenswertes Biowaffenprogramm in Nazi-Deutschland. Das größte Biowaffenprogramm wurde in Japan aufgebaut und ist heute als Einheit 731 in berüchtigter Erinnerung. Einheit 731 war lange Zeit in Japan tabu und auch heute wird dieses dunkle Kapitel der japanischen Geschichte am liebsten verschwiegen.

Shinozuka Yoshio trat 1939 mit 15 Jahren in die japanische Armee ein und wurde kurze Zeit später in die von Japan besetzte chinesische Provinz Mandschurei abkommandiert. Dort erhielt er eine Einführung in Hygiene und Infektionskunde und wurde mit der Aufzucht von Pestflöhen auf lebenden Ratten betraut. Die japanische Armee betrieb in der Mandschurei Forschungs- und Entwicklungszentren für moderne Waffen, konventionelle Waffen, aber besonders chemische und biologische Waffen. Meist waren diese Versuchszentren an Gefängnisse oder Gefangenenlager angegliedert, um jederzeit Häftlinge für Menschenversuche zu missbrauchen, die an Grausamkeit kaum zu überbieten waren. Die meisten Experimente endeten mit der Sektion am zu Beginn noch lebenden und durch die Sektion sterbenden Menschen.

Gegen Ende des Krieges, Shinozuka Yoshio war gerade 20 geworden, assistierte er bei solchen Lebendsektionen von zuvor mit Typhus Infizierten. Yoshio war wie viele andere junge Menschen, die irgendwo auf der Welt in einen Krieg hineingezogen werden, ein kleines Rad in einer gnadenlos grausamen Maschinerie. Was ihn so hervorhebt, ist, dass er in den 1990er Jahren an die Öffentlichkeit gegangen ist und von den Grausamkeiten der Einheit 731 berichtete, unter anderem zur Unterstützung chinesischer Opferklagen [203]. Yoshio hatte nach dem Krieg längere Zeit in der chinesischen Armee gedient, verbrachte aber aufgrund seiner Vergangenheit mit potenzieller Beteiligung an Kriegsverbrechen auch Zeit in chinesischen Gefängnissen und in Internierungslagern. Die hauptverantwortlichen Führungspersönlichkeiten des Programms konnten sich entweder erfolgreich nach Japan absetzen und dort untertauchen oder sogar eine erfolgreiche Nachkriegskarriere im Dienst der amerikanischen Programme zur Entwicklung von Bio- und Chemiewaffen machen bzw. durch Weitergabe der durch Menschenversuche erlangten Ergebnisse an die Amerikaner straffrei bleiben und in Japan ungestört leben.

Obwohl nach außen lediglich als Einheit für Hygiene und Epidemieprävention getarnt, hatte die Einheit das klare Ziel, Massenvernichtungswaffen zu entwickeln. Die hierfür erforderlichen Teilaspekte wurden von verschiedenen Abteilungen bearbeitet: Die Abteilung 1 erforschte die Wirkung von Krankheitserregern (insbesondere Pest, Typhus, Cholera und Milzbrand) durch Infektion von Menschen aus Gefängnissen und Lagern. Die Abteilung 2 entwickelte Geräte zur Ausbringung biologischer und chemischer Kampfstoffe, während die Abteilung 3 passende Bomben und Explosivkörper entwickelte. Weitere Abteilungen kümmerten sich um nichtbiologische Kampfstoffe, Ausbildung und Personal sowie Logistik und Versorgung der Einheit. Mehrere Versuchsverseuchungen von Städten und Landstrichen sind dokumentiert; so wurden in der chinesischen Stadt Ningbo infizierte Pestflöhe auf Getreide, Stofffetzen oder einfach nur Sand aus Flugzeugen über dem Hafen der Stadt abgeworfen, wodurch es zu einer Epidemie mit 99 Toten kam. Einheit 731 war nicht die einzige Einheit der japanischen Armee, die Biowaffen entwickelte.

Antibiotikaresistenz

Die ersten Antibiotika waren nicht, wie oft fälschlich angenommen, Penicillin-Derivate, sondern die Sulfonamide. Zweifellos war die Entdeckung der antibiotischen Wirkung des Penicillins durch Alexander Fleming ein Durchbruch in der Kontrolle der Infektionskrankheiten. Der Legende nach hatte Fleming im Jahr 1928 zufällig die bakterientötende Wirkung von Pilzen, die seine Staphylokokkenkulturen überwucherten, zur Kenntnis genommen und publiziert. Erst zehn Jahre später nahmen Howard W. Florey, Ernst B. Chain und Norman Heatley die Arbeiten an der Penicillinentwicklung wieder auf. Durch den Zweiten Weltkrieg war das militärische Interesse an einem potenten Antibiotikum groß, weshalb insbesondere die Massenproduktion ein erklärtes Entwicklungsziel war, die nun auch von amerikanischen Labors vorangetrieben wurde.

Auf der Gegenseite, in Deutschland und Japan, konzentrierten sich die Entwicklungsbemühungen auf die Sulfonamide, die zu Beginn des 20. Jahrhunderts schon Durchbrüche in der medikamentösen Therapie von Infektionen erbracht hatten. In Paul Ehrlichs Labor hatte der Chemiker Alfred Bertheim Hunderte von Arsenverbindungen synthetisiert und in Tierversuchen auf deren bakterizide Wirkungen getestet. Da diese Verbindungen oftmals an sich schon sehr toxisch waren, ging es bei diesen Bemühungen hauptsächlich darum, Verbindungen zu finden, die wesentlich toxischer auf Bakterien- als auf Eukaryotenzellen wirkten. Für eine dieser Verbindungen, das Arsphenamin (Salvarsan), konnten Paul Ehrlich und der japanische Bakteriologe Hata Sahachiro, der in Paul Ehrlichs Labor arbeitete, eine gute Wirksamkeit gegen

Spirochäten nachweisen. Salvarsan wurde in der Folgezeit erfolgreich gegen die Syphilis eingesetzt und war somit das erste wirksame Medikament gegen eine bakterielle Infektionskrankheit (heute wird die Syphilis mit Penicillin G behandelt). Zudem wirkte Salvarsan gegen andere Spirochätenkrankheiten wie der Frambösie und dem durch Borrelien ausgelösten Rückfallfieber. Welche Bedeutung die Syphillis im 20. Jahrhundert hatte kann man daran ablesen, dass der Medizin-Nobelpreis im Jahr 1927 für eine Behandlung der Progressiven Paralyse, einer Spätform der Syphillis, durch Infektion mit Malariaparasiten an einen österreichischen Psychiater namens Julius Wagner-Jauregg verliehen wurde.

Für septische Wundinfektionen, die besondere kriegsmedizinische Relevanz hatten, war allerdings das Wirkspektrum des Salvarsans zu sehr (auf Spirochäten) eingeschränkt.

Das erste verfügbare Breitspektrumantibiotikum (noch vor dem Penicillin) war Prontosil, ein Sulfonamid, das von den in der Farbstoffchemie tätigen Chemikern Fritz Mietsch und Josef Klarer bei Bayer in Wuppertal synthetisierte wurde. Die bakterielle Wirksamkeit von Prontosil wurde von dem Bakteriologen Gerhard Domagk erkannt. Den Nobelpreis für Medizin, der ihm für diese Entdeckung 1939 verliehen wurde, konnte er erst 1947 entgegennehmen, da Adolf Hitler zwei Jahre zuvor deutschen Wissenschaftlern verboten hatte, Nobelpreise anzunehmen. (Dieses Verbot war Folge der Verleihung des Friedensnobelpreises an Carl von Ossietzky im Jahr 1936 rückwirkend für das Jahr 1935. Ossietzky war ein Friedensaktivist, der auf die in den 30er Jahren stattfindende illegale Aufrüstung der Wehrmacht aufmerksam gemacht hatte. Dies brachte ihm eine Verurteilung wegen Spionage und Lagerhaft bis zu seinem Tod im Jahr 1938 ein.)

Im Zweiten Weltkrieg wurde Prontosil in großem Umfang auf deutscher Seite zur Behandlung von Wundinfektionen benutzt. Wenn wir also das Jahr 1935 als Beginn der Antibiotikaära betrachten, dann gibt es erst seit etwas mehr als 80 Jahren Antibiotika. Die durch diese Medikamente erreichten Fortschritte stehen außer Frage. Aber ihre Wirksamkeit ist durch die Entwicklung von Antibiotikaresistenzen gefährdet.

Von Antibiotikaresistenz spricht man, wenn Bakterien durch Mutation die Fähigkeit erlangen, eine Antibiotikaexposition zu überstehen. Bakterien vermehren sich asexuell durch Teilung und können hierdurch innerhalb kurzer Zeit sehr hohe Zahlen erreichen. Enterobakterien wie *Escherichia coli* teilen sich im Schnitt alle 20 Minuten, wodurch sich die Zahl der Bakterien etwa alle 20 Minuten verdoppelt. Wenn also zu Beginn 100 Bakterien vorhanden sind, so erreicht die Bakterienzahl nach weniger als vier Stunden Hunderttausend (10^5), am Ende der achten Stunde 560 Millionen und 20 Minuten später wird die Milliardengrenze überschritten (Tabelle 12).

Tabelle 12:   **Zahlenbeispiel für bakterielles Wachstum beginnend mit 100 Bakterien und einer Verdoppelungszeit von 20 Minuten (unter Idealbedingungen in Kultur).**

	1. Stunde			2. Stunde			3. Stunde		
Zeit	20	40	60	80	100	120	140	160	180
Bakterien	100	200	400	800	1.600	3.200	6.400	12.800	25.600
	4. Stunde			5. Stunde			6. Stunde		
Zeit	200	220	240	260	280	300	320	340	360
Bakterien	51.200	10^5	2×10^5	4×10^5	1,6 Mio.		8,8 Mio.		
	7. Stunde			8. Stunde			9. Stunde		
Zeit	380	400	420	440	460	480	500	520	540
Bakterien	72 Mio.			560 Mio.			4,48 Mrd.		

Wenn man nun in diesem Gedankenexperiment in der sechsten Stunde antibiotisch behandelt, wird ein Großteil der zu diesem Zeitpunkt vorhandenen Bakterien vernichtet werden. Nehmen wir an, dass von den knapp 9 Millionen Bakterien 25 durch eine zufällige Mutation die Fähigkeit erlangt haben, das Antibiotikum zu überstehen. Diese können sich jetzt konkurrenzlos vermehren. Nach 40 Minuten haben wir schon wieder den Ausgangspunkt von 100 Bakterien erreicht, und nach weiteren sechs Stunden sind wieder mehr als 8 Millionen Bakterien vorhanden, diesmal jedoch alle zu einem antibiotikaresistenten Stamm gehörig.

Wir haben die Entwicklung von Antibiotikaresistenzen als rein stochastischen Prozess betrachtet. Die mikrobiologischen Wissenschaften kennen inzwischen zahlreiche Resistenzmechanismen. Das Prinzip der Selektion lässt aber auch ohne Kenntnisse dieser Mechanismen die evolutionäre Entwicklung von Antibiotikaresistenzen unter Antibiotikatherapie plausibel und fast unvermeidlich erscheinen. Natürlich ist diese rein stochastische Herangehensweise vereinfachend, da unsere Körper durch Jahrmillionen Jahre Co-Evolution mit den uns infizierenden Mikroorganismen ja eigene Infektionsabwehr- und Kontrollmechanismen hat und (zum Glück) nicht nur auf die medikamentöse Bekämpfung der Bakterien angewiesen ist. Das heißt, dass Bakterien durch unsere Immunabwehr, z.B. durch Abwehr- und Fresszellen und in späteren Infektionsstadien auch mit spezifischen Antikörpern bekämpft werden und sich deshalb nicht so ungestört vermehren können, wie in Tabelle 12 dargelegt.

Antibiotika wirken als Medikamente allerdings alles andere als gezielt. Breitspektrumantibiotika sind im Grunde wie Flächenbombardements. Die „feindlichen" Bakterien werden zwar getroffen, jedoch auch die mit, auf und in uns lebenden symbiotischen Mikroorganismen. Welche Rolle das Mikrobiom spielt, beginnen wir gerade erst vage zu verstehen [135, 204].

Das Haus der Krankheiten

Aus den oben beschriebenen stochastischen Überlegungen lässt sich erahnen, wo solche antibiotikaresistenten Keime gedeihen, nämlich dort, wo sie stark gegenüber Antibiotika exponiert sind: in Viehställen und Krankenhäusern. Schauen wir uns die Krankenhaushygiene an.

Mein klinisches Studium hatte ich in der zweiten Hälfte der 1990er Jahre in Mannheim abgeleistet, wo die Uni Heidelberg am

Klinikum Mannheim eine medizinische Fakultät für etwa ein Drittel der Studenten eines Jahrgangs betrieb. Damals galt das Klinikum Mannheim auch bundesweit als Modellkrankenhaus, das dem lahmen Gesundheitssystem schon zeigen würde, wie man ein städtisches Großklinikum gewinnbringend betreibt. Hierzu wurde 1997 die Klinikum Mannheim gGmbH (gemeinnützige Gesellschaft mit beschränkter Haftung) mit der Stadt Mannheim als alleiniger Gesellschafterin gegründet. Mit dieser Teilprivatisierung war das Klinikum Mannheim ein Trendsetter. Und tatsächlich wurde das Haus nach der „Machtübernahme" der Ökonomen jahrelang gewinnbringend betrieben.

Leider wurde der Glanz im Herbst 2014 empfindlich befleckt, als ein anonymer Hinweis auf Hygienemängel an die Aufsichtsbehörden eine Lawine von Ermittlungen zu den hygienischen Zuständen im Klinikum Mannheim auslöste. In OP-Bestecken und vermeintlich sterilisierten Geräten waren immer wieder makroskopisch sichtbare Verunreinigungen wie Haare, Knochensplitter oder Insekten gefunden worden [205].

Die Rekonstruktion des Hygieneskandals legt nahe, dass die hygienischen Zustände am Klinikum Mannheim schon jahrelang schlecht bis katastrophal waren. Dokumentierte schwerwiegende Mängel reichen mehr als zehn Jahre zurück und belegen, dass Vorfälle schon 2002 systematisch vertuscht wurden [206]. Im Juni 2013 wurde die gesamte Zentralsterilisation durch Abwasser überflutet, das aus der Kanalisation durch einen Bodenabfluss austrat, der schon bei einer Hygienebegehung im Jahr 2007 beanstandet worden war. Danach kam es zu hohen Keimbelastungen des Raums. Schimmelpilze, Staphylokokken, Sporenbildner, multiresistente Pseudomonaskeime, kurzum, alles vom einfachen Eiterkeim bis zum krankenhausspezifischen Multiresistenz-„Cuvée" konnte auf Ablagen und Regalen nachgewiesen werden, also dort, wo OP-Bestecke gerichtet und nach der Sterilisation gelagert wurden [206, 207].

Zudem waren die Mitarbeiter in hygiene- und sterilisationsrelevanten Bereichen nicht immer ausreichend für die ausgeübte Tätigkeit qualifiziert. Die Klagen aus der Belegschaft, dass die

Personaleinsparungsmaßnahmen zu eklatanten Unterbesetzungen in der pflegerischen und ärztlichen Patientenversorgung geführt hätten, sind sicherlich nicht für das Klinikum Mannheim spezifisch, sondern im Gesundheitswesen weit verbreitet.

Auch mit funktionierender Hygiene- und Sterilisationsabteilung ist ein Krankenhaus ein gefährlicher Ort. Erstens finden sich in einem Krankenhaus besonders viele kranke, potentiell infektiöse Menschen in einem Haus, zweitens werden in Krankenhäusern besonders viel Antibiotika eingesetzt, wodurch antibiotikaresistente Bakterien „gezüchtet" werden, drittens wird regelmässige die mechanische Obeflächensschutzschicht der Haut verletzte oder Schläuche in Körperöffnungen gesteckt, wodurch Keimen der Eintritt in den menschlichen Körper erleichtert wird. Schließlich sind die Menschen in einem Krankenhaus besonders häufig durch Vorerkrankungen geschwächt und anfälliger gegenüber Infektionen oder krankmachenden Verläufen von Infektionen.

Lungenkeim im Anflug!

Wenn vom Abwehrsystem des Menschen gesprochen wird, denken viel zuerst einmal an dessen komplizierteste und am schlechtesten sichtbare Komponente: das zelluläre Immunsystem. Da gibt es Fresszellen, die eingedrungene Fremdpathogene schlucken und verdauen, Abwehrzellen, die sich an Pathogene anlagern und diese direkt zerstören, den Fresszellen ausliefern oder Antikörper bilden, die spezifisch für die eingedrungenen Pathogene sind. Diese spezifischen Antikörper werden nach der Abwehr eines Erregers archiviert, um bei einer erneuten Infektion mit demselben Erreger zu einer schnellen und zielgerichteten Antwort vervielfältigt zu werden.

Das hier vereinfacht dargestellte Immunsystem ist ungeheuer komplex und kompliziert. Bei immunologisch orientierten Fachvorträgen verliere ich meist schon nach wenigen Minuten den Faden. Angesichts der beeindruckenden Komplexität des zellulären Immunsystems vergisst man leicht mal, dass es auch sehr wichtige mechanische Komponenten des menschlichen Abwehrsystems gibt. Zunächst mal verhindert unsere Haut ein übermäßig leichtes Eindringen anderer Organismen in unseren Körper. In uns drinnen gibt es als Äquivalent die Schleimhaut, die ebenfalls eine Barriere gegen Keime ist, die über den Verdauungstrakt oder die Atemwege eindringen wollen.

Lungenentzündungen sind gefürchtet und eine häufige Todesursache. Pneumokokken sind Erreger schwerer Lungenentzündungen, die tödlich sein können, finden sich aber auch häufig in der Schleimhaut des Nasen-Rachenraums, ohne das die Person, die diese Pneumokokken beherbergt hierdurch irgendwelche Krankheitssymptome hat. Wie reisen nun solche Pneumokokken von Mensch zu Mensch? Durch Husten, Niesen oder Sprechen gelangen Erreger in die Umgebungsluft und werden eingeatmet. Versetzen wir uns in einen Erreger, sagen wir eine Pneumokokke. Eben noch im feucht-warmen Umfeld einer menschliche Lunge, wird sie zusammen mit anderen Erregern in einem losen viskösen Verbund aus Bakterien, Schleim, Immun- und Epithelzellen durch eine paar explosionsartige Luftstöße (Husten) aus der Lunge in die Bronchien und die oberen Atemwege befördert. Beim nächsten Hustenstoß werden sichtbare grün-glasig glänzende Schleimbollen ausgehustet, in denen auch viele Pneumokokken sind. Ein großer Bollen landet in einer Spuckschüssel, darum herum ein paar kleinere. Unsere Pneumokokke hat aber Glück gehabt. Zusammen mit einigen anderen Pneumokokken findet sie sich in einem klitzekleinen Speicheltropfen wieder, der so klein ist, dass er, zwischen flüssig und gasförmig, mit ein paar Luftwirbeln durch den Raum gewirbelt wird und plötzlich in einen zielgerichteten Luftstrom gerät. Dieser geht von einem anderen Menschen aus, der zufällig im Raum ist und den klitzekleinen Speicheltropfen mit unseren Pneumokokken an Bord mit der Atemluft Richtung Nasenloch saugt.

Am Naseneingang ragen Nasenhaare vom Nasenrand zentripetal nach innen zur Nasenlochmitte. Größere Staubpartikel und Tröpfchen bleiben schon an dieser Barriere hängen. Unsere Pneumokokke zieht jedoch in ihrem klitzekleinen Tröpfchen elegant an den Nasenhärchen vorbei und gelangt in das feuchtwarme Innere der Nase, in dem sich der Aggregatzustand des Tröpfchens wieder Richtung flüssig stabilisiert, nachdem es beinahe schon verdunstet wäre.

In der Nase ragen jetzt drei schräge, schleimhautüberzogene Platten von der äußeren Naseninnenwand. Diese sogenannten Nasenmuscheln wärmen die Einatemluft an. Zudem bilden sie schleimhautüberzogene Flächen, auf denen Staubpartikel und Tröpfchen hängenbleiben. Einige Tröpfchen ziehen jedoch mit dem laminaren Zentralluftstrom berührungsfrei zwischen den Nasenmuscheln und der Naseninnenwand vorbei und nähern sich dem oberen Racheneingang. Hier ändert der Luftstrom seine Richtung und biegt nach unten in den Rachenraum ein. An dieser Stelle werden natürlich viele Staubpartikel und Tröpfchen aus der Kurve getragen und bleiben an den Schleimhäuten der Rachenober- und Hinterwand hängen. Möglicherweise ist deshalb hier im Lauf der Evolution ein Abwehrzentrum unserer zellulären Abwehr entstanden: die Rachenmandel.

Wenn unsere Pneumokokke auch diese Schikane überwunden hat geht es steil nach unten Richtung Kehlkopf. Kehldeckel und Stimmbänder liegen am oberen Eingang der Luftröhre. Diese geht in die beiden Bronchien über, die sich in der rechten und linken Lunge verzweigen. Ausgekleidet sind diese Luftwege mit einer ganz besonderen Schleimhaut: dem Flimmerepithel. Die namensgebenden Flimmerhärchen schlagen in hoher Frequenz (etwa 1000 Mal pro Minute) in Richtung Rachen und befördern dabei Verunreinigungen, Staub, Bakterien und Schleim nach oben. Geschmiert wird der Entsorgungstransportapparat von schleimproduzierenden Becherzellen, die zwischen die Flimmerepithelzellen eingestreut sind. Das Flimmerepithel stoppt übrigens nicht am Haupteingang der Lunge, sondern setzt sich immer dünnschichtiger werdend bis in die kleinsten Bronchiolen, die sich in die Lungenbläschen öffnen, fort.

Die Chance, dass unsere Pneumokokke mit genügend anderen Pneumokokken direkt in die Lunge gelangt und dort direkt eine Infektion auslöst, ist dank all der geschilderten Abwehrmechanismen nicht allzu groß. Gleichzeitig leuchtet aber auch ein, wie stärker gefährdet unsere Lungen sind, wenn das System geschädigt ist. Starkes Rauchen schädigt zum Beispiel das Flimmerepithel. Dies ist kein banaler Ausfall: Wie oben geschildert, schlagen die Flimmerepithelien etwa 1000 Mal pro Minute gen Rachen und befördern allen möglichen Dreck nach oben, der sonst in der Lunge landen und Schaden anrichten würde.

Auch sei an dieser Stelle daran erinnert, dass der Krebs, der im Volksmund als „Lungenkrebs" bezeichnet wird, in Wirklichkeit keine bösartige Neubildung der Lungenbläschenzellen ist, sondern meist in den Bronchien oder Bronchiolen entsteht. Rauchen erhöht das Risiko solcher Bronchialkarzinome (Tumoren, die tatsächlich aus den Lungenbläschenzellen entstehen, sind eine Rarität).

Aber kommen wir zurück zu unserer Pneumokokke. Den klitzekleinen Tropfen, der unsere Pneumokokke trägt, hat es im laminaren Zentralluftstrom selbst in der 90-Grad-Kurve am Übergang vom Nasen- in den Rachenraum nicht aus der Kurve getragen. Andere Tröpfchen und Pneumokokken sind an der Schleimhaut der Rachenhinterwand haften geblieben. Von denen werden wir später noch einmal hören.

Unsere Pneumokokke hat in ihrem klitzekleinen Wassertröpfchen auch den Kehlkopf passiert und ist auf dem Weg Richtung Lunge. Eigentlich haben wir zwei Lungen: eine rechte und eine linke Lunge. Entsprechend zweigt sich der Hauptluftweg an der sogenannten Bronchialbifurkation in den rechten und den linken Hauptbronchus auf. An dieser Bifurkation gerät unser Tröpfchen in einen kleinen Luftwirbel, der bei der Aufzweigung des Hauptluftstroms entsteht, und touchiert die Schleimhaut, wobei sich das Tröpfchen mit dem Bronchialschleim verbindet.

Unsere Pneumokokke und ein paar andere Pneumokokken haften nun an der Schleimhautoberfläche der Bronchialbifurkation. Im mikroskopischen Erscheinungsbild stellen sich Pneumokokken oft als Diplokokken dar. Das Aneinanderlagern von zwei Pneumokokken ist also typisch. Wie andere Streptokokken (Kettenkokken) bilden auch Pneumokokken ketten- und traubenartige Konglomerate. Hier an der Bronchialbifurkation hat sich also ein kleines Häufchen Pneumokokken angesiedelt. Diese werden sogleich von Fresszellen angegriffen. Ein paar randständige Pneumokokken werden auch tatsächlich von den Fresszellen abgeräumt, aber angesichts dessen, dass die Schleimhaut entzündet ist und die Bifurkation nur den von unten kommenden Fresszellen direkt zugänglich ist, wächst die Pneumokokkenkolonie an. Im Schnitt teilt sich jede Pneumokokke unter Idealbedingungen alle 20 Minuten.

Weitere Immun- und Entzündungszellen kommen an den Ort der Pneumokokkenanhaftung, sodass sich am Rand des Geschehens Zelltrümmer ansammeln. Diese können aber von dem offenbar stark vorgeschädigten Flimmerepithel nicht abtransportiert werden (offenbar ist der Mensch ein starker Raucher). Plötzlich katapultiert ein heftiger Hustenstoß einen beträchtlichen Teil der Pneumokokkenansammlung von der Bifurkation weg und zerstreut kleinere Pneumokokkenpakete in die Schleimhautumgebung. Einige streuen jetzt auch tiefer in die unteren Bronchien. Das Immunsystem des Menschen scheint schon jetzt überfordert und das vorgeschädigte Flimmerepithel ist kaum in der Lage, seinen Entsorgungsaufgaben nachzukommen. Bei so wenig Gegenwehr verdoppelt sich die Zahl der Pneumokokken in den Absiedlungen in etwas mehr als alle 20 Minuten. Der ein oder andere Hustenstoß katapultiert zwar immer wieder Pneumokokkenpakete nach oben, verteilt dabei aber auch neue Absiedlungen auf den gesamten Schleimhäuten der Atemwege und schließlich auch der Lunge.

Weiter oben in der Rachenmandel hat sich eine weitere Pneumokokkenkolonie gebildet, von der jetzt Pneumokokkennester nach unten streuen und den Rachenraum und die Luftröhre befallen. Auch hier ist der Ausfall des stark vorgeschädigten Flimmerepithels eine echte Achillesferse. Die Rachenmandel schwillt an und der infizierte Mensch bekommt starke Halsschmerzen und Schluckbeschwerden, die ihn schließlich dazu bewegen, einen Arzt aufzusuchen.

Dieser sieht eine massiv entzündete Rachenmandel und setzt ein Antibiotikum an. Zugleich macht er ein Abstrich von der Rachenmandel und schickt es in ein mikrobiologisches Labor. Dort werden die Abstriche in Kultur genommen und die gewachsenen Kolonien als Pneumokokken identifiziert. Das Antibiogramm gibt Auskunft über die Wirksamkeit verschiedener Antibiotika. Die Mandelentzündung war somit Glück im Unglück, weil sie Symptome erzeugt hat, ein zugängliches Abstrichgebiet geboten hat (aus den unteren Luftwegen kann man beim wachen Patienten keine Abstriche machen und bestenfalls hochgehustetes „Sputum" untersuchen). Somit wurde rechtzeitig eine spezifische Therapie eingeleitet, bevor „weiter unten" in der Lunge eine lebensgefährliche Lungenentzündung entstehen konnte. Gefährlich wurde die Situation aber eigentlich nur, weil der infizierte Mensch abwehrgeschwächt war. Bei einem gesunden Menschen wären die Pneumokokken systematisch von Immunzellen attackiert und von Flimmerepithelzilien zerstreut und abtransportiert worden oder als Besiedelungskeime der Schleimhaut harmlos geblieben.

In Krankenhäusern befinden sich aber oftmals durch Vorerkrankungen abwehrgeschwächte Menschen. Deren Anfälligkeit für Infektionen erhöht sich oft durch Behandlungsmaßnahmen, welche die mechanische Abwehr des Körpers schwächen, wie intravenöse Zugänge, Blasenkatheter oder Intubation.

Nehmen wir die Intubation, bei der für die künstliche Beatmung eines Menschen ein Silikon-Gummi-Kunststoff-Schlauch durch den Rachenraum und zwischen den Stimmritzen des Kehlkopfs hindurch in die Luftröhre gelegt wird. Wenn der oben beschriebene Patient bei einem seiner Hustenstöße wieder ein paar Pneumokokken enthaltende Schleimpartikel und Tröpfchen in die Umgebungsluft katapultiert, können diese, wenn sie in den Tubus des Zimmernachbarn gelangen, ungehindert im Luftstrom durch den Tubus direkt vor die Bifurkation, also direkt vor die beiden Haupteingänge in die rechte und die linke Lunge gelangen, ohne, dass sie irgendwo auf ihrem Weg durch den Nasenrachenraum an den Schleimhäuten hängenbleiben könnten.

Eine Venenverweilkanüle ist eine künstlich offengehaltene Verletzung der Integrität der Hautoberfläche. Zudem können sich auf den Plastikmaterialien Biofilme aus Bakterien bilden, weshalb jede Venenverweilkanüle auch eine Eintrittspforte für Keime in die Blutbahn ist. Ein Blasenkatheter ist ein Schlauch, der durch die Harnröhre in die Harnblase gelegt wird. Bei Harnverhalt kann ein Blasenkatheter eine unheimliche Erleichterung bringen. In meinem letzten Studienjahr durfte ich einem jungen Mann, der unter einem zeitweiligen postoperativen Harnverhalt litt, einen Blasenkatheter legen. Dieser ermöglichte den Harnabfluss und führte zu einer unvergleichlichen Erleichterung: So viel Dankbarkeit habe ich vorher und nachher selten im Gesicht eines Menschen gesehen.

Das letzte Beispiel ist mir wichtig, um nicht den Eindruck zu hinterlassen, dass Ärzte und Pfleger durch grundlose invasive Maßnahmen Schaden anrichten. Nein, inzwischen ist das Risikobewusstsein in allen Bereichen der Krankenversorgung vorhanden. Und das ist auch gut so, denn das Risiko ist real. Derart viele antibiotikaresistente Keime gibt es nun mal kaum an anderen Orten als in Krankenhäusern. Ein Krankenhaus ist somit für einen abwehrgeschwächten Menschen ein äußerst gefährlicher Ort. Würden wirtschaftliche und Machbarkeitsüberlegungen keine Rolle spielen, würden Kranke dezentral, bevorzugt zu Hause, versorgt werden. Sämtliche Geräte müssten dann zum Kranken gebracht werden, was organisatorisch kaum möglich ist. Deshalb brauchen wir Krankenhäuser. Diese müssen jedoch dafür Sorge tragen, das erhöhte Umgebungsrisiko für den Patienten durch sorgfältige Beachtung der Hygieneregeln und Maßnahmen zu minimieren. Das war im Klinikum Mannheim jahrelang nicht der Fall.

In Krankenhäusern herrscht ein hoher Antibiotikaselektionsdruck, unter dem sich gefährliche antibiotikaresistente Keime bilden. Zudem sind Krankenhäuser der Ort, an dem infektiöse, potenziell existenzielle Risiken manifest werden. In der Vergangenheit haben bedrohliche Keime wie 2003 das SARS-

Virus oder 2014 das Ebolavirus in Westafrika in Krankenhäusern besonders viele Menschen infiziert.

Die spanische Grippe 1918

Im Jahr 2009 breitete sich eine von dem H1N1-Virus verursachte Influenzavariante, die auch als „Schweinegrippe" bezeichnet wurde, weltweit aus und wurde zur Pandemie erklärt. Auch wenn sie einige Opfer forderte, muss man wohl eingestehen, dass, dass diese Pandemie nicht so schlimm war, um den weltweiten Alarmierungsgrad der Epidemiologen zu rechtfertigen. Doch nachher ist man immer schlauer!

Woher kam die Angst vor diesem Virus? Etwas weniger als 100 Jahre zuvor, im Jahr 1918, hatte ein H1N1-Influenzavirus die verheerendste Epidemie des 20. Jahrhunderts verursacht: die Spanische Grippe! Diese soll 1918 mehr als 50 Millionen Menschenleben gekostet haben, was etwa 3 % der damaligen Weltbevölkerung entsprach. Etwa 500 Millionen wurden mit dem Virus infiziert, was etwa einem Drittel der Weltbevölkerung entsprach. Dies übersteigt deutlich die Zahl der Opfer des Ersten Weltkriegs, der 1918 zu Ende ging und insgesamt etwa 20 Millionen Menschenleben gekostet haben soll [208, 209].

Jetzt, 100 Jahre später, im Jubiläumsjahr 2018, wird wieder über die Spanische Grippe berichtet [210]. Die ersten Fälle wurden im März 1918 in amerikanischen Militärkasernen in Kansas wahrgenommen, einen Monat später gab es auch Fälle in Europa. Vermutlich ist das Virus auf irgendeiner Schweinefarm im Mittleren Westen der Vereinigten Staaten entstanden, konnte sich in Kasernen gut ausbreiten und wurde mit den nach Europa verlegten US-Soldaten nach Europa eingeschleppt [190].

Da Spanien sich nicht am Ersten Weltkrieg beteiligt hatte, war die dortige Presse freier und berichtete ungehindert und somit viel stärker als die Presseorgane der damals kriegsführenden Nationen. Dies führte zu dem falschen Eindruck, dass die Influenza-Pandemie 1918 in Spanien ihren Ausgang genommen haben müsste. Im Gegensatz zum Ersten Weltkrieg, der nicht die ganze Welt betraf (da schlägt sich nur unsere eurozentrische Geschichtsschreibung nieder), ging das H1N1-Virus im Frühjahr 1918 tatsächlich um die ganze Welt. (Möglicherweise blieben die damals etwas mehr als 100 Einwohner zählende Insel Tristan da Cunha im Südatlantik fernab aller Schiffswege von der Spanischen Grippe 1918 verschont [211]). Die weltkriegsbedingte Mobilität hat sicherlich zur weltweiten Ausbreitung des Virus beigetragen. Nach der ersten Welle, die im Juli 1918 abflaute, begann (in Deutschland) im August die zweite, weitaus schlimmere Welle [210], die als „Herbstwelle" in unangenehmer Erinnerung blieb und die meisten Menschenleben forderte.

Anders als normale saisonale Grippeepidemien, die insbesondere sehr alte und sehr junge Menschen töten, starben durch die Spanische Grippe 1918 besonders viele Menschen zwischen 20 und 40 Jahren; diese sollen etwa die Hälfte aller Todesfälle ausgemacht haben. Die hierzu vergleichsweise moderate Mortalität der über 65-Jährigen lässt vermuten, dass diese in ihrem Leben schon einmal einem ähnlichen Virus begegnet waren und entsprechend eine (Teil-)Immunität aufwiesen. Oder die weniger heftige Immunantwort der schwächeren Immunsysteme von alten und jungen Menschen hat diesen schwere Verläufe erspart, da Symptome auch Ausdruck des Kampfes unseres Immunsystems gegen die Viren sein können.

Übrigens sprach damals keiner von H1N1. Viren waren im Grunde noch unbekannt. Erst ab den 1940er Jahren konnten Viren im Elektronenmikroskop sichtbar gemacht werden. Vorher gab es nur indirekte Nachweise nichtbakterieller oder nichtparasitärer infektiöser Agenzien. Infektionen von Tabakpflanzen mit bakterienfreien Extrakten aus erkrankten Tabakblättern waren ein indirekter Nachweis infektiöser Agenzien jenseits von Bakterien und Parasiten, für die später das Tabakmosaikvirus verantwortlich gemacht wurde. Die gezielte Infektion mit den Kuhpocken durch Edvard Jenner Ende des 18. Jahrhunderts war ein Verfahren, das die Pockenimpfung hervorbrachte, lange bevor man überhaupt Pockenviren kannte. Für die Spanische Grippe machte Richard Pfeiffer, ein Schüler des 1910 verstorbenen Robert Koch, ein kleines Bakterium verantwortlich, das heute den Namen *Haemophilus influenzae* trägt.

Neben den üblichen mutationsbedingten Veränderungen tauschen Influenzaviren regelmäßig Anlagen für zwei subtypenbestimmende Virushauptbestandteile, nämlich das Hämagglutinin und die Neuraminidase aus. Vom Hämagglutinin sind 18 verschiedene H-Subtypen und vom Neuraminidase-Protein 11 verschiedene N-Subtypen bekannt. Ein H1N1-Virus zeichnet sich durch ein H1- und eine N1-Antigen aus. Verschiedene HxNy-Virustypen haben unterschiedliche Affinitäten zu verschiedenen Wirtstieren. H7N7 treibt sich gerne in Pferden rum. Subtypen mit H1-, H2- und H3-Antigenen sind (bislang) die einzigen Subtypen, die menschliche Influenzaepidemien verursachen.

Warum erzeugen dann immer wieder ein paar tote Seevögel, die mit H5N1 am Ostseestrand gefunden werden, für deutschlandweite Schlagzeilen, wenn das H5-Antigen nicht unbedingt sonderlich menschenaffin ist? Nun, ab und zu kommt es bei Menschen, die viel Kontakt mit infizierten Vögeln haben (zum Beispiel Hühnerhalter), zu einer Überwindung der Artbarriere. Für den infizierten Menschen selbst wird es dann gefährlich, da H5N1 Menschen nicht gerne infiziert, jedoch im Falle einer Infektion zu schweren, häufig tödlichen Verläufen führt [212].

In Seevögeln gedeiht H5N1 dagegen recht gut. Deren Mobilität führt zur Ausbreitung des Virus. Wildenten wirken hierbei wie trojanische Pferde, da sie als Wirtstier von H5N1 nicht erkranken. Symptomatische H5N1-Infektionen bei Vögeln führen eher zu gastrointestinalen Verläufen mit fäkal-oraler Ausbreitung von Vogel zu Vogel. Durch den Vogelkot können Hühner und andere Nutzvögel infiziert werden, selbst wenn Gitternetze einen Direktkontakt mit Wildvögeln unterbinden. Menschen mit engem Nutzvogelkontakt können sich dann trotz Artbarriere infizieren. Ein zu schweren Erkrankungen führendes H5N1-Virus, das gleichzeitig gut von Mensch zu Mensch übertragbar ist, stellt ein infektionsepidemiologisches Horrorszenario dar [213].

Aber was haben die Schweine mit der Schweinegrippe 2009 und der katastrophalen Spanischen Grippe 1918 zu tun?

Als Reaktion auf die Bedrohung durch die „Schweinegrippe" keulte Ägypten im Frühjahr 2009 alle Schweine im Land. Schweine wurden in dem weitgehend muslimischen Land von koptischen Christen gehalten. Fachleute aus aller Welt schüttelten über diesen blinden Aktionismus den Kopf, da von den Schweinen kaum ein Infektionsrisiko ausging [214].

Warum war aber dann überall von der Schweinegrippe die Rede? Und warum nahm auch die 1918er Influenza-Pandemie ihren Ausgangspunkt auf einer Schweinefarm? Schweine können in der Tat eine Rolle bei der Entstehung einer Influenza-Pandemie spielen, allerdings nicht so sehr bei der Ausbreitung, sondern eher bei der Entstehung des Pandemievirus. Schweine sind uns Menschen ähnlicher, als wir es vielleicht wahrhaben wollen, wenn wir deren Leichenteile in Form eines leckeren Champignonrahmschnitzels verzehren. Das H1N1-Virus, das 1918 die Spanische-Grippe-Pandemie verursachte, war nach der Pandemie nicht aus der Welt. In veränderter Form hat es weiter Bestand in Menschen und in Schweinen. Die H1N1-Nachfahren in Menschen sind möglicherweise weniger gefährlich, da sie seit Jahrzehnten harmonisch, fast schon symbiotisch im Menschen leben. Diejenigen im Schwein könnten allerdings gefährlich werden, wenn Viren über hochexponierte Menschen (zum Beispiel Schweinebauern) den Sprung in die menschliche Population schaffen und dann noch gut von Mensch zu Mensch übertragbar sind.

Noch mehr fürchten Epidemiologen die Funktion der Schweine als „Mischgefäß" für Viren. Wie oben beschrieben, infiziert H5N1 (Vogelgrippevirus) nur selten Menschen, und wenn, dann ist die Mensch-zu-Mensch-Übertragung eher gering. Für den Infizierten ist die Infektion jedoch brandgefährlich und endet oft tödlich. Schweine sind durchaus empfänglich für H5N1. Bei Vögeln manifestiert sich die H5N1-Influenza schwerpunktmäßig gastrointestinal, und entsprechend können sich Schweine an Vogelkot mit H5N1 anstecken. Gleichzeitig haben die Schweine als Nutztiere auch Kontakt zu Menschen und können sich mit einem menschlichen Influenzavirus (H-Antigene 1–3) anstecken. Im Schwein rekombinieren nun die H-N-Antigen-Kombinationen und die Oberflächenmerkmale des Virus. Ein Albtraum für den Seuchenschutz wäre ein neues, gut von Mensch zu Mensch übertragbares Virus, das zudem Infizierte schwer erkranken lässt oder gar tötet.

Den schlafenden Grippedrachen wecken

Amerikanische Wissenschaftler haben im Jahr 2005 das Virus der Spanischen Grippe rekonstruiert und hierüber in der renommierten Zeitschrift *Science* berichtet [215]. Angesichts der oben beschriebenen Pandemie von 1918 mit Millionen von Toten weltweit braucht es kein wissenschaftliches Detailwissen, um sagen zu können, dass diese Arbeiten eine große Gefahr (wenn auch wohl keine existenzielle Gefahr) für die Menschheit bedeuten. Natürlich werden die Arbeiten damit begründet, dass die Anzucht des Virus die Herstellung von Impfstoffen erlaube. Der Zugriff auf diese Impfstoffe wäre allerdings wiederum auf Länder oder Firmen beschränkt, die über die Technologie zu deren Herstellung verfügen. Prinzipiell betrachtet kann das rekonstruierte Virus für die „Besitzer" des Virus zur Biowaffe munitioniert werden, da die eigene Seite ja geimpft werden könnte, die Gegenseite jedoch nicht.

Wären solche Arbeiten in einem verfeindeten Land von Moslems ausgeführt worden, hätten westliche Staaten möglicherweise die ausführenden Wissenschaftler zu Terroristen erklärt und deren Labore mit Marschflugkörpern beschossen oder bombardiert.

Zusammenspiel von Mikroorganismen und Makroorganismen

Jedes Großtier ist ein Ökosystem für sich. Wenn Großtierarten aussterben, geht auch ein Lebensraum für zahlreiche Mikroorganismen verloren. Wie bedeutsam ist also der Untergang einer Spezies für die Organismen, die diese Spezies besiedeln [135]? Mit dem derzeitigen Wissensstand könne wir wohl auf diese

Frage keine befriedigende Antwort geben, zumal die gut erforschten Mikroorganismen nur einen Bruchteil aller Mikroorganismenarten ausmachen, nämlich meist die humanpathogenen Organismen mit medizinischer Relevanz. Schon die menschpathogenen Mikroorganismen weisen ein deutlich über den Menschen hinausgehendes Spektrum auf, weshalb neuaufkommende Infektionskrankheiten meist aus dem Tierreich auf den Menschen übergehen. Krankheiten, die vom Tier auf den Menschen übertragen werden, nennt man Zoonosen [212].

Der Übergang vom symbiotischen Zusammenleben über die harmlose Besiedelung bis zur krankmachenden Infektion ist fließend. Pneumokokken können als harmlose Besiedler gerdae auch in Ihrem Nasen-Rachenraum gedeihen oder aber auch tödliche Lungenentzündungen auslösen.Mikroorganismen können jahrelang im Menschen persistieren, ohne Beschwerden zu machen. Ein alltägliches Beispiel sind Herpesviren, die nach einer Erstinfektion lebenslang als meist ruhiger und unauffälliger Untermieter in Ganglienzellen (Typ von Nervenzellen) und Lymphozyten persistieren, aber meist dann zu unangenehmen Blasen um den Mund herum führen, wenn wir besonders im Stress sind und sie gerade gar nicht brauchen können.

Auch das Windpockenvirus, das uns im Kindesalter nach Erstinfektion mit juckenden roten Pusteln geplagt hat, bleibt meist lebenslang in Ganglienzellen erhalten. Ganglienzellen sind spinalnahe Nervenknotenpunkte. Wenn im Alter die Windpockenviren in einem Ganglion erwachen, kommt es zu einem schmerzhaften Ausschlag in dem Hautareal, das von den im entsprechenden Ganglion zusammenlaufenden Nerven innerviert wird. Diese lokal begrenzte Hautentzündung kennen wir als Gürtelrose. Zum Glück kennt unser Immunsystem die Viren noch von der Erstinfektion (Windpocken) und kann rasch mit spezifischen Antikörpern verhindern, dass Viren in anderen Ganglien erwachen. Somit bleibt die Gürtelrose in der Regel auf ein Ganglionspezifisches Innervationshautareal (Dermatom) beschränkt.

Für die Viren selbst ist solch eine ruhende Persistenz mit gelegentlichen Eruptionen, die dann die Ansteckung anderer nichtimmuner Individuen ermöglicht (zum Beispiel über sekretgefüllte Pustelchen), eine überaus erfolgreiche Strategie zur Arterhaltung. Wobei „Strategie" das falsche Wort ist, da Viren nicht zu geplanten Handlungen fähig sind. Virale Replikationszyklen sind einfach das Ergebnis evolutionärer Selektion: Viren einer frühen Generation, die einen ausgeprägten Ganglienzellentropismus (Neigung, zu Ganglienzellen zu migrieren) hatten, konnten dort offenbar gut überleben, während andere Viren desselben Stamms in anderen Geweben nicht überlebt hatten. Gleichzeitig konnten Viren, die einen ausgeprägten Dermatropismus (zur Haut neigend) hatten, andere Individuen über nässende Hauteruptionen anstecken und dem Virus neue Lebensräume (neue Wirtsorganismen) erschließen. Die Viren entscheiden sich also nicht, in Ganglienzellen oder Hautzellen zu migrieren, sondern sind die Nachkommen von Viren, die durch eine zufällig vorhandene Affinität zu Ganglien- und Hautzellen, in diese Zellen migriert sind und dort überlebt bzw. die Gelegenheit zur Ausbreitung bekommen haben [216].

Auch viele parasitäre Krankheiten spielen sich im Spannungsfeld zwischen symbiotischer Besiedelung und krankmachender Infektion ab. Der Schnweinebandwurm *Taenia solum* bildet ausgewachsene Bandwürmer im menschlichen Darm aus, wenn sich der Mensch durch Aufnahme von Bandwurmlarven (Finnen) in rohem Schweinefleisch infiziert hat. Wenn der infizierte Mensch nun Bandwurmeier ausscheidet, kann es zu einer fäkal-oralen Selbstinfektion mit diesen Eiern kommen. Die Larven in den Eiern können dann im Darm rasch schlüpfen und in den Körper des Menschen einwandern, wo sie Zysten in verschiedenen Geweben, bevorzugt im Muskelfleisch ausbilden. Das sich durch diese Zysten manifestierende Krankheitsbild wird Zystizerkose genannt. Gefürchtet sind Zysten im Gehirn, da sie hier zu schwerwiegenden Ausfallerscheinungen führen können [217]. In endemischen Ländern sind Zystizerkoseinfektionen eine häufige Ursache für Epilepsie, wobei die Diagnose recht schwierig sein kann [218].

Manche Mikroorganismen werden nicht direkt übertragen, sondern von einem Vektororganismus von einem Infizierten zum zu Infizierenden übertragen. Einige der wichtigsten Infektionskrankheiten (z.B. Malaria und Dengue Fieber) der Welt werden über Vektoren, meist Insekten übertragen. Dies kann einfach mechanische Übertragung sein, z.B. durch die Schmeißfliege, die von einem Kothaufen zur Essensauslage fliegt. Biologische Vektoren sind Teil komplexer Übertragungszyklen und somit meist recht erregerspezifisch. So werden Plasmodien, die parasitären Erreger der Malaria durch *Anopheles* Moskitos übertragen. Viren wie das Gelbfieber-, das Dengue-, das Chikungunya- und das Zika Virus werden durch *Aedes* Moskitos übertragen und bakterielle Borrelien durch Zecken. Solche Vektoren transportiren also nicht nur den Erreger, sondern sind Bestandteil des Entwicklungszyklus des Erregers. Plasmodien, die Malaria verursachen müssen von *Anopheles* Moskitos aufgenommen werden, in deren Mitteldarm sie sich weiterentwickeln, bevor sie als infektionsfähiges Zwischenstadium in der Speicheldrüse der Anophelesmoskitos bei der nächsten Blutmahlzeit übertragen werden können. In anderen Moskitos, z.B. *Aedes* Moskitos können sich Plasmodien nicht zu infektionsfähigen Stadien weiterentwickeln.

Für die Ausbreitung der vektorgebundenen Krankheit ist die Verbreitung des Vektors entscheidend. In den letzten Jahren ist die Asiatische Tigermücke (*Aedes albopictus*), die das Dengue und das Chikungunya Virus überträgt auch nördlich der Alpen gesichtet geworden. Ob wir deshalb nun auch in Deutschland mit Dengue- oder Chikungunyavirusausbrüchen rechnen müssen hängt aber noch von weiteren Faktoren ab, besonders vom Klima. Für die Etablierung tropischer Viren wie Dengue- Zika-, aber auch West-Nile Virus braucht es nach Auskunft von Egbert Tannich, Leiter des Nationalen Referenzzentrum für Tropische Infektionserreger in Hamburg, Temperaturen von über 25 Grad Celsius über mehrere Wochen [219]. Das Chikungunyavirus scheint sich aber in der Asiatischen Tigermücke bei moderaten Dauertemperaturen um die 18 Grad Celsius zu vermehren [220]. In den wärmeren Gegenden Deutschlands (Südwesten) können Dauertemperaturen über 18 Grad Celsius in den Sommermonaten über mehrere Wochen bestehen.

Eine neue Welt

Ende des 15. Jahrhunderts entdeckte der italienische Seefahrer Christopher Kolumbus im Dienste des kastilischen Königshauses einen Großkontinent weit im Westen von Europa. Er wähnte sich jedoch in Indien, weshalb die Karibikinseln, die von der Expedition zuerst erreicht wurden, bis heute „Westindische Inseln" heißen. Den neuen Großkontinent nannte der Freiburger Kartograph Martin Waldseemüller „Amerika" nach dem Seefahrer Amerigo Vespucci, der zuerst feststellte und niederschrieb, dass es sich bei den Landmassen eben nicht um Indien, sondern um einen bislang unbekannten Kontinent handelte.

Als Kind waren Cowboy und Indianer für mich das Sinnbild für Amerika. Die Bezeichnung „Indianer" reflektiert und konserviert die eklatante Fehleinschätzung Kolumbus'. In traditionellen Wildwestgeschichten bestand die Funktion der Indianer darin, den mutigen Pionieren die Erschließung des Westens zu erschweren. Bestenfalls wurden die amerikanischen Ureinwohner zu edlen Wilden hochstilisiert, wobei die niedere Stellung gegenüber den zivilisierten Siedlern immer noch mitschwang.

Bei ehrlicher Betrachtung wurde die Besiedlung Amerikas mit ungeheurer Brutalität gegenüber den Ureinwohnern vorangetrieben. Zweifellos wurden diese auch mit Waffengewalt zurückgedrängt und massakriert. Dennoch ist es kaum vorstellbar, dass kleine Häufchen weißer Siedler ganze Kulturen zu Fall brachten und Völker ausmerzten.

Derzeit wird vermutet, dass die amerikanische Urbesiedlung durch den Menschen vor 20–35.000 Jahren aus Asien über die Beringstraße erfolgte und dass um 1500, als Kolumbus Amerika für die Europäer entdeckt hatte, etwa 40–60 Millionen Menschen in Amerika lebten. Die Schätzungen der präkolumbianischen Bevölkerungszahlen in Amerika sind schwierig, sicherlich unzuverlässig und werden regelmäßig korrigiert, meist nach oben. Aber unberührt war der Kontinent sicherlich nicht und man muss davon ausgehen, dass die amerikanischen Ureinwohner auch vor den Europäern Landschaft und Umwelt des Kontinents geprägt haben [221].

Tenochtitlan, die Hauptstadt der Azteken, hatte möglicherweise mehr als 120.000 Einwohner und könnte damit größer als die europäischen Metropolen jener Zeit wie zum Beispiel Venedig gewesen sein. In Südamerika (mehr als in Nordamerika) lebten bedeutende Bevölkerungsanteile in Städten, was ein erhebliches Maß an Arbeitsteilung innerhalb der Gesellschaft voraussetzt. Aber auch in Nordamerika gab es präkolumbianische Städte, wie zum Beispiel das nahe dem heutigen St. Louis in Illinois gelegene Cahokia, das Zentrum der Mississippi-Kultur mit einer Einwohnerzahl von mehreren Zehntausend war [221].

Wie konnten die europäischen Siedler all diese Völker unterwerfen und erobern? Durch Seuchen! Wir müssen heute davon ausgehen, dass die Europäer Infektionskrankheiten mitbrachten, die für die indigenen Völker Amerikas vollkommen neu waren, sodass diese keinerlei Immunität gegen diese Seuchen hatten [222]. Weitere Krankheiten wurden später durch den transatlantischen Sklavenhandel aus Afrika nach Amerika eingeschleppt. Für Gelbfieber und Malaria hatten die Eurasier keine generationenlange Exposition. Sie waren somit ähnlich anfällig wie die Ureinwohner Amerikas für alle anderen Krankheiten aus der Alten Welt. Die ersten von den Franzosen unternommenen Bemühungen zum Bau des Panamakanals wurden aufgrund des massenhaften Wegsterbens der europäischen Arbeiter und Ingenieure aufgegeben. Die Europäer litten also später auch an Krankheiten, auf die ihr Immunsystem nicht vorbereitet war, allerdings waren dies im Wesentlichen Krankheiten aus Afrika [223].

Warum aber wurden die Europäer, die den Ureinwohnern Amerikas von Anfang an vernichtende Krankheiten brachten, nicht im Gegenzug von amerikanischen Seuchen dahingerafft? Die plausibelste Erklärung erscheint sich durch den Vergleich domestizierter Tiere auf der eurasischen und der amerikanischen Landmasse zu ergeben (Tabelle 13):

Tabelle 13: Präkolumbianisch domestizierte Tiere Eurasiens und Amerikas

Amerika	Eurasien
Neuweltkamele (Lama, Alpaka)	
	Rentier
	Schwein
	Ziege
	Schaf
	Pferd
	Esel
	Hausrind
	Wasserbüffel
	Yak
	Altweltkamele (Dromedar, Trampeltier)
Hund	Hund
Meerschweinchen	
Truthahn	
Moschusenten	
	Hühner
	Enten
	Gänse

Die amerikanischen Ureinwohner vor Kolumbus hatten durchaus regelmäßigen Kontakt zu Wildtieren durch Jagd, Verzehr und Nutzung von Knochen, Fellen, Häuten und Intestinalhäuten. Es gab in Amerika aber keine enge Verflechtung mit gezähmten Nutz- und Haustieren, wie sie in Eurasien üblich war. Auch kamen die in obiger Tabelle aufgeführten amerikanischen Haustiere regional sehr begrenzt vor. Hunde wurden wohl in Zentral- und Südamerika gegessen und in Nordamerika als Lasttiere verwendet, Alpakas und Lamas wurde nur in den Andenregionen Südamerikas domestiziert. Die Moschusente gab es nur bei südamerikanischen Waldindianern und den Truthahn nur in Mexiko.

Die Eurasier lebten quasi mit Haustieren zusammen und man muss davon ausgehen, dass dies zu einem über Generationen hinweg erfolgenden Austausch von Mikroorganismen mit entsprechender Adaptation der Mikrobiome geführt hat. Die Menschen, die in Eurasien lebten, waren Nachfahren von Menschen, die zumindest nicht vor der Fortpflanzung einer Infektionskrankheit zum Opfer gefallen waren. Krankheitserreger, die unter Europäern immer noch zu Krankheiten führten, aber halt nicht immer tödlich waren, richteten ein Massensterben unter den Ureinwohnern Amerikas an. Einige der schlimmsten Seuchenkrankheiten haben sich in Eurasien über Jahrhunderte so an den *Homo sapiens* adaptiert, dass sie inzwischen nicht mehr als Zoonose zu sehen sind, sondern der reinen Mensch-zu-Mensch-Übertragung unterliegen. Hierzu gehören die Pocken und die Masern, aber auch die bakterielle Krankheit Typhus. Während also die Europäer ein ganzes Sammelsurium an neuen Infektionskrankheiten in die Neue Welt einschleppten, gab es dort lediglich die Syphilis als den Europäern bislang unbekannte Infektionskrankheit (Tabelle 14).

Tabelle 14: **Infektionskrankheiten, die aus Eurasien nach Amerika eingeschleppt wurden, und Infektionskrankheiten, die aus Amerika nach Eurasien kamen**

Amerika => Eurasien	Eurasien => Amerika
Syphilis	
	Pocken
	Typhus
	Tuberkulose
	Influenza
	Pest
	Cholera
	Mumps
	Masern

Für die amerikanischen Ureinwohner und deren Immunsystem waren die Pocken vollkommen neu, weshalb die Menschen in Massen erkrankten und starben. Ähnliches galt für die Masern.

In der Epidemiologie gibt es mit der sogenannten Basisreproduktionszahl eine Maßzahl für die Kontagiosität (Übertragungsfähigkeit) eines Erregers. Unter der Annahme einer vollkommen empfänglichen (nichtimmunen) Population gibt die Basisreproduktionszahl die Zahl der von einer einzelnen Neuinfektion ausgehenden Ansteckungen an. Influenzaviren, wie das die Spanische Grippe 1918 auslösende H1N1-Virus, haben eine Basisreproduktionszahl von 2 bis 3. Wenn man die verheerende Wirkung der Spanischen Grippe von 1918 bedenkt, kann man sich vorstellen, wie Krankheiten mit noch höheren Basisreproduktionszahlen wirken. Im Schnitt führt eine Infektion mit dem Pockenvirus (Basisreproduktionszahl 6) in einer nichtimmunen Population zu etwa 6 weiteren Sekundärinfektionen (die jede für sich wiederum 6 weitere Infektionen auslösen usw.). Bei Masern liegt die Basisreproduktionszahl ungefähr bei 15 [224]!

Kurzum: Die Ureinwohner Amerikas hatte keine Chance, diesen biologischen Massenvernichtungswaffen zu entkommen. Es wird geschätzt, dass etwa 90–95 % der Ureinwohner den Seuchen und Vertreibungen zum Opfer fielen.

Stellen Seuchen ein existenzielles Risiko für die Menschheit dar?

Um ein existenzielles Risiko für den Fortbestand der Menschheit darzustellen, müsste eine Seuche die Menschheit derart vollständig durchinfizieren und Infizierte entweder töten oder an der Fortpflanzung hindern, dass keine Neugründerpopulation überlebt, die sich wieder vermehren und fortpflanzen könnte. Der auslösenden Erreger wäre am Ehesten ein Erreger aus einer anderen Welt oder einer anderen Zeit, ähnlich wie die Erreger, die mit den Eurasiern und Afrikanern nach 1493 nach Amerika gelangten und zu Massensterben unter amerikanischen Ureinwohner geführt hatten. „Aus einer anderen Welt" läßt in einer globalisierten Welt an Erreger von anderen Planeten denken. Spekulationen, wie wahrscheinlich es ist, dass eines Tages Außerirdische die Erde besuchen möchte ich hier nicht anstellen. Die Existenz gefrorener Mikroorganismen auf dem der Erde sehr nahen Planeten

Mars wird für möglich gehalten [225]. Da ein Import extraterrestischer Mikroorganismen nicht einschätzbare Folgen haben könnte, einigten Sowjetunion und USA sich 1967, mitten im kalten Krieg, auf ein Verbot der Freisetzung extraterrestischer Mikroorganismen auf der Erde [226]. Praktisch ist eine hohe Pathogenität außerirdischer Mikroorganismen insofern unwahrscheinlich, da diese kaum an uns Menschen angepaßt sein können und entsprechend wenig infektionskompetent sein dürften. Durch das Auftauen der Permafrostböden könnten Mikroorganismen aus einer anderen Zeit freigesetzt werden, z.B. in auftauenden Säugetierkadavern. Diese wären möglichwerweise an den Wirtsorganismus Mensch gut angepasst, während der Mensch mangels Exposition nicht mehr die immunologische Ausstattung für die Bewältigung einer Infektion durch solch eine Mikrobe aus dem Eis hätte. Auch bekannte Krankheitserrerger wie Tularämie oder Milzbrand können beim Auftauen der Permafrostböden zu Epidemien führen [227].

Wege zur (Selbst-)Auslöschung

Der amerikanische Linguist, Friedenswissenschaftler und Regimekritiker Noam Chomsky sieht es als ein Wunder an, dass sich die Menschheit noch nicht durch Massenvernichtungswaffen selbst ausgelöscht hat. Als die beiden größten Bedrohungen für die Zivilisation bzw. für ein halbwegs menschenwürdiges Überleben der Menschheit sieht er einen Nuklearkrieg und die Umweltzerstörung. Diese beiden Bedrohungen sind im Gegensatz zur Seuchenbedrohung durch den Menschen selbst entstanden. Somit hat es die Menschheit auch selbst in der Hand, die entscheidenden Schritte zur (Selbst-)Auslöschung (nicht) zu gehen. Ich würde diesen beiden Untergangsszenarien noch die Auslöschung der Menschheit durch einen infektiösen Orgsnismus hinzufügen. Man könnte mir entgegenhalten, dass dies in der Vergangenheit nicht passiert ist und selbst die schlimmsten Seuchen weit entfernt davon waren, zur existentiellen Bedrohung zu werden. Was hat sich denn inzwischen geändert, dass Seuchen nun zu einer existentiellen Bedrohung werden könnten? Ich denke, dass es im Wesentlichen 2 Umstände sind, die Seuchen inzwischen als existentielle Bedrohung für die Menschheit erscheinen lassen:

1) Die Welt ist globalisiert: Zum ersten Mal in der Menschheitsgeschichte gibt es keine isolierten Gruppen / Völker mehr, die von einer sich gut von Mensch zu Mensch übertragbare Infektionskrankheit verschont bleiben könnten.

2) Mit neuen biotechnologischen Methoden wird es immer mehr möglich sein „Designer Organismen" herzustellen. Somit wird es denkbar, dass jemand ein perfektes „Killervirus" gezielt konstruiert.

Eine die Menschheit auslöschende Seuche benötigt prinzipiell keine aktiv von der Menschheit veranlassten (selbst)-zerstörerischen Schritte. Jedoch hat – wie in diesem Buch dargelegt wurde – menschliches Handeln Einfluss auf die Voraussetzungen und Bedingungen der Seuchenausbreitung und Dank der Fortschritte in der modernen Molekular- und Biotechnologie wird die Menschheit in Kürze auch die Möglichkeit zur (Selbst-)Auslöschung durch eine im Labor erschaffene Biowaffe haben.

Irgendwann wird die Menschheit ausgelöscht werden oder sich selbst auslöschen. Die meisten Menschen wollen jedoch leben. Wenn wir das Recht zu leben auch zukünftigen Generationen zugestehen wollen, müssen Entscheidungen und Handlungen auch das Ziel haben, die Überlebenszeit der Menschheit zu verlängern. Allerdings könnte es gerade die den menschlichen Entscheidungen und Handlungen zugrunde liegende Intelligenz sein, die unsere Langzeitüberlebensperspektive ziemlich düster aussehen lässt: Vielleicht hatte der Biologe Ernst Mayr Recht und das Langzeitüberleben einer Art ist eher antiproportional zu ihrer Intelligenz zu sehen. Vielleicht haben Arten, die nicht nur robust gegenüber Umwelteinflüssen sind, sondern sich auf Populationsebene durch mutationsbedingte Selektionsmechanismen (und somit ohne kognitives Zutun) rasch anpassen, wie zum Beispiel Bakterien, gegenüber der Menschheit wesentlich bessere Langzeitüberlebensperspektiven.

12 Das Pandora-Prinzip

In der griechischen Mythologie enthielt die Büchse der Pandora das Schlechte der Welt und die Hoffnung. Als die Büchse geöffnet wurde, entwichen ihr die der Menschheit zuvor unbekannten Übel Arbeit, Krankheit und Tod, während die Hoffnung in der Büchse blieb. In der heutigen sprichwörtlichen Wahrnehmung hat die Büchse der Pandora eine Bedeutungsverschiebung erfahren und wird gerne verwendet, wenn eine politische, gesellschaftliche oder technische Entwicklung eine schlechte Richtung genommen hat und diese nicht umkehrbar erscheint. So trägt zum Beispiel ein Buch, das die Geschichte des Ersten Weltkriegs beschreibt, den Titel *Die Büchse der Pandora* [228]. Auch der Abwurf der Atombombe über Hiroshima wird zuweilen als eine Öffnung der Büchse der Pandora bezeichnet [229].

Die Pandora-Büchse ist also ein Bild dafür, dass etwas in die Welt gekommen (oder gebracht worden) ist, was sich nicht mehr rückgängig machen lässt. Viele wissenschaftliche Bemühungen der Menschheit zielten interessanterweise darauf ab, die mythologischen Inhalte der Büchse der Pandora Arbeit, Krankheit und Tod zu beseitigen, und inzwischen gibt es tatsächlich ernst zu - nehmende Stimmen, die die Beseitigung dieser Plagen der Menschheit als naheliegendes erreichbares Ziel ansehen [170].

Gleichzeitig hat die Wissenschaft inzwischen unzählig viele Pandora-Büchsen geöffnet, mit deren Folgen die Menschheit nun zurechtkommen muss. Man kann etwas erfinden, aber man kann nichts „entfinden". Ein Wissen, das in der Welt ist, kann nicht mehr aus der Welt entfernt werden, heute in einer vernetzten Welt mit ihrem gnadenlosen Gedächtnis noch weniger als je zuvor. Wir können theoretisch alle Atomwaffen beseitigen, wir können aber nicht die prinzipielle Fähigkeit des Menschen, Atomwaffen zu bauen, aus der Welt schaffen. Ich kann rückwärts laufen, ich kann zu etwas zurücklaufen, ich kann an etwas zurückdenken. Rückwärts denken kann ich aber nicht.

Der Pandora-Büchsenöffner Thomas Midgley

Harmlos scheinende Entwicklungen, Ereignisse und Entscheidungen können langfristige Folgen für die ganze Menschheit haben. Bill Bryson erzählt in seinem Buch *A Short History of Nearly Everything* die Geschichte eines amerikanischen Ingenieurs, der den meisten Menschen vollkommen unbekannt sein dürfte [230]. Thomas Midgley entwickelte den Benzinzusatzstoff Tetraethylblei (verbleites Benzin), um das Klopfen in Motoren zu unterdrücken, obwohl schon bald klar wurde, dass Blei ein potentes Nervengift ist, das sich in der Nahrungskette anreichert. Dies führte dazu, dass ein Mensch, der in der Ära nach Midgleys Erfindung aufwuchs, eine mehrere hundertfach höhere Bleikonzentration im Blut aufwies als Menschen vor der Verbleiung des Benzins. Midgley wurde also die zweifelhafte Ehre zuteil, alles Leben auf der Erde langsam mit Blei zu vergiften.

Eine meiner Kindheitserinnerungen ist die Debatte um bleifreies Benzin und die Notwendigkeit, Autos dafür mit „Katalysatoren" auszustatten. Seit 2000 ist verbleites Benzin in der EU verboten. Angesichts der Stärke der Automobillobby und der Erdöllobby kann man davon ausgehen, dass diese Entscheidung nicht einfach durchzusetzen war. Im Jahr 2017 ist verbleites Benzin außer in drei Ländern (Algerien, Jemen und Irak) verboten [231]. Die Bleikonzentrationen in menschlichen Blutproben gehen nach Reduktion der Bleiemission zurück [232, 233]. Dies macht Hoffnung, dass vernünftige Entscheidungen zum Wohle der Menschheit trotz des dominierenden ökonomischen Imperativs plutokratischer Machtstrukturen möglich sind [234].

Midgley, der als Teilhaber der Herstellerfirma finanziell von dem verbleiten Benzin profitierte, hat zeit seines Lebens die Schädlichkeit des Bleis geleugnet und sich zum Beispiel pressewirksam Tetraethylblei über die Hand gegossen, um dessen Unbedenklichkeit zu demonstrieren. Thomas Midgley war ein begnadeter Erfinder und Chemiker, der über 170 Patente hielt und zum Beispiel auch Verbesserungen in der Gummiherstellung bewirkt hat.

Leider hat Midgley der Welt neben der Bleibelastung noch etwas anderes Bleibendes hinterlassen. Frühe Kühlschränke oder Kühlsysteme wurden mit Methylchlorid, Ammoniak oder Schwefeldioxid betrieben, Substanzen, die nicht nur giftig waren, sondern auch zu Verpuffungen neigten. Midgley fand mit den Fluorchlorkohlenwasserstoffen (FCKW) ungiftige und nicht brennbare Ersatzstoffe, die seit den 1930er Jahren als Kältemittel in Kältemaschinen und Kühlschränken eingesetzt wurden. FCKW sind recht langlebig und werden in der Atmosphäre nur langsam abgebaut. Sie bilden freie Halogenradikale (Chlor, Brom) in der Stratosphäre, die katalytisch den Ozonabbau antreiben. Hierdurch entstand über der Antarktis das in den 1980er Jahren entdeckte Ozonloch.

Midgley starb 1944 durch einen tragischen Unfall. Da er durch eine Polioerkrankung immer stärker mobilitätseingeschränkt war, hatte er seine Ingenieurskunst zur Konstruktion einer Aufstehvorrichtung aus Seilen und Umkehrrollen am Bett eingesetzt, in der er sich eines Morgens verhedderte und selbst erwürgte. Vielleicht hat er geahnt, dass Blei doch nicht so harmlos ist, wie er immer behauptet hat. Von der fatalen Wirkung der FCKW auf die Erdatmosphäre aber konnte er nichts wissen, das muss man ihm zugutehalten. Die Ozonschicht schützt die Erde vor Strahlung, insbesondere vor dem UVB-Anteil der Sonnenstrahlung, die mit dem schwindenden Ozonschutz insbesondere in Australien und Neuseeland zu einem Anstieg der Hautkrebserkrankungen geführt hat.

Seitdem mit dem Montrealer Protokoll (1989) der Ausstieg aus den FCKW beschlossen worden war, scheint sich die Ozonschicht zu regenerieren und das Ozonloch sich allmählich wieder zu schließen. Die erfolgreiche Umsetzung des Montrealer Protokolls wurde erleichtert durch Ersatzkühlkonzepte unter Verwendung von Propan und Butan, die in einer Kooperation der Umweltorganisation Greenpeace mit dem Hygieneinstitut Dortmund und einer kleinen Firma im Erzgebirge entwickelt worden waren [235]. Das Montrealer Protokoll ist ein Signal der Hoffnung, dass Vernunft auch in der internationalen Politik möglich ist. Allerdings wird diese Hoffnung aktuell durch eine Publikation getrübt, die nachweist, dass irgendwo auf der Welt illegale FCKW Emissionen den Erfolg des Montreal Protokolls gefährden [95].

Thomas Midgley hatte Ideen, die zu unmittelbaren Verbesserungen führten, aber langfristig viel Schaden anrichteten. Obwohl man ihm für seine anhaltende Lobpreisung des verbleiten Benzins finanzielle Motive unterstellen muss, waren seine Grundintentionen sicherlich gute.

Das Plastikzeitalter

Gabun liegt auf dem Äquator an der westafrikanischen Atlantikküste und ist nahezu vollständig mit tropischem Regenwald bedeckt. Die Landesfläche Gabuns entspricht mit 267.667 km² in etwa der Fläche der alten Bundesrepublik (West) Deutschland zwischen 1949 und 1990. Da nur etwas mehr als 2 Millionen Menschen in Gabun leben, davon etwa 700.000 in der Hauptstadt Libreville, beträgt die durchschnittliche Bevölkerungsdichte nach Abzug der Hauptstadtbewohner etwas weniger als 5 Menschen pro km² (1,3 Mio. / 267.667 km²). Weite Teile Gabuns sind somit menschenleer.

Noch bemerkenswerter ist die Tatsache, dass auch lange Abschnitte der gabunesischen Küste unbewohnt sind. Von Ende 2002 bis Herbst 2005 lebte ich in Lambaréné, einer gabunesischen Kleinstadt, um dort für epidemiologische Studien als Arzt zu arbeiten. Gegen Ende meines Aufenthalts reiste ich an die Südwestküste Gabuns, um dort den Nationalpark Petit Loango zu besuchen, über den ich in einem *GEO-* oder *National-Geographic-*Heft gelesen hatte, das bei uns in unserem Forschungszentrum herumlag. Dort wurde von Großtieren wie Elefanten und Flusspferden berichtet, die an traumhaften, unberührten Stränden in der Brandung des Atlantiks badeten.

Neben der phantastischen Landschaft und der faszinierenden Tierwelt blieb mir von diesem Besuch auch der ernüchternde Anblick von Unmengen von Plastikabfällen, die am (einsamen) Strand herumlagen, in Erinnerung. Zuvor waren mir schon in anderen afrikanischen Ländern die Unmengen von zerfetzten Plastiktüten aufgefallen, die überall in Büschen und Bäumen hingen. Strömung und Wind tragen unsere Abfälle überall hin, auch in Gebiete, die eigentlich vom Menschen weitgehend verschont bleiben sollen.

In den Weltmeeren gibt es inzwischen über Hunderte von Kilometern ausgedehnte „Müllstrudel", und an manchen Stellen finden sich die Meeresoberfläche verdeckende „Müllflöße" [236]. Inzwischen gibt es eine Initiative zur Sammlung und Entfernung des Mülls aus den Weltmeeren [237].

Mit kilometerlangen schlauchförmigen, V-förmig gestalteten Schwimmkörpern soll der schwimmende Abfall zusammengetrieben und eingesammelt werden. Die schwimmenden Sammelbarrieren werden durch Hunderte Meter tief herunterreichende Gewichte stabilisiert. Leider fehlt dem Projekt die Profitabilität, weshalb kapitalistische Anreiz- und Belohnungssysteme nicht funktionieren. Derzeit befindet sich das spendenfinanzierte Projekt (crowdfounded) noch in der technischen Testungsphase vor der holländischen Nordseeküste. Aber je bekannter das Projekt wird, umso aussichtsreicher wird die reale Implementierung.

Gleichzeitig werden jedoch weiterhin täglich Unmengen von Müll ins Meer gespült. Wenn die Bemühungen mehr als nur ein Tropfen auf dem heißen Stein sein sollen, müssen die Techniken kompatibel mit der Massenproduktion und möglichst billig werden – vielleicht durch Verwendung geeigneter Kunststoffe. Wenn dann weltweit Küstenanrainer die Technologie übernehmen und die Verantwortung für vor der eigenen Küste liegende Meeresgewässer übernehmen, kann das Unternehmen Meeresreinigung tatsächlich zu einer echten Verbesserung führen. Küstengemeinden, die sich selbst für die Entfernung von Meeresmüll engagieren, würden wohl auch gleichzeitig den Neuanfall von Müll vermeiden. Die Müllsammelinitiative würde also auch zu einer Problembewusstseinsbildung bei lokalen Verantwortlichen und Bürgern führen.

Aus Sicht des Planeten unterscheidet sich der moderne *Homo sapiens* von sämtlichen anderen irdischen Arten und auch von seinen eigenen Vorfahren durch seine Hinterlassenschaften, die sich nicht nur auf eigene Ausscheidungen und körperliche Verwesungsreste (zum Beispiel Knochen) beschränken, sondern aus zahlreichen Artefakten und Überresten von Artefakten bestehen. Das Adjektiv „moderne" vor *Homo sapiens* muss man hier besonders betonen, da der *Homo sapiens* den größten Teil seiner etwa 300.000-jährigen Geschichte mit im Vergleich zu heute recht wenigen Artefakten auskam. Aus vorgeschichtlicher Zeit sind meist nur Steingegenstände erhalten, wobei wir davon ausgehen müssen, dass die Menschen der „Steinzeit" wohl hauptsächlich Artefakte aus Holz oder tierischen Materialien (Knochen, Häute, Felle) benutzten und besaßen, diese jedoch die Zeit nicht überdauert haben.

Für die Archäologen war der Fund einer Gletschermumie, die Wanderer im Jahr 1991 in den Ötztaler Alpen machten, eine bis dato einmalige Gelegenheit, einen Überblick über die Artefakte zu erhalten, die ein Mensch im Mitteleuropa der Jungsteinzeit vor etwa 5250 Jahren bei sich trug [13, 238]. Die Art, Zahl und Zweckmäßigkeit der Artefakte dürfte sich über die folgenden Jahrhunderte nur langsam verändert haben. Die Materialien eines Wanderers vor 500 Jahren mögen sich in der Verarbeitung von denen vor 5000 Jahren unterschieden haben, die Ausgangsmaterialien hingegen (hölzerne Gegenstände und Artefakte aus tierischen Materialien) blieben ähnlich. Dies gilt nicht mehr für die Artefakte (Kleidung, Gegenstände), die man bei einem Wanderer seit 50 Jahren findet. Inzwischen haben die Kunststoffe Einzug in die Welt gehalten. Wenn man einen der am Mount Everest verstorbenen Wanderer untersuchen würde, so wären Kleidung, Zelt und Schlafsack aus modernen Kunststoffen, die Bergsteigerlampe und die Gletscherbrille aus Plastik und auch bei allen anderen Artefakten wäre es schwer, reine Naturstoffe zu finden.

Leider lassen sich die Spuren der Kunststoffentwicklung nicht nur bei menschlichen Leichen nachweisen, sondern zunehmend auch bei Land- und Meerestieren. Die Kadaver verendeter Albatrosse auf den Midway-Inseln sind zum Sinnbild der weltweiten Umweltverschmutzung durch Plastikmüll geworden [239].

Allerdings machen wir es uns doch zu leicht, wenn wir die Polymerchemiker, denen wir die Entwicklung moderner Kunststoffe zu verdanken haben verteufeln. Versuchen wir uns eine moderne Welt ohne Kunststoffe vorzustellen, mag diese nostalgisch verklärt sogar recht ästhetisch wirken, jedoch müßten wir auf einen Großteil unserer Alltagsgegenstände verzichten. Wenn alle Gegenstände, die heutzutage aus Kunsststoffen bestehen aus Naturmaterialien bestehen würden (Holz, Metalle) würde unser Planet wohl auf andere Art den Preis bezahlen. Man muss sich nur mal vor Augen führen wie sich der Holzbedarf der seefahrenden Kulturen (z.B. Griechen, Römer, Phönizier) im Mittelmeerraum auf die Vegetation ausgewirkt hat. Auch im Rest Europas hat unser menschliches Wirken zu einem massiven Rückgang der Wälder geführt [240].

Plastikprodukte sind für unseren Alltag derart selbstverständlich geworden, dass es schwer vorstellbar erscheint, dass nur wenige Generationen vor uns keinerlei Kunststoffe existierten. Schon die Generation meiner Urgroßeltern, die Ende des 19. und Anfang des 20. Jahrhunderts lebte, kannte so gut wie keine Kunststoffe. Die erste Plastiktüte in Deutschland wurde 1961 von der Kaufhauskette Horten eingeführt [241]. Inzwischen finden wir Plastiktüten und andere Plastikgegenstände überall: von den Büschen und Bäumen Afrikas über die Strände Gabuns bis in die Kadaver der verendeten Albatrosse der Midway-Inseln.

Neben den sichtbaren Plastikgegenständen verbreitet sich inzwischen auch Mikroplastik, also kleine Plastikpartikel, die durch den Zerfall von Plastikobjekten entstehen oder auch mehr und mehr gezielt produziert werden (zum Beispiel Peelingzusätze). Plastik gerät somit zunehmend in die (ehemals) natürlichen Kreisläufe und Nahrungsketten [242].

Giftstoffe als existenzielle Bedrohung der Menschheit

Im Dezember 1984 traten im indischen Bhopal aus einer Chemiefabrik des amerikanischen Konzerns Union Carbide zur Herstellung von Schädlingsbekämpfungsmitteln mehr als 27 Tonnen Methylisocyanat aus. Mehr als 2000 Menschen starben unmittelbar durch Methyisocyanat. Die Gesamtzahl der Opfer ist wesentlich höher, da viele exponierte Menschen schwer erkrankten und in den folgenden Monaten, Jahren und Jahrzehnten an den Vergiftungsfolgen starben. Die Organisation „International Campaign for Justice in Bhopal" schätzt die Todesopferzahlen auf 22.000 (im Jahr 2014) und die Zahl der aufgrund der Katastrophe schwer Verletzten oder Behinderten auf 157.000 [243]. Auch die Umwelt- und Wasserbelastungen in der Umgebung Bhopals sind schwerwiegend und langanhaltend. Die Bhopalkatastrophe war somit eine der schlimmsten menschgemachten (nichtkriegerischen) Industriekatastrophen. Dennoch stellte sie keine existenzielle Bedrohung für die Menschheit dar, da die Schadwirkungen auf die Umgebung von Bhopal beschränkt blieben.

Ist eine globale Vernichtung der Menschheit durch ein lokal austretendes Gift denkbar? Vermutlich schon. Mir fällt es allerdings schwer, mir ein Gift vorzustellen, das derart toxisch sein soll, dass es auch nach der enormen Verdünnung, die mit der Ausbreitung einhergeht, noch tödlich ist.

Potenzial für existenzielle Bedrohungen sehe ich eher in Schadstoffen, die kontinuierlich und zunächst unbemerkt schleichend weltweit freigesetzt werden. Solche „Schadstoffe" können zu einer Zerstörung der für menschliches Leben notwendigen Lebensbedingungen führen. Inwiefern der menschgemachte Klimawandel, der die Folge einer beständigen weltweiten Freisetzung von Treibhausgasen wie CO_2 und Methan ist, eine existenzielle Bedrohung für die Menschheit darstellt, wurde im Kapitel „Klimawandel" ausführlich diskutiert.

Kann aber auch die direkte Wirkung eines Gifts auf den menschlichen Organismus zu einer existenziellen Gefahr für die Menschheit werden? Die lange Zeit unbemerkte Anreicherung von durch Benzinverbrennungsmotoren freigesetztem Blei im menschlichen Organismus hat gezeigt, dass Schadstoffe die Gesamtheit der auf der Erde lebenden *Homo sapiens* erreichen und sich in allen Menschen anreichern können [230]. Blei wurde erstmals 1921 dem Benzin beigemischt, um das Klopfen in Motoren zu unterdrücken. Seit 2000 ist es in den meisten Ländern verboten. Über fast acht Jahrzehnte wurde so viel Blei ausgestoßen, dass dessen Konzentrationsanstieg in jedem menschlichen Organismus messbar wurde.

Eine schneller wirkende toxische Substanz würde wohl zu schnelleren Gegenmaßnahmen führen. Stellen wir uns aber eine Substanz vor, die durch ein neues technisches Massenprodukt freigesetzt wird, unmittelbar nicht toxisch erscheint, sich aber im Menschen anreichert und auf den menschlichen Fötus wirkt. Eine tödliche toxische Wirkung auf den sich entwickelnden menschlichen Organismus würde wohl auch bald bemerkt werden und zu Gegenmaßnahmen führen.

Stellen wir uns aber eine Schadwirkung einer sich in allen Menschen anreichernden Substanz auf die spätere Fruchtbarkeit des sich entwickelnden Fötus vor. Stellen wir uns vor, dass die Beeinträchtigung der Fruchtbarkeit makroskopisch nicht erkennbar ist und erst durch massenhaft unerfüllten Kinderwunsch mit etwa zwei Jahrzehnten Verspätung auffällt. Die entsprechende Substanz wäre dann wohl schon in derart hohen Konzentrationen in der Atmosphäre, der Nahrungskette und in jedem menschlichen Organismus vorhanden, dass die erwähnte Generation mit unerfülltem Kinderwunsch die letzte Generation der Menschheit sein könnte.

Designerorganismen und deren unabsehbare Folgen

Durch gezielte Genommodifikationen ist die Menschheit inzwischen prinzipiell in der Lage, Lebewesen, egal ob Pflanzen, Mikroorganismen oder Tiere, zu verändern.

Eine unmittelbare (potenziell existenzielle) Bedrohung für die Menschheit liegt in der gezielten Herstellung oder Modifikation von Pathogenen, wie zum Beispiel der Rekonstruktion des Grippevirus von 1918 durch amerikanische Wissenschaftler vor einigen Jahren.

Für den Artenschutz bieten Biotechnologien Möglichkeiten, Arten über Erbgutbanken zu archivieren, und längst ausgestorbene Arten können wiederbelebt werden. Ein Mammut oder gar ein Dinosaurier wäre eine Riesenattraktion für Zoos und Freizeitparks (zumindest anfangs). Allerdings sind auch beim „Wiederauferstehenlassen" längst vergangener Arten die Folgen kaum absehbar. Als durch die internationale Seefahrt ab Ende des 15. Jahrhunderts die Globalisierung einsetzte, gelangten Pflanzen und Tierarten auf andere Kontinente, die dort zuvor nicht anzutreffen waren. Durch die zur Besiedelung des australischen Kontinents durch englische Strafgefangene ausgesandte „First Fleet" gelangten auch Hasen und Kaninchen nach Australien. Zunächst wurden sie in Käfigen gehalten, bis ein passionierter Hobbyjäger auf seiner Farm in Barwon Park, Victoria, 24 Wildkaninchen und ein Hauskaninchen zu Jagdzwecken aussetzte. Die Kaninchen vermehrten sich nun „wie die Karnickel" und wurden schon bald zur Landplage, die andere Arten verdrängte, zum Beispiel Arten australischer Beuteltiere.

Seit den 1950er Jahren werden Kaninchen in Australien durch „Biokampfstoffe" bekämpft. Durch das die Kaninchenpest auslösende Myxomavirus wurde die Kaninchenpopulation von schätzungsweise 600 Millionen im Jahr 1950 auf etwa 100 Millionen reduziert. Jedoch waren unter den überlebenden Kaninchen einige Exemplare, die genetisch gegenüber dem Myxomavirus resistent waren. Diese pflanzten sich trotz Virus erfolgreich fort und ließen die Kaninchenpopulation wieder auf etwa 200–300 Millionen Exemplare anwachsen.

Derzeit wird versucht, die Kaninchen mit dem Kaninchen-Calcivirus, das bei den Kaninchen ein tödliches hämorrhagisches Fieber auslöst, zu bekämpfen. Wir gehen davon aus, dass dieses Virus für den Menschen keine Gefahr darstellt [244].

Die Kaninchen waren für Australien eine invasive Art „aus einer anderen Welt". Durch die Biotechnologie könnten invasive Arten „aus einer anderen Zeit" wiederbelebt werden. Welche Folgen würde es für das Ökosystem der Meere haben, wenn die in der Urgeschichte über Jahrmillionen erfolgreichen Trilobiten zum Leben erweckt würden und sich, ähnlich wie die Kaninchen in Australien, in den Weltmeeren vermehren würden?

Jedes Großtier beherbergt unzählige Mikroorganismen, sein Mikrobiom. Der im „Jurassic Zoo" gehaltene *Tyrannosaurus rex* würde sicherlich auch seine ganz eigene Mikrobiombesiedelung aufweisen (die allerdings aus der Umwelt unserer Zeit stammen würde). Die meisten neu aufkommenden emergenten Infektionskrankheiten für den Menschen entstehen durch artübergreifende Infektionen (Spill-over) von Tieren auf Menschen. Hierbei scheint die Gefahr einer neuen tödlichen Seuche insbesondere in menschlichen Bevölkerungen, die keine lange und enge Interaktionsgeschichte mit der anderen Art hatten, besonders hoch zu sein. Die europäischen Siedler hatten jahrhundertelang mit Nutztieren zusammengelebt und brachten Bakterien und Viren mit, die aus artübergreifenden Interaktionen entstanden waren. In der indigenen Bevölkerung Amerikas wurden diese Bakterien und Viren zu verheerenden Biowaffen. Könnten wiederbelebte Arten vielleicht Mikroorganismen selektieren, die für die heutigen Arten ähnlich fremd wären wie die Pathogene der europäischen Siedler für die Ureinwohner Amerikas?

Schließlich ist da noch der Einsatz der Biotechnologie am Menschen. Welche Folgen hätte es, Arten, die in direkter Linie unserer Vorfahren sind, wiederauferstehen zu lassen? Oder den Neanderthaler, eine Art, mit der sich unsere Vorfahren auch gepaart haben, die aber vor 40.000 Jahren ausgestorben ist (möglicherweise unter Beteiligung des *Homo sapiens*)?

Durch Eingriffe in das menschliche Genom wird es zu neuen Eugenikentwicklungen kommen. In welchem Maßstab (Einzelfälle – Gruppen – gesamte Menschheit) es zu genetischen Veränderungen des *Homo sapiens* kommen wird, ist nicht abzusehen. Die Folgen für das menschliche Zusammenleben dürften erheblich sein und die Gesellschafts- und Sozialstrukturen nicht unberührt lassen. Wie der Zugang zu genetischen Optimierungen reguliert wird, dürfte die gesamte Zukunft der Menschheit bestimmen.

Zweifellos kann Biotechnologie für unmittelbar dem Individuum hilfreiche Zwecke eingesetzt werden, zum Beispiel zum Heilen von Krankheiten oder um dem Alterungsprozess entgegenzuwirken. Allerdings ist dies auch eine zweischneidige Sache. Denken wir das Zurückdrängen von Krankheit und Alterung ins Extrem weiter, dann gelangen wir zu einem *Homo sapiens*, der, außer durch Gewalt von außen, prinzipiell sehr lange leben kann [170]. Gleichzeitig sind die Lebensräume und Ressourcen auf der Erde endlich. Schon jetzt hat das Wachstum der Weltbevölkerung bedrohliche Dimensionen angenommen. Wenn wir nun prinzipiell in der Lage wären, Krankheit und Alter abzuschaffen, wer hätte dann das Recht auf dieses Privileg des langen Lebens? Wer darf sich noch fortpflanzen und wer muss wann abtreten, um den folgenden Generationen Platz zu machen?

Im 20. Jahrhundert wurde die Kernenergie als Energiequelle der Zukunft, aber auch als potenzielle Quelle totaler Vernichtung angesehen. Um die sich daraus ergebenden Folgen überblicken und regulieren zu können, wurde die International Atomic Energy Agency als UN-Organisation gegründet. Vielleicht ist es an der Zeit, eine internationale UN-Biotechnologie-Organisation zu gründen.

Unmittelbare und langfristige Folgen technischer Innovationen

Möglicherweise ist dies die Grundmelodie der gesamten menschlichen Zivilisation: segensreiche Fortschritte, deren Nebenwirkungen sich erst langfristig manifestieren. Wir ringen um Lösungen für Probleme, die aus Pandora-Büchsen stammen, die schon vor langer Zeit geöffnet wurden – und sind dabei, immer wieder neue Büchsen zu öffnen. Atomwaffen, biologische Waffen und Chemiewaffen sind bereits in der Welt. Aber durch Weiterentwicklung kann deren ohnehin schon großes Bedrohungspotenzial noch größer werden, bis hin zu einer existenziellen Bedrohung für die Menschheit.

Massenvernichtungswaffen wie Atomwaffen könnten zu „sauberen" Massenvernichtungswaffen weiterentwickelt werden, die nur die Menschen der angegriffenen Region töten, aber die Infrastruktur und die Ressourcen erhalten. Der Gedanke ist schon aus der Büchse und die technischen Entwicklungen auf dem Weg. Auch die Verkleinerung von Massenvernichtungswaffen und Trägersystemen, so wie der Bau kleiner Atomwaffen werden die globale Sicherheit nicht erhöhen.

Giftstoffe wie das von Midgley dem Benzin zugesetzte Blei, aber auch Chemiewaffen könnten sich in der Nahrungskette anreichern und nach und nach die ganze Menschheit vergiften oder deren Fertilität beeinträchtigen.

Die Idee, biologische Organismen gezielt zu modifizieren oder neu zu schaffen, ist schon lange aus der Büchse und war hinsichtlich Modifikation des menschlichen Genoms oder des Genoms von Mikrobakterien, die dem Menschen schaden können, Gegenstand bedrohlicher Dystopien in Film und Literatur. Mit der CRISPR/Cas-Methode ist nun auch der technische Entwicklungsschritt gemacht, um gezielte Genommodifikationen vorzunehmen. Das hierfür nötige Wissen ist in der Welt.

All diesen technischen Neuerungen ist gemein, dass sie auch Bedrohungen für die Menschheit in sich bergen. Diesen kann nur durch Vorsicht und weitere Innovationen, die deren Kontrolle dienen, begegnet werden. Rückgängig machen kann man sie nicht.

Die Erkenntnis, dass Erkenntnis nicht umkehrbar ist, scheint tief im kollektiven Gedächtnis der Menschhei verankert zu sein. Nachdem Adam und Eva vom Baum der Erkenntnis gegessen hatten, konnten sie die Erkenntnis nicht rückgängig machen, und das bequeme Leben im Paradies war zu Ende.

13 Referenzliste

1. Chomsky N. Priorities and Prospects. https://chomsky.info/hegemony01/. Excerpted from Hegemony or Survival, Metropolitan Books, 2003. Zuletzt eingesehen am 29.3.2018. **2003.**
2. Daase C, Kessler O. Knowns and Unknowns in the `War on Terror': Uncertainty and the Political Construction of Danger. *Security Dialogue* **2007**,38:411-434.
3. Zizek S. Philosophy, the "unknown knowns," and the public use of reason. *Topoi* **2006**,25:137-142.
4. Zizek S. What Rumsfeld Doesn't Know That He Knows About Abu Ghraib. http://www.lacan.com/zizekrumsfeld.htm. Zuletzt eingesehen am 25.12.2018. *Lacan Dot Com* **2004.**
5. Taleb NN. *The Black Swan. The Impact of the highly improbable.* London: Allen Lane; 2007.
6. Cobb K. Albert Bartlett: On message about exponential growth to the end. http://www.resilience.org/stories/2013-09-15/albert-bartlett-on-message-about-exponential-growth-to-the-end/. Zuletzt eingesehen am 21.2.2018. *Resilience* **2013.**
7. Roser M. Our World in Data. https://ourworldindata.org/wp-content/uploads/2013/05/updated-World-Population-Growth-1750-2100.png. Zuletzt eingesehen am 27.2.2018.
8. Factfish. Landwirtschaftliche Nutzfläche (Quadratkilometer) - für alle Länder. http://www.factfish.com/de/statistik/landwirtschaftliche nutzfl%C3%A4che. Zuletzt eingesehen am 19.12.2018.
9. Signer D. Weniger Kinder, mehr Wachstum. https://www.nzz.ch/international/demografie-in-afrika-weniger-kinder-mehr-wachstum-ld.1308410. Zuletzt eingesehen am 16.5.2018. *Neue Züricher Zeitung* **2017.**
10. Niehus J, Schaefer T, Schröder C. Arm und Reich in Deutschland: Wo bleibt die Mitte? Forschungsberichte aus dem Institut der deutschen Wirtschaft Köln. **2013**,89.
11. Niejahr E. "Uns fehlt das dritte Kind". *Die Zeit* **2016**,42.
12. Varoufakis Y. Time for Change. Wie ich meiner Tochter die Wirtschaft erkläre. Bastei Lübbe Verlag. **2016.**
13. Bryson B. At Home. *Black Swan Books* **2010.**
14. Hager S. H. L. Hunt is a key to the JFK assassination. https://stevenhager420.wordpress.com/2013/11/27/h-l-hunt-is-a-key-to-the-jfk-assassination/. Zuletzt eingesehen am 31.03.2018. **2013.**
15. Porterfield B. H. L. Hunt's Long Goodbye. https://www.texasmonthly.com/articles/h-l-hunts-long-goodbye/. Zuletzt eingesehen am 31.3.2018. *Texas Monthly* **1975.**
16. Phillips K. American Dynasty: Aristocracy, Fortune, and the Politics of Deceit in the House of Bush. Penguin Books. **2004.**
17. Lüders M. Armageddon im Orient. Wie die Saudi Connection den Iran ins Visier nimmt. Beck Verlag. **2018.**
18. Bröckers M. Der falsche Schwager. https://www.heise.de/tp/features/Der-falsche-Schwager-3435939.html. Zuletzt eingesehen am 19.12.2018. *TELEPOLIS* **2004.**

19. Preston P. Observer Books. A love affair that survived even 9/11. House of Bush, House of Saud by Craig Unger. https://www.theguardian.com/theobserver/2004/jul/25/politics Zuletzt eingesehen am 19.12.2018. *The Guardian* **2004**.

20. Lobosco K. Tracking Trump's changing claims on jobs from Saudi arms deal. https://edition.cnn.com/2018/10/22/politics/trump-jobs-saudi-arms-deal/index.html. Zuletzt eingesehen am 19.12.2018. *CNN* **2018**.

21. eia. U.S. Energy Information Adminsitration https://www.eia.gov/todayinenergy/detail.php?id=28672. Zuletzt eingesehen am 31.7.2018.

22. eia. U.S. Energy Information Adminsitration https://www.eia.gov/dnav/pet/hist/LeafHandler.ashx?n=PET&s=WCRFPUS2&f=W. Zuletzt eingesehen am 31.7.2018.

23. Clemente J. Global Oil Demand Can Only Increase. https://www.forbes.com/sites/judeclemente/2016/08/28/global-oil-demand-can-only-increase/ - 52641c2931a0. Zuletzt eingesehen am 25.2.2018.

24. esa. United Nations Department of Economic and Social Affairs [https://esa.un.org/]. Dataset: WPP2017_POP_F01_1_TOTAL_POPULATION_BOTH_SEXES.xlsx. Zuletzt eingesehen am 31.3.2018. **2017**.

25. Ländervergleich. Erdölverbrauch in Barrel pro Jahr je Einwohner. https://www.welt-in-zahlen.de/laendervergleich.phtml?indicator=94. Zuletzt eingesehen am 25.2.2018.

26. Lüders M. Wer den Wind sät: Was westliche Politik im Orient anrichtet. Beck Verlag. **2015**.

27. Mansfield P. A History of the Middle East. Fourth Edition revised and updated by Nicolas Pelham. . **2013**.

28. Pötzl N. Treibstoff der Feindschaft. *Spiegel Geschichte Persien* **2010**,2:104-109.

29. Brzezinski Z. The Grand Chessboard: American Primacy And Its Geostrategic Imperatives. *Basic Books* **1997**.

30. Krone-Schmalz G. Eiszeit. Wie Russland dämonisiert wird und warum das so gefährlich ist. C.H.Beck Verlag. **2017**.

31. Vikan H. The 1991 Gulf Crisis and US Policy Means. An Analysis of the Transition from 'Soft Line' to 'Hard Line' in US Foreign Policy Toward Iraq. Master-Level Thesis in Political Science The University of Oslo. Institute of Political Science.https://www.duo.uio.no/bitstream/handle/10852/14614/vikan.pdf?sequence=6. Zuletzt eingesehen am 19.12.2018. **1998**.

32. Ali MM, Shah IH. Sanctions and childhood mortality in Iraq. *Lancet* **2000**,355:1851-1857.

33. Zaidi S. Child mortality in Iraq. *Lancet* **1997**,350:1105.

34. UNICEF. (United Nations Children's Fund) Iraq surveys show 'humanitarian emergency' https://www.unicef.org/newsline/99pr29.htm, Zuletzt eingesehen am 6.3.2018. **1999**.

35. Dyson T, Cetorelli V. Changing views on child mortality and economic sanctions in Iraq: a history of lies, damned lies and statistics. *BMJ Glob Health* **2017**,2:e000311.

36. Abdulrazaq T. How the West whitewashes killing children in Iraq. https://www.trtworld.com/opinion/how-western-nations-whitewash-the-killing-of-children-in-iraq-9845. Zuletzt eingesehen am 6.3.2018. **2017**.

37. Ganser D. Illegale Kriege. Wie die NATO Länder die UNO sabotieren. Eine Chronik von Kuba bis Syrien. *Orell Füssli Verlag* **2016**.

38. Stieglitz J. The Great Divide: Unequal Societies and What We Can Do About Them. **2015.**

39. Wolf E. Finanz-Tsunami: Wie das globale Finanzsystem uns alle bedroht. **2017.**

40. Dowell W. Foreign Exchange: Saddam Turns His Back on Greenbacks. *TIME* **2000,**156.

41. Swanson D. Libya: another neocon war. Liberal supporters of this 'humanitarian intervention' have merely become useful idiots of the same old nefarious purposes. https://www.theguardian.com/commentisfree/cifamerica/2011/apr/21/libya-muammar-gaddafi, Zuletzt eingesehen am 6.3.2018. *The Guardian* **2011.**

42. Hoff B. Hillary Emails Reveal True Motive for Libya Intervention https://www.foreignpolicyjournal.com/2016/01/06/new-hillary-emails-reveal-true-motive-for-libya-intervention/ . Zuletzt eingesehen am 23.3.2018. *Foreign Policy Journal* **2016.**

43. Blume G, Sydow C. Gaddafis langer Schatten. http://www.spiegel.de/politik/ausland/nicolas-sarkozy-in-polizeigewahrsam-muammar-al-gaddafis-langer-schatten-a-1198999.html. Zuletzt eingesehen am 31.3.2018. *Spiegel Online* **2018.**

44. Tilouine J, Piel S. Financement libyen de la campagne de 2007 : Nicolas Sarkozy en garde à vue. http://www.lemonde.fr/police-justice/article/2018/03/20/financement-libyen-de-la-campagne-de-2007-nicolas-sarkozy-en-garde-a-vue_5273446_1653578.html. Zuletzt eingesehen am 31.3.2018. *Le Monde* **2018.**

45. Schwarz J. Jimmy Carter: The U.S. is an "Oligarchy with unlimited political bribery". https://theintercept.com/2015/07/30/jimmy-carter-u-s-oligarchy-unlimited-political-bribery/. Zuletzt eingesehen am 20.12.2018. *The Intercept* **2015.**

46. Chomsky N. Profit over people. War against people. Neoliberalismus und globale Weltordnung, Menschenrechte und Schurkenstaaten. 8. Auflage 2016. Piper Verlag. **2016.**

47. Longwell HJ. Out Of Gas: The future of the oil and gas industry: past approaches, new challenges. https://web.archive.org/web/20081003081853/http://www.worldenergysource.com/articles/pdf/longwell_WE_v5n3.pdf . Zuletzt eingesehen am 26.2.2018. *World Energy* **2002.**

48. 20 Largest Natural Gas Fields in the World. https://www.worldlistmania.com/20-largest-natural-gas-fields-in-the-world/. Zuletzt eingesehen am 1.4.2018. *Worldlistmania.*

49. Bentley RW. Global oil & gas depletion: an overview. *Energy Policy* **2002,**30:189-205.

50. Lüders M. Die den Sturm ernten. Wie der Westen Syrien ins Chaos stürzte. Beck Verlag. **2017.**

51. Marshall T. Die Macht der Geographie. Wie sich Weltpolitik anhand von 10 Karten erklären lässt. dtv Verlag. **2015.**

52. Güsten S. Türkei plant neue Invasion in Nordsyrien. https://www.tagesspiegel.de/politik/kurdenkonflikt-tuerkei-plant-neue-invasion-in-nordsyrien/23766970.html. Zuletzt eingesehen am 20.12.2018. *Der Tagesspiegel* **2018.**

53. Agenturmeldung. USA ziehen Truppen aus Syrien ab. https://www.zeit.de/politik/ausland/2018-12/us-militaereinsatz-usa-syrien-truppenabzug. Zuletzt eingesehen am 20.12.2018. *Zeit Online* **2018.**

54. Robbins J. What Ever Happened to Public Transportation? Zuletzt eingeshen am 20.12.2018. *The Huffington Post* **2010**.

55. Dimroth F, Grave M, Beutel P, Fiedeler U, Karcher C, Thomas ND, Oliva TE, Siefer G, Schachtner M, Wekkeli A, Bett AW, Krause R, Piccin M, Blanc M, Drazek C, Guiot E, Ghyselen B, Salvetat T, Tauzin A, Signamarcheix T, Dobrich A, Hannappel T, Schwarzburg K. Wafer bonded four-junction GaInP/GaAs//GaInAsP/GaInAs concentrator solar cells with 44.7% efficiency. *Progress in Photovoltaics: Research and Applications* **2014**,22.

56. Mihm A. SOLAR-SUBVENTIONEN : Ein sonniges Geschäft. http://www.faz.net/aktuell/wirtschaft/solar-subventionen-ein-sonniges-geschaeft-1950239.html. Zuletzt eingesehen am 5.4.2018. *Frankfurter Allgemeine Zeitung* **2010**.

57. dpa. SOLARMODUL-HERSTELLER: Solarworld ist schon wieder pleite. http://www.handelsblatt.com/unternehmen/energie/solarmodul-hersteller-solarworld-ist-schon-wieder-pleite/21122208.html. Zuletzt eingesehen am 5.4.2018. *Handelsbaltt* **2018**.

58. energieinfo. Energielexikon → Batterie. http://www.energieinfo.de/eglossar/batterie.html. Zuletzt eingesehen am 5.4.2018. **2018**.

59. Paschotta R. Energetische Amortisationszeit. https://www.energie-lexikon.info/energetische_amortisationszeit.html. Zuletzt eingesehen am 5.4.2018. **2018**.

60. Sorge NV, Eckl-Dorna W. Deutschland ohne Diesel und Benzin - kann das funktionieren? http://www.manager-magazin.de/unternehmen/autoindustrie/elektroautos-wie-wuerde-ein-verbrenner-verbot-funktionieren-a-1116158-7.html. Zuletzt eingesehen am 20.12.2018. *Manager Magazin* **2016**.

61. Ulrich S. Kaum Rohstoffengpässe für Photovoltaikherstellung. *Photovoltaik.* https://www.photovoltaik.eu/Archiv/Meldungsarchiv/article-594978-110949/kaum-rohstoffengpaesse-fuer-photovoltaikherstellung-.html. *Zuletzt eingesehen am 5.4.2018.* **2014**.

62. Helmers E, Hilgenberg J, Müller-Görnert M. Versprochen – Gebrochen. Wie die deutsche Autoindustrie den Klimaschutz ignoriert. Eine Analyse von BUND und VCD auf Grundlage der Studie „Die Modellentwicklung in der deutschen Autoindustrie: Gewicht contra Effizienz". . **2015**.

63. Worldometers. Northern Africa Population. http://www.worldometers.info/world-population/northern-africa-population/. Zuletzt eingesehen am 25.3.2018. **2018**.

64. Sackmann C. Hat der Nestlé-Chef wirklich einmal gesagt, Wasser sei kein Menschenrecht? https://www.finanzen100.de/finanznachrichten/wirtschaft/debatte-um-schweizer-konzern-hat-der-nestle-chef-wirklich-einmal-gesagt-wasser-sei-kein-menschenrecht_H2029013325_546809/. Zuletzt eingesehen am 20.12.2018. *Finanzen100* **2018**.

65. CAWATERinfo. Database of the Aral Sea. http://cawater-info.net/aral/data/tabs_e.htm. Zuletzt eingesehen am 25.3.2018. **2018**.

66. Akimbayev AM. The Biological Safety in Kazakhstan. Edited by Sandra S. Essbauer, Ernst-Jürgen Finke, Stefan O. Frey and Bryan R. Thoma. Bundeswehr Institute of Microbiology, Munich, Germany. **2016**.

67. Pabst V. Eine Stadt sitzt auf dem Trockenen. https://www.nzz.ch/international/eine-stadt-sitzt-auf-dem-trockenen-ld.1347581. Zuletzt eingesehen am 25.3.2018. *Neue Züricher Zeitung* **2018**.

68. Kolonko G. Pakistan: Ist der Wassermangel gefährlicher als das Talibanproblem? https://www.heise.de/tp/features/Pakistan-Ist-der-Wassermangel-gefaehrlicher-als-das-Talibanproblem-3814010.html. Zuletzt eingesehen am 25.3.2018. *TELEPOLIS* **2017**.

69. Banach O. Atommächte auf Konfrontationskurs: Droht ein Wasserkrieg zwischen Indien und Pakistan?https://deutsch.rt.com/asien/41392-atommachte-auf-konfrontationskurs-droht-wasserkrieg/. Zuletzt eingesehen am 25.3.2018. *RT Deutsch* **2016**.

70. Muhammad J. Grand Ethiopian Renaissance Dam nears completion, but not without controversy. https://www.finalcall.com/artman/publish/World_News_3/Grand-Ethiopian-Renaissance-Dam-nears-completion-but-not-without-controversy.shtml. Zuletzt eingesehen am 20.12.2018. *The Final Call* **2018**.

71. Gawhary KE. Am Nil braut sich etwas zusammen. *Die Rheinpfalz* **2018**,Jahrgang 74:3.

72. Behrens C. Wie Dubai dem Meer Trinkwasser abringt. https://www.sueddeutsche.de/wissen/meerwasserentsalzung-wie-dubai-dem-meer-trinkwasser-abringt-1.3630919. Zuletzt eingesehen am 20.12.2018. *Süddeutsche Zeitung* **2017**.

73. Lattemann S. Meerwasserentsalzung .In: WARNSIGNAL KLIMA: Genug Wasser für alle? 3.Auflage (2011) - Hrsg. Lozán, J. L. H., Graßl, P. Hupfer, L. Karbe & C.-D. Schönwiese. http://www.climate-service-center.de/imperia/md/content/csc/warnsignalklima/warnsignal_klima_kap4_4.2_latemann.pdf. Zuletzt eingesehen am 26.3.2018. **2011**:452-458.

74. Fischer L. Eisberge sollen Kapstadt vor Dürre retten. https://www.spektrum.de/news/eisberge-sollen-kapstadt-vor-duerre-retten/1562774. Zuletzt eingesehen am 3.5.2018. *Spektrum*.

75. Schönherr M. Eisberge aus Antarktis sollen Wasserkrise in Kapstadt lösen. https://www.tagesspiegel.de/weltspiegel/plan-eines-suedafrikanischen-experten-eisberge-aus-antarktis-sollen-wasserkrise-in-kapstadt-loesen/21249314.html. Zuletzt eingesehen am 20.12.2018. *Der Tagesspiegel* **2018**.

76. Kern J. Trinkwasser aus Eisbergen. http://www.quellonline.de/trinkwasser-aus-eisbergen/. Zuletzt eingesehen am 4.5.2018. *Quell* **2009**.

77. Schönherr M. Kapstadt freut sich über regenreichen Winter. https://www.tagesspiegel.de/weltspiegel/nach-wasserkrise-in-suedafrika-kapstadt-freut-sich-ueber-regenreichen-winter/22999938.html. Zuletzt eingesehen am 20.12.2018. *Der Tagesspiegel* **2018**.

78. Lobe A. Wenn den Wüstenländern der Sand ausgeht. https://www.welt.de/vermischtes/article136519785/Wenn-den-Wuestenlaendern-der-Sand-ausgeht.html. Zuletzt eingesehen am 24.3.2018. *Welt* **2015**.

79. Menon N. Illegal Sand Mining: India's Biggest Environmental Challenge? https://weather.com/en-IN/india/news/news/2018-10-26-illegal-sand-mining-indias-biggest-environmental-challenge. Zuletzt eingesehen am 20.12.2018. *India News* **2018**.

80. Sträter A, Matzarakis A. Biowetter: Ideale Wohlfühl-Temperaturen liegen bei 25 Grad. https://www1.wdr.de/wissen/mensch/biowetter-interview-100.html. Zuletzt eingesehen am 20.12.2018. *WDR* **2018**.

81. Kohnert K, Serafimovich A, Metzger S, Hartmann J, Sachs T. Strong geologic methane emissions from discontinuous terrestrial permafrost in the Mackenzie Delta, Canada. *Scientific Reports* **2017**,7:5828.

82. Etheridge DM, Steele LP, Langenfelds RL, Francey RJ, Barnola J-M, Morgan VI. Natural and anthropogenic changes in atmospheric CO2 over the last 1000 years from air in Antarctic ice and firn. Online Data repository: http://cdiac.ess-dive.lbl.gov/trends/co2/lawdome.html. Zuletzt eingesehen am 5.3.2018. *Journal of Geophysical Research* **1996**,101:4115-4128.

83. CDIAC. Carbon Dioxide Information Analysis Center. Historical Records from the Law Dome DE08, DE08-2, and DSS Ice Cores. Prepared by Monica Martinez and Tom Boden on the 26.06.1998. http://cdiac.ess-dive.lbl.gov/trends/co2/lawdome-graphics.html. Zuletzt eingesehen am 31.07.2018.

84. Watts J. Global atmospheric CO2 levels hit record high. https://www.theguardian.com/environment/2017/oct/30/global-atmospheric-co2-levels-hit-record-high. Zuletzt eingesehen am 6.3.2018. *The Guardian* **2017**.

85. Reuters. CO2-Konzentration steigt so schnell wie nie. http://www.spiegel.de/wissenschaft/mensch/co2-konzentration-steigt-so-schnell-wie-nie-a-1175568.html. Zuletzt eingesehen am 28.7.2018. *Spiegel Online* **2017**.

86. Allen JG, MacNaughton P, Satish U, Santanam S, Vallarino J, Spengler JD. Associations of Cognitive Function Scores with Carbon Dioxide, Ventilation, and Volatile Organic Compound Exposures in Office Workers: A Controlled Exposure Study of Green and Conventional Office Environments. *Environ Health Perspect* **2016**,124:805-812.

87. Satish U, Mendell MJ, Shekhar K, Hotchi T, Sullivan D, Streufert S, Fisk WJ. Is CO2 an indoor pollutant? Direct effects of low-to-moderate CO2 concentrations on human decision-making performance. *Environ Health Perspect* **2012**,120:1671-1677.

88. Umweltbundesamt. Gesundheitliche Bewertung von Kohlendioxid in der Innenraumluft. Mitteilungen der Ad-hoc-Arbeitsgruppe Innenraumrichtwerte der Innenraumlufthygiene-Kommission des Umweltbundesamtes und der Obersten Landesgesundheitsbehörden. *Bundesgesundheitsblatt* **2008**,51:1358-1369.

89. IPCC. Climate Change 2013. The Physical Science Basis. WG1. Intergovermental Panel on Climate Change. **2014**.

90. Caesar L, Rahmstorf S, Robinson A, Feulner G, Saba V. Observed fingerprint of a weakening Atlantic Ocean overturning circulation. https://www.nature.com/articles/s41586-018-0006-5. Zuletzt eingesehen am 12.4.2018. *Nature* **2018**.

91. Wöhrbach O. Extremwetter und Klimawandel. Über den Wolken aus der Puste. https://www.tagesspiegel.de/wissen/extremwetter-und-klimawandel-ueber-den-wolken-aus-der-puste/22893494.html. Zuletzt eingesehen am 28.10.2018. *Der Tagesspiegel* **2018**.

92. 7,000 underground gas bubbles poised to 'explode' in Arctic. *The Siberian Times.* http://siberiantimes.com/science/casestudy/news/n0905-7000-underground-gas-bubbles-poised-to-explode-in-arctic/. *Zuletzt eingesehen am 1.4.2018.* **2017**,20 March 2017.

93. Rosenthal E, Lehren A. Relief in Every Window, but Global Worry Too. http://www.nytimes.com/2012/06/21/world/asia/global-demand-for-air-conditioning-forces-tough-environmental-choices.html. Zuletzt eingesehen am 13.3.2018. *New York Times* **2012**.

94. Fischer L, Groos JU. Wird die Ozonschicht wieder dünner? https://www.zeit.de/wissen/umwelt/2018-05/ozonloch-fckw-

fluorchlorkohlenwasserstoffe-atmosphaere-ozonschicht. Zuletzt eingesehen am 18.5.2018. *Zeit Online* **2018**.

95. Montzka SA, Dutton GS, Yu P, Ray E, Portmann RW, Daniel JS, Kuijpers L, Hall BD, Mondeel D, Siso C, Nance JD, Rigby M, Manning AJ, Hu L, Moore F, Miller BR, Elkins JW. An unexpected and persistent increase in global emissions of ozone-depleting CFC-11. *Nature* **2018**,557:413-417.

96. Taleb NN. *Antifragile. Things that gain from disorder.* London: Penguin Books; 2012.

97. WWF. World Wildlife Found. Klimawandel und Auswirkung auf die Meere.Stellungnahme. https://www.wwf.de/fileadmin/fm-wwf/Publikationen-PDF/Klimawandel-Auswirkung-auf-die-Meere.pdf. Zuletzt eingesehen am 21.12.2018.

98. Gittings JA, Raitsos DE, Krokos G, Hoteit I. Impacts of warming on phytoplankton abundance and phenology in a typical tropical marine ecosystem. *Sci Rep* **2018**,8:2240.

99. R. L, M. S, Simmon R. What are Phytoplankton? https://earthobservatory.nasa.gov/features/Phytoplankton. Zuletzt eingesehen am 21.12.2018. *NASA Earth Observatory* **2010**.

100. NSIDC. Average Monthly Arctic Sea Ice Extent. February 1979-2018. National Snow and Ice Data Centre. http://nsidc.org/arcticseaicenews/category/analysis/. Zuletzt eingesehen am 31.07.2018. . **2018**.

101. Pomrehn W. Arktis: Nordost-Passage offen. https://www.heise.de/tp/news/Arktis-Nordost-Passage-offen-3812985.html. Zuletzt eingesehen am 18.3.2018. *TELEPOLIS* **2017**.

102. Lindinger M, Primus Y. NEGATIVREKORD AM SÜDPOL : Forscher warnen vor massiver Eisschmelze. http://www.faz.net/aktuell/wissen/erde-klima/negativrekord-am-suedpol-das-antarktis-eis-schmilzt-schneller-als-erwartet-14153639.html. Zuletzt eingesehen am 2.4.2018. *Frankfurter Allgemeine Zeitung* **2016**.

103. Mooney C. Antarctic ice loss has tripled in a decade. If that continues, we are in serious trouble. https://www.washingtonpost.com/news/energy-environment/wp/2018/06/13/antarctic-ice-loss-has-tripled-in-a-decade-if-that-continues-we-are-in-serious-trouble/?noredirect=on&utm_term=.8580a7557a1f. Zuletzt eingesehen am 21.12.2018. *Washington Post.* **2018**.

104. Borunda A. We Know West Antarctica Is Melting. Is the East In Danger, Too? https://www.nationalgeographic.com/environment/2018/08/east-antarctic-ice-sheet-melting/. Zuletzt eingesehen am 21.12.2018. *National Geographic* **2018**.

105. IPCC. Climate Change 2013, Working Group I: The Science of Climate Change, 13.2. **2013**.

106. Yi S, Sun W, Heki K, Qian A. An increase in the rate of global mean sea level rise since 2010. *Geophysical Research Letters* **2015**,42.

107. Church JA, White NJ. A 20th century acceleration in global sea-level rise. *Geophysical Research Letters* **2006**,33.

108. Schätzing F. Nachrichten aus einem unbekannten Universum. . *Kiepenheuer & Witsch* **2006**.

109. Lingenhöhl D. Küstenschutz. Flussdeltas auf dem Rückzug. http://www.zeit.de/wissen/umwelt/2009-09/Erde-SD-Flussdeltas. Zuletzt eingesehen am 3.4.2018. *Zeit Online* **2009**.

110. Bojanowski A. Tsunami-Katastrophe im Steinzeitparadies. http://www.spiegel.de/wissenschaft/natur/tsunami-in-nordsee-storegga-

rutschung-traf-menschen-in-steinzeit-a-1011946.html. Zuletzt eingesehen am 21.12.2018. *Spiegel Online* **2015**.

111. Pomrehn W. Grönland: Eis weniger stabil als gedacht. https://www.heise.de/tp/news/Groenland-Eis-weniger-stabil-als-gedacht-2504836.html. Zuletzt eingesehen am 28.10.2018. *TELEPOLIS* **2014**.

112. Trotier K. Sturmflut 1962. Chronologie der Katastrophe. https://www.zeit.de/2018/30/sturmflut-1962-hamburg-katastrophe-chronologie .Zuletzt eingesehen am 21.12.2018. *Zeit Online* **2018**.

113. Oyedele D. Der schwindende See. https://www.dandc.eu/de/article/der-klimawandel-der-tschadsee-region-wirkt-sich-auf-mehrere-laender-negativ-aus. Zuletzt eingesehen am 3.4.2018. *E+Z, Entwicklung und Zusammenarbeit* **2017**,e-paper 6:19.

114. Oyedele D. Kühe im Maniok-Feld. https://www.dandc.eu/de/article/verzweifelte-hirten-bedraengen-nigerianische-farmer. Zuletzt eingesehen am 3.4.2018. *E+Z, Entwicklung und Zusammenarbeit* **2017**,e-paper 6:20.

115. LCBC. Lake Chad Basin Commission. History of the Lake Chad Basin. http://www.cblt.org/en/climate. Zuletzt eingesehen am 3.4.2018. **2018**.

116. LCBC. Lake Chad Basin Commission. History of the Lake Chad Basin. http://www.cblt.org/en/history-lake-chad-basin. Zuletzt eingesehen am 3.4.2018. **2018**.

117. Firscher L. Warum der Hunger zurück nach Afrika kommt. https://www.spektrum.de/news/warum-der-hunger-zurueck-nach-afrika-kommt/1441612. Zuletzt eingesehen am 3.4.2017. *Spektrum* **2017**.

118. Chomsky N, Polychroniou CJ. Optimism over Despair. Penguin Books. **2017**.

119. Goldenberg S, Bengtsson H. Oil and gas industry has pumped millions into Republican campaigns. *The Guardian* **2016**.

120. Soffen K, Lu D. What Trump cut in his agency budgets. https://www.washingtonpost.com/graphics/politics/trump-presidential-budget-2018-proposal/?utm_term=.be535c259ae5. Zuletzt eingesehen am 21.12.2018. *Washington Post.* **2017**.

121. OMB. (Office of Management and Budget). An American Budget. Fiscal year 2019. https://www.whitehouse.gov/wp-content/uploads/2018/02/budget-fy2019.pdf. Zuletzt eingesehen am 21.12.2018. *U.S. Government Publishing Office* **2018**.

122. Mausfeld R. Warum schweigen die Lämmer? Wie Elitendemokratie und Neoliberalismus unsere Gesellschaft und unsere Lebensgrundlagen zerstören. Westend Verlag. **2018**.

123. Turvey ST, Pitman RL, Taylor BL, Barlow J, Akamatsu T, Barrett LA, Zhao X, Reeves RR, Stewart BS, Wang K, Wei Z, Zhang X, Pusser LT, Richlen M, Brandon JR, Wang D. First human-caused extinction of a cetacean species? *Biol Lett* **2007**,3:537-540.

124. IUCN. International Union for Conservation of Nature. Red List http://www.iucnredlist.org. Balaena mysticetus. Zuletzt eingesehen am 18.05.2018. **2018**.

125. Taylor BL, Chivers SJ, Larese J, Perrin WF. Generation length and percent mature estimates for IUCN assessments of cetaceans. National Marine Fisheries Service, Southwest Fisheries Science Center. **2007**.

126. IUCN. International Union for Conservation of Nature. Red List http://www.iucnredlist.org. Physeter macrocephalus. Zuletzt eingesehen am 18.05.2018. **2018**.

127. IUCN. International Union for Conservation of Nature. Red List http://www.iucnredlist.org. Balaenoptera musculus. Zuletzt eingesehen am 18.05.2018. **2018.**

128. DESTATIS. Statistisches Bundesamt. Tiere und tierische Erzeugung. Haltungen mit Rindern und Rinderbestand für Mai 2017 und November 2017. **2017.**

129. IUCN. International Union for Conservation of Nature. Red List http://www.iucnredlist.org. Bison bonasus. Zuletzt eingesehen am 18.05.2018. **2018.**

130. Hilbert F. Amt Lebus lässt Wisent erschießen. https://www.lr-online.de/nachrichten/brandenburg/amt-lebus-laesst-wisent-erschiessen_aid-4840006. Zuletzt eingesehen am 15.2.2018. *Lausitz Nachrichten* **2017.**

131. Andrews E. Were Humans Responsible for Killing Off the Wooly Mammoth. https://www.history.com/news/were-humans-responsible-for-killing-off-the-wooly-mammoth. Zuletzt eingesehen am 21.12.2018. *History* **2015.**

132. Kalashnikoff A. Why did mammoths go extinct? Scientists are close to solving an Ice Age mystery. https://www.rbth.com/science-and-tech/328469-why-did-mammoths-go-extinct. Zuletzt eingesehen am 21.12.2018. *Russia Beyond* **2018.**

133. Leander L. Wie funktioniert die C-14-Methode? https://www.weltderphysik.de/thema/hinter-den-dingen/c-14-methode/. Zuletzt eingesehen am 21.12.2018. *Welt der Physik* **2010.**

134. Dodd MS, Papineau D, Grenne T, Slack JF, Rittner M, Pirajno F, O'Neil J, Little CT. Evidence for early life in Earth's oldest hydrothermal vent precipitates. *Nature* **2017,**543:60-64.

135. Yong E. I contain multitudes. The Microbes within us and a grander view of life. Vintage Penguin Random House, London. **2017.**

136. Dawkins R. The Gene Machine. In The Selfish Gene. 30th anniversary edition 2006. Oxford University Press. **1976.**

137. Rauchhaupt Uv. Fünfmal ging die Welt schon unter. http://www.faz.net/aktuell/wissen/massenaussterben-fuenfmal-ging-die-welt-schon-unter-14424429.html. Zuletzt eingesehen am 13.3.2018. *FAZ* **2016.**

138. Reduktion des Sauerstoffgehaltes der Atemluft am Arbeitsplatz. https://www.komnet.nrw.de/_sitetools/dialog/3922. Zuletzt eingesehen am 10.3.2018. . *KOMNET-WISSENSDATENBANK* **2006.**

139. Jablonski D, Chaloner WG. Extinctions in the Fossil Record [and Discussion]. In: Philosophical Transactions of the Royal Society of London B: Biological Sciences. . **1994,**344:11-17.

140. De Vleeschouwer D, Da Silva AC, Sinnesael M, Chen D, Day JE, Whalen MT, Guo Z, Claeys P. Timing and pacing of the Late Devonian mass extinction event regulated by eccentricity and obliquity. *Nat Commun* **2017,**8:2268.

141. Kazlev MA. Gorgonopsia. http://www.kheper.net/evolution/therapsida/Gorgonopsia.htm. Zuletzt eingesehen am 21.12.2018. **2005.**

142. Burgess SD, Bowring S, Shen SZ. High-precision timeline for Earth's most severe extinction. *Proc Natl Acad Sci U S A* **2014,**111:3316-3321.

143. Gorder PF. Big Bang In Antarctica -- Killer Crater Found Under Ice. https://news.osu.edu/news/2006/06/01/erthboom/. Zuletzt eingesehen am 19.5.2018. **2006.**

144. Sobolev SV, Sobolev AV, Kuzmin DV, Krivolutskaya NA, Petrunin AG, Arndt NT, Radko VA, Vasiliev YR. Linking mantle plumes, large igneous provinces and environmental catastrophes. *Nature* **2011**,477:312-316.

145. Rothman DH, Fournier GP, French KL, Alm EJ, Boyle EA, Cao C, Summons RE. Methanogenic burst in the end-Permian carbon cycle. *Proc Natl Acad Sci U S A* **2014**,111:5462-5467.

146. Puiu T. During the greatest mass extinction in Earth's history the world's oceans reached 40°C – lethally hot. https://www.zmescience.com/research/studies/great-pre-permian-mass-extinction-temperature-too-hot-941432/. Zuletzt eingesehen am 12.3.2018. **2012.**

147. Whiteside JH, Olsen PE, Eglinton T, Brookfield ME, Sambrotto RN. Compound-specific carbon isotopes from Earth's largest flood basalt eruptions directly linked to the end-Triassic mass extinction. *Proc Natl Acad Sci U S A* **2010**,107:6721-6725.

148. Lesch H, Kamphausen K. Die Menschheit schafft sich ab. Die Erde im Griff des Anthropozäns. . *KNAUR* **2016.**

149. Smil V. Harvesting the biosphere: the human impact. *Population and Development Review* **2011**,37:613-636.

150. Dennett DC. From Bacteria to Bach and Back. The Evolution of Minds. Norton Verlag. New York. **2018.**

151. Amos W, Hoffman JI. Evidence that two main bottleneck events shaped modern human genetic diversity. *Proc Biol Sci* **2010**,277:131-137.

152. Kane S. The human race once came dangerously close to dying out — here's how it changed us. http://www.businessinsider.com/genetic-bottleneck-almost-killed-humans-2016-3?IR=T. Zuletzt eingesehen am 5.4.2018. *Business Insider* **2016.**

153. Behringer W. Kulturgeschichte des Klimas. Von der Eiszeit bis zur globalen Erwärmung. *C.H. Beck Verlag* **2011.**

154. Petraglia M, Korisettar R, Boivin N, Clarkson C, Ditchfield P, Jones S, Koshy J, Lahr MM, Oppenheimer C, Pyle D, Roberts R, Schwenninger JL, Arnold L, White K. Middle Paleolithic assemblages from the Indian subcontinent before and after the Toba super-eruption. *Science* **2007**,317:114-116.

155. Hublin JJ, Ben-Ncer A, Bailey SE, Freidline SE, Neubauer S, Skinner MM, Bergmann I, Le Cabec A, Benazzi S, Harvati K, Gunz P. New fossils from Jebel Irhoud, Morocco and the pan-African origin of Homo sapiens. *Nature* **2017**,546:289-292.

156. Richter D, Grun R, Joannes-Boyau R, Steele TE, Amani F, Rue M, Fernandes P, Raynal JP, Geraads D, Ben-Ncer A, Hublin JJ, McPherron SP. The age of the hominin fossils from Jebel Irhoud, Morocco, and the origins of the Middle Stone Age. *Nature* **2017**,546:293-296.

157. Ambrose SH. Late Pleistocene human population bottlenecks, volcanic winter, and differentiation of modern humans. *J Hum Evol* **1998**,34:623-651.

158. Huff CD, Xing J, Rogers AR, Witherspoon D, Jorde LB. Mobile elements reveal small population size in the ancient ancestors of Homo sapiens. *Proc Natl Acad Sci U S A* **2010**,107:2147-2152.

159. Thomas E. Biogeography of the Late Paleocene Benthic Foraminiferal Extinction. Division III Faculty Publications. 300. https://wesscholar.wesleyan.edu/div3facpubs/300. Zuletzt eingesehen am 1.4.2018. **1998.**

160. Gutjahr M, Ridgwell A, Sexton PF, Anagnostou E, Pearson PN, Palike H, Norris RD, Thomas E, Foster GL. Very large release of mostly volcanic

carbon during the Palaeocene-Eocene Thermal Maximum. *Nature* **2017,548:573-577.**

161. Bidder B. Vergessener Held. Der Mann, der den dritten Weltkrieg verhinderte. http://www.spiegel.de/einestages/vergessener-held-a-948852.html. Zuletzt eingesehen am 1.3.2018. *Spiegel Online* **2014.**

162. Oliver J. Nuclear Weapons: Last Week Tonight with John Oliver (HBO) https://www.youtube.com/watch?v=1Y1ya-yF35g. Zuletzt eingesehen am 1.3.2018. **2014.**

163. ICAN. International Campaign to abolish nuclear weapons. How many nuclear weapons are there in the world? http://www.icanw.org/the-facts/nuclear-arsenals/. Zuletzt eingesehen am 2.3.2018. **2018.**

164. Dillon MB. Determining optimal fallout shelter times following a nuclear detonation. *Proceedigs of the Royal Society* **2013.**

165. FEMA. (Federal Emergency Management Agency). Planning Guidance for Response to a Nuclear Detonation. Second Edition, June 2010. National Service Center for Environmental Publications (NSCEP). **2010.**

166. Mills MJ, Toon OB, Turco RP, Kinnison DE, Garcia RR. Massive global ozone loss predicted following regional nuclear conflict. *Proc Natl Acad Sci U S A* **2008,105:5307-5312.**

167. Briseno C. So heimtückisch tötet Polonium-210. http://www.spiegel.de/gesundheit/diagnose/gutachten-zu-arafat-so-toetet-polonium-210-a-932246.html. Zuletzt eingesehen am 3.3.2018. *Spiegel Online* **2014.**

168. Higuchi T. 'Clean' bombs: Nuclear technology and nuclear strategy in the 1950s. *Journal of Strategic Studies* **2006,29:83-116.**

169. Harari YN. Sapiens. A Brief History of Humankind. **2014.**

170. Harari YN. Homo Deus. A Brief History of Tommorrow. Vintage, Penguin Random House. **2018.**

171. Bickel M. Die Profiteure der Macht. Wie Deutschland an Kriegen verdient und arabische Diktaturen stärkt. Westend Verlag. Frankfurt. **2017.**

172. Ganser D. Europa im Erdölrausch. Die Folgen einer gefährlichen Abhängigkeit. *Orell Füssli Verlag* **2014.**

173. BMAS. Bundesministerium für Arbeit und Soziales. Fünfter Armuts- und Reichtumsbericht beschlossen http://www.armuts-und-reichtumsbericht.de/DE/Service/Aktuelles/Meldungen/fuenfter-armuts-und-reichtumsbericht-beschlossen.html. Zuletzt eingesehen am 10.04.2018. **2018.**

174. Butterwegge C. Zensiert und geschönt. https://www.zeit.de/politik/deutschland/2017-04/armutsbericht-grosse-koalition-schoenung-kritik. Zuletzt eingesehen am 22.12.2018. *Zeit Online* **2017.**

175. WFP. World Food Programme. https://www.wfp.org/content/hunger-map-2015. Zuletzt eingesehen am 21.3.2018. **2015.**

176. WFP. World Food Programme. Hunger weltweit – Zahlen und Fakten. http://de.wfp.org/hunger/hunger-statistik. Zuletzt eingesehen am 21.3.2018. **2018.**

177. Zank W. Chinas "Großer Sprung": Maos blutige Ernte. http://www.zeit.de/2012/17/Riesenreich-China. Zuletzt eingesehen am 10.04.2018. *Zeit Online* **2012.**

178. Mishra P. Staying Power. Mao and the Maoists. https://www.newyorker.com/magazine/2010/12/20/staying-power-3. Zuletzt eingesehen am 23.3.2018. *The New Yorker* **2010.**

179. Müller-Haeseler W. Indien - Land ohne Hoffnung. http://www.zeit.de/1969/01/indien-land-ohne-hoffnung. Zuletzt eingesehen am 23.3.2018. *Die Zeit* **1969**,01/1969.

180. Nagarajan R. Nein, es gibt keine Bevölkerungsexplosion in Indien. http://www.spiegel.de/gesundheit/schwangerschaft/indien-die-entschaerfte-bevoelkerungsbombe-a-1098022.html. Zuletzt eingesehen am 23.3.2018. *Spiegel Online* **2016**.

181. WFP. World Food Programme. 10 Facts About Nutrition in China https://www.wfp.org/stories/10-facts-about-nutrition-china. Zuletzt eingesehen am 21.3.2018. **2018**.

182. Landwirtschaftsverlag. Globaler Landkauf im sehr großen Stil? https://www.wochenblatt.com/landwirtschaft/nachrichten/globaler-landkauf-im-sehr-grossen-stil-8880857.html. Zuletzt eingesehen am 10.04.2018. *Wochenblatt für Landwirtschaft und Landleben* **2016**.

183. Scholl-Latour P. Die Welt aus den Fugen. Betrachtungen zu den Wirren der Gegenwart. 7. Auflage. Ullstein Buchverlage. **2014**.

184. Masala C. Weltunordnung. Die globalen Krisen und das Versagen des Westens. Beck Verlag. **2016**.

185. Bergen P, Sterman D, Salyk-Virk M, Sims A, Ford A. U.S. Drone Strikes in Pakistan. https://www.newamerica.org/in-depth/americas-counterterrorism-wars/pakistan/. Zuletzt eingesehen am 22.12.2018. *New America* **2018**.

186. AP. (Associated Press) US, South Korea to stage war game exercises despite North Korea. https://nypost.com/2017/08/11/us-south-korea-to-stage-war-game-exercises/ Zuletzt eingesehen am 22.12.2018. *New York Post* **2017**.

187. Rupp R. Aufmarsch gegen Nordkorea: Wem nützt das Zündeln im Fernen Osten? https://kenfm.de/aufmarsch-gegen-nordkorea-zuendeln-im-fernen-osten-i/. Zuletzt eingesehen am 22.12.2018. *KenFM* **2017**.

188. WFP. Hungersnot. http://de.wfp.org/hungersnot. Zuletzt eingesehen am 21.3.2018. **2018**.

189. Telgenbüscher J. Der Triumph des Todes. *Geo Epoche* **2015**,75.

190. Ehlkes L, May J. Seuchen – gestern, heute, morgen. http://www.bpb.de/apuz/206105/seuchen-gestern-heute-morgen?p=all. Zuletzt eingesehen am 23.12.2018. *Aus Politik und Zeitgeschichte* **2015**.

191. LIS. (Landesinstitut für Schulentwicklung Baden Württemberg). Ausbreitung der Pest von Asien nach Europa. http://www.schule-bw.de/faecher-und-schularten/gesellschaftswissenschaftliche-und-philosophische-faecher/geschichte/unterrichtsmaterialien/fenster-zur-welt-globalgeschichte/mongolen/11-pest.pdf Zuletzt eingesehen am 23.12.2018. *Landesbildungsserver Baden Württemberg*.

192. Stackl E. Die Pestschleudern vor Kaffa. https://derstandard.at/839585/Die-Pestschleudern-vor-Kaffa. Zuletzt eingesehen am 7.4.2018. *Der Standard*.

193. Wittmann J. Der schwarze Planet. Skurrile Reiseziele, Morbides, Düsteres & Schräges.https://der-schwarze-planet.de/der-schwarze-tod-1/. Zuletzt eingesehen am 14.4.2018. **2012**.

194. Irmscher A. Das Tor zur Neuzeit: Italien und die große Pest. http://www.sempre-italia.de/service/feuilleton/das-tor-zur-neuzeit-italien-und-die-gro%C3%9Fe-pest-2009-3.xhtml. Zuletzt eingesehen am 7.4.2018. *Sempre Italia* **2018**.

195. Evans JE, Klewer KA. Tod in Hamburg. Stadt, Gesellschaft und Politik in den Cholera-Jahren 1830 - 1910. **1996**.

196. Ehlkes L, Kreuels B, Schwarz NG, May J. [Epidemiology of Ebola virus disease and of other highly contagious, life-threatening diseases with low

incidence in Germany]. *Bundesgesundheitsblatt Gesundheitsforschung Gesundheitsschutz* **2015**,58:705-713.

197. Carroll MW, Matthews DA, Hiscox JA, Elmore MJ, Pollakis G, Rambaut A, Hewson R, Garcia-Dorival I, Bore JA, Koundouno R, Abdellati S, Afrough B, Aiyepada J, Akhilomen P, Asogun D, Atkinson B, Badusche M, Bah A, Bate S, Baumann J, Becker D, Becker-Ziaja B, Bocquin A, Borremans B, Bosworth A, Boettcher JP, Cannas A, Carletti F, Castilletti C, Clark S, Colavita F, Diederich S, Donatus A, Duraffour S, Ehichioya D, Ellerbrok H, Fernandez-Garcia MD, Fizet A, Fleischmann E, Gryseels S, Hermelink A, Hinzmann J, Hopf-Guevara U, Ighodalo Y, Jameson L, Kelterbaum A, Kis Z, Kloth S, Kohl C, Korva M, Kraus A, Kuisma E, Kurth A, Liedigk B, Logue CH, Ludtke A, Maes P, McCowen J, Mely S, Mertens M, Meschi S, Meyer B, Michel J, Molkenthin P, Munoz-Fontela C, Muth D, Newman EN, Ngabo D, Oestereich L, Okosun J, Olokor T, Omiunu R, Omomoh E, Pallasch E, Palyi B, Portmann J, Pottage T, Pratt C, Priesnitz S, Quartu S, Rappe J, Repits J, Richter M, Rudolf M, Sachse A, Schmidt KM, Schudt G, Strecker T, Thom R, Thomas S, Tobin E, Tolley H, Trautner J, Vermoesen T, Vitoriano I, Wagner M, Wolff S, Yue C, Capobianchi MR, Kretschmer B, Hall Y, Kenny JG, Rickett NY, Dudas G, Coltart CE, Kerber R, Steer D, Wright C, Senyah F, Keita S, Drury P, Diallo B, de Clerck H, Van Herp M, Sprecher A, Traore A, Diakite M, Konde MK, Koivogui L, Magassouba N, Avsic-Zupanc T, Nitsche A, Strasser M, Ippolito G, Becker S, Stoecker K, Gabriel M, Raoul H, Di Caro A, Wolfel R, Formenty P, Gunther S. Temporal and spatial analysis of the 2014-2015 Ebola virus outbreak in West Africa. *Nature* **2015**,524:97-101.

198. Drosten C, Gunther S, Preiser W, van der Werf S, Brodt HR, Becker S, Rabenau H, Panning M, Kolesnikova L, Fouchier RA, Berger A, Burguiere AM, Cinatl J, Eickmann M, Escriou N, Grywna K, Kramme S, Manuguerra JC, Muller S, Rickerts V, Sturmer M, Vieth S, Klenk HD, Osterhaus AD, Schmitz H, Doerr HW. Identification of a novel coronavirus in patients with severe acute respiratory syndrome. *N Engl J Med* **2003**,348:1967-1976.

199. Borgundvaag B, Ovens H, Goldman B, Schull M, Rutledge T, Boutis K, Walmsley S, McGeer A, Rachlis A, Farquarson C. SARS outbreak in the Greater Toronto Area: the emergency department experience. *CMAJ* **2004**,171:1342-1344.

200. Hung LS. The SARS epidemic in Hong Kong: what lessons have we learned? *J R Soc Med* **2003**,96:374-378.

201. Kahn LH. Who is in charge. Leadership during Epidemics, Bioterror Attacks, and Other Public Health Crises. Santa Barbara, CA: Praeger Security International, 2009. **2009**:41.

202. THE BRITISH PLAN TO COVER GERMANY WITH ANTHRAX-OPERATION VEGETARIAN. http://www.todayifoundout.com/index.php/2017/12/world-war-ii-secret-operation-vegetarian/. Taken from Uncle John's Bathroom Reader, December 26, 2017. Zuletzt eingesehen am 18.3.2018. . **2017**.

203. Kunz A. Tötungsfabrik „Einheit 731". http://www.taz.de/!1092345/. Zuletzt eingesehen am 23.12.2018. *TAZ* **2002**.

204. Blaser M. Missing Microbes. *Oneworld Publications* **2014**.

205. Frank HG, Hofman M. Südwestpresse (swp.de). https://www.swp.de/politik/inland/hygieneskandal_-insider-spricht-von-_oekonomischem-diktat_-21566287.html. Zuletzt eingesehen am 15.3.2018. **2014**.

206. Brandt K. Verschmutztes OP-Besteck vor Schädelöffnung. http://www.zeit.de/wissen/gesundheit/2015-09/hygiene-uniklinik-

mannheim-op-besteck-koerperverletzung. Zuletzt eingesehen am 15.3.2018. *Zeit Online* **2015**.

207. Brandt K. Verschweigen statt aufklären. http://www.zeit.de/wissen/gesundheit/2015-03/uniklinik-mannheim-hygiene-skandal. Zuletzt eingesehen am 15.3.2018. *Zeit Online* **2015**.

208. Centre européen Robert Schuman. Partenariat Educatif. Grund TVIG 2009-2011. Bilanz in Ziffern des Ersten Weltkrieges. http://www.centre-robert-schuman.org/userfiles/files/REPERES - Modul 1-1-1 - Notiz - Bilanz in Ziffern des Ersten Weltkrieges - DE.pdf. Zuletzt eingesehen am 12.4.2018. **2011**.

209. Kloth M. Grippe-Katastrophe von 1918/19: "Nehmen Sie alle Tischler und lassen Sie Särge herstellen". http://www.spiegel.de/einestages/grippe-katastrophe-von-1918-19-a-948269.html. Zuletzt eingesehen am 13.4.2018. *Spiegel Online* **2008**.

210. Winkelheide M. Vor 100 Jahren: Erste Fälle der Spanischen Grippe gemeldet. http://www.deutschlandfunk.de/vor-100-jahren-erste-faelle-der-spanischen-grippe-gemeldet.871.de.html?dram:article_id=412706. Zuletzt eingesehen am13.4.2018. *Deutschlandfunk*.

211. Belyea A. The Infamous Spanish Influenza. Museum of Health Care at Kingston, Canada. https://museumofhealthcare.wordpress.com/2017/05/19/the-infamous-spanish-influenza/. Zuletzt eingesehen am 13.4.2018. *Museum of Health Care Blog* **2017**.

212. Quammen D. Spillover. Animal Infections and the next human pandemic. W.W. Norton & Company, New York, USA. **2012**.

213. Kaufmann SHE. Wächst die Seuchengefahr. Globale Epidemien und Armut: Strategien zur Seucheneindämmung in einer vernetzten Welt. Fischer Taschenbuch Verlag. **2008**.

214. Gehlen M. Schweinegrippe: Kairos eigentümlicher Kampf gegen Schweine. http://www.zeit.de/online/2009/22/schweinegrippe-aegypten-schweine. Zuletzt eingesehen am 14.4.2018. *Zeit Online* **2009**.

215. Tumpey TM, Basler CF, Aguilar PV, Zeng H, Solorzano A, Swayne DE, Cox NJ, Katz JM, Taubenberger JK, Palese P, Garcia-Sastre A. Characterization of the reconstructed 1918 Spanish influenza pandemic virus. *Science* **2005**,310:77-80.

216. Ryan F. Virolution. . *Harper Collins London* **2009**.

217. Winkler AS, Da Costa CP. Täniose/Zystizerkose (Schweinebandwurm). In: Eine Einschätzung des Beitrags deutscher Institutionen bei der Forschung zu vernachlässigten Tropenkrankheiten. Herausgeber Jürgen May, Achim Hoerauf, Markus Engstler, Carsten Köhler. Redaktion Johanna Brinkel. Bernhard-Nocht-Institut für Tropenmedizin, Hamburg. https://www.bnitm.de/index.php?id=736. Zuletzt eingesehen am 23.12.2018. **2018**.

218. Schwarz NG, Loderstaedt U, Hahn A, Hinz R, Zautner AE, Eibach D, Fischer M, Hagen RM, Frickmann H. Microbiological laboratory diagnostics of neglected zoonotic diseases (NZDs). *Acta Trop* **2017**,165:40-65.

219. BNITM. (Bernhard-Nocht-Institut für Tropenmedizin). Erwiesen: Mücken können tropisches Chikungunya-Virus auch bei niedrigen Temperaturen verbreiten. https://www.bnitm.de/en/news/communications/7436-erwiesen-muecken-koennen-tropisches-chikungunya-virus-auch-bei-niedrigen-temperaturen-verbreiten/. Zuletzt eingesehen am 23.12.2018. **2018**.

220. Heitmann A, Jansen S, Luhken R, Helms M, Pluskota B, Becker N, Kuhn C, Schmidt-Chanasit J, Tannich E. Experimental risk assessment for chikungunya virus transmission based on vector competence, distribution and temperature suitability in Europe, 2018. *Euro Surveill* **2018**,23.

221. Mann CC. 1493. How Europe's Discovery of the Americas Revolutionized Trade, Ecology and Life on Earth. Granta Publications, London. . **2011**.

222. Diamond J. Guns, Germs, and Steel. . *W.W. Norton* **1997**.

223. Reid LM. The Panama Canal Death Tolls. https://thesilverpeopleheritage.wordpress.com/2008/12/17/the-panama-canal-death-tolls/. Zuletzt eingesehen am 23.12.2018. *The Silver People Heritage Foundation* **2008**.

224. Aragon TJ, Reingold A. Epidemiologic Concepts for the Prevention and Control of Infectious Diseases. UC Berkeley. https://escholarship.org/uc/item/7687z08g. Zuletzt eingesehen am 31.8.2018. **2011**.

225. Klesman A. Is there (frozen) life on Mars? http://www.astronomy.com/news/2017/11/is-there-frozen-life-on-mars. Zuletzt eingesehen am 14.7.2018. *Astronomy* **2017**.

226. Smith-Strickland K. Why Scientists Have Been Scared of Space Germs for Almost 50 Years. https://gizmodo.com/why-scientists-have-been-scared-of-space-germs-for-almo-1712562498. Zuletzt eingesehen am 14.7.2018. *GIZMODOD* **2015**.

227. Revich B, Tokarevich N, Parkinson AJ. Climate change and zoonotic infections in the Russian Arctic. *Int J Circumpolar Health* **2012**,71:18792.

228. Leonhard J. Die Büchse der Pandora. Geschichte des Ersten Weltkriegs. C.H. Beck Verlag. **2014**.

229. Gupta OD. Angst vor der Bombe. Serie: Albtraum Atombombe (1). http://www.sueddeutsche.de/politik/serie-albtraum-atom-leben-mit-der-angst-vor-der-bombe-1.983703. Zuletzt eingesehen am 8.3.2018. *Süddeutsche Zeitung* **2010**.

230. Bryson B. A Short History of Nearly Everything. *Black Swan Books* **2003**.

231. UNEP. United Nations Environmental Programme. Leaded Petrol Phase-out: Global Status as at March 2017. Nairobi: United Nations Environment Programme; 2017. http://www.who.int/mediacentre/factsheets/fs379/en/. Zuletzt eingesehen am 14.4.2018. **2017**.

232. Alarcon WA, State Adult Blood Lead E, Surveillance Program I, State Adult Blood Lead E, Surveillance API. Summary of Notifiable Noninfectious Conditions and Disease Outbreaks: Elevated Blood Lead Levels Among Employed Adults - United States, 1994-2012. *MMWR Morb Mortal Wkly Rep* **2015**,62:52-75.

233. EHATLAS. Canadian Environmental Health Atlas. Biomonitoring Lead Levels. http://www.ehatlas.ca/lead/public-health/biomonitoring-lead-levels. Zuletzt eingesehen am 14.4.2018. **2018**.

234. Mies U, Wernicke J. Fassadendemokratie und tiefer Staat. Promedia Verlag. **2017**.

235. Vorholz F. Eiskalt abgeblockt. https://www.zeit.de/1992/32/eiskalt-abgeblockt. Zuletzt eingesehen am 23.12.2018. *Die Zeit* **1992**,32.

236. Christoph. Die 5 großen Müllstrudel im Meer. https://www.careelite.de/muellstrudel-im-meer/. Zuletzt eingesehen am 10.05.2018. **2017**.

237. OCEANCLEANUP. The Largest Cleanup in History. https://www.theoceancleanup.com/. Zuletzt eingesehen am 29.12.2018. **2018**.

238. Romey K. Here's What the Iceman Was Wearing When He Died 5,300 Years Ago. https://news.nationalgeographic.com/2016/08/otzi-iceman-european-alps-mummy-clothing-dna-leather-fur-archaeology/. Zuletzt eingesehen am 10.5.2018. *National Geographic* **2016**.

239. Glazner E. Midway Albatross an Icon of the Plastic Pollution Problem. http://www.plasticpollutioncoalition.org/pft/2015/9/5/midway-albatross-an-icon-of-the-plastic-pollution-problem. Photographs by Chris Jordan. Zuletzt eingesehen am 10.5.2018. **2015**.

240. Kaplan JO, Krumhardt KM, Zimmermann N. The prehistoric and preindustrial deforestation of Europe. *Quaternary Science Reviews* **2009**,28:3016-3034.

241. Wichert F. Plastiktüten - praktisch, aber umweltbelastend. https://reset.org/knowledge/plastiktueten-praktisch-aber-umweltbelastend. Zuletzt eingesehen am 10.5.2018. **2013**.

242. Jungblut S-I. Mikroplastik – Klein, fies und überall. https://reset.org/knowledge/mikroplastik-%E2%80%93-klein-fies-und-ueberall-04192018. Zuletzt eingesehen am 10.5.2018. **2018**.

243. ICJB. International Campaign for Justice in Bhopal .WHAT HAPPENED IN BHOPAL? https://www.bhopal.net/what-happened-in-bhopal/. Zuletzt eingesehen am 5.5.2018. **2014**.

244. Lenz M. Kaninchenkrieg in Australien. https://www.spektrum.de/news/kaninchenkrieg-in-australien/1340509. Zuletzt eingesehen am 6.5.2018. *Spektrum* **2015**.

14 Index